循幸福之源

——一个小学语文人的教育探索

范建民 著

武汉理工大学出版社
·武 汉·

图书在版编目（CIP）数据

循幸福之源 ： 一个小学语文人的教育探索 / 范建民著. -- 武汉 ： 武汉理工大学出版社， 2024. 9. -- ISBN 978-7-5629-7100-9

Ⅰ. G623.202

中国国家版本馆 CIP 数据核字第 2024A9Y282 号

XUN XINGFU ZHI YUAN – YIGE XIAOXUE YUWENREN DE JIAOYU TANSUO

循幸福之源——一个小学语文人的教育探索

项目负责人：马首鳌　　责 任 编 辑：马首鳌

责 任 校 对：雷红娟　　排 版 设 计：楚江图文

出 版 发 行：武汉理工大学出版社

地　　址：武汉市洪山区珞狮路 122 号

邮　　编：430070

网　　址：http://www.wutp.com.cn

经　　销：各地新华书店

印　　刷：武汉市洪林印务有限公司

开　　本：710mm×1000mm　1/16

印　　张：23

字　　数：385 千字

版　　次：2024 年 9 月第 1 版

印　　次：2024 年 9 月第 1 次印刷

定　　价：58.00 元

凡购本书，如有缺页、倒页、脱页等印装质量问题，请向出版社发行部调换。

本社购书热线：027-87384729　87391631　87165708（传真）

少年幸福，国之大幸

——读范建民校长《循幸福之源》有感

范建民校长的《循幸福之源——一个小学语文人的教育探索》是一本探索广大师生幸福的专著，对于那些渴望幸福、追求幸福的中小学师生、家长、社区人士等，可谓幸福宝典。

幸福，是《循幸福之源——一个小学语文人的教育探索》一书的中心主旨。幸福，是人类共同的价值追求，是新时代中国人的首要生活诉求。人民幸福，是中国梦的重要内涵，是指全体人民的共同幸福，当然也包括学龄儿童。少年幸福，家国之大幸也。

少年幸福，是指全体学生的共同幸福。不论民族、性别、贫富、优劣、健全或残疾，每一位学生都有获得幸福的平等权利。当然，学生的幸福包括过程幸福与结果幸福。过程幸福也可分为当下幸福和未来幸福。范校长特别关注了中小学生当下的幸福生活，及其对未来生活的重要影响。当下幸福，是指幸福的学生生涯，是其未来幸福的底色和前提。一个人在少年时期的幸福可以促进其未来人生幸福；同理，一个人少年时期的不幸，需要用其后续人生来治愈。教育是增进人类福祉的必要途径，尤其是中小学教育，旨在中小学生的心田培育幸福种子，感受幸福，传播幸福，增益幸福；根红苗正，才能枝繁叶茂。范校长主张学校、家庭和社会决不能为了追求分数、升学名校、成龙成凤而牺牲中小学生当下的成长幸福。

幸福是人生的愿望和动力。实现幸福的愿望，要培育幸福的种子，付出相应的努力。范建民校长认为，幸福作为人的核心素养，是悉心培养、主动建构的；

如不加强习养、教养和学养，就会远离幸福。小学阶段尤其要重视孩子的社会习养、家庭教养和学校学养。

本书的第五辑，集中探讨了社会习养和家庭教养的艺术。作为两个孩子的父亲，范校长一贯重视孩子的社会习养、家庭教养。他忧患意识强烈，直面现实，勇毅前行。他认为，近年来青少年自虐性和攻击性等过激行为偶发，是导致家庭不幸的重要根源。家庭和社会不应置身事外，而须共同关注，“家校社”协同共育。家庭、社会不应漠然、指责和推诿，而须合力面对、防范和应对“塔西佗陷阱”，重建教育公信力，预防和化解青少年过激行为。家长应选择相信、配合学校和教师工作，家庭教育应营造和谐亲子关系，尽早发现青少年自虐性、攻击性、危险性等过激行为的苗头，及时告诉学校老师，寻求学校的帮助。范校长主张面对日益严峻的安全教育形势，家庭、社区应主动积极与学校密切沟通，努力营造“家校社”合作共育的良好氛围和环境。学校应高度重视学生的安全教育，在每日散学、每周周五、期末放假、开学季、毕业季等关键时间节点常抓不懈，力求抓出成效。还应高度关注学生的心理问题，高度重视教育场所的安全排查。范校长注意到，近些年学生逆反心理与校园暴力事件偶发，“家校社”须合作思考应对策略，携手为孩子的幸福人生奠基。对于长期困扰家长问题，范校长提出了有效的应对策略：有些孩子做作业磨蹭，事出有因，应对有招，可以试试八个小妙招；家长在课外陪伴孩子开展亲子阅读，可以减轻亲子隔膜和对立，增进亲子幸福感；年轻母亲积极尝试与孩子沟通互动，可以做一位幸福的妈妈；家长客观理性地评价自己的孩子，可以增益孩子的幸福感；对于部分孩子害怕数学，家长可以陪伴孩子面对难题，在玩数学中化解其畏难情绪，增强学习数学的信心。

本书的第一至第四辑，第六辑及附录，则详细探讨了学校学养之于学生幸福的关系。范建民校长是一位资深专家型教师，26 年教龄，就在一线摸爬滚打了 26 年。他从“双减”政策落地、教师幸福素养、教科研工作、班主任工作、语文课程与教学、读书与写作、研学培训、师生交往等关切方面，深入探讨了建构幸福的成功经验和做法，值得一线教师和教育管理者实践参考。

教育活动应当从现实生活出发，以人为本，着眼于调节和化解学生与外界、学生内部的矛盾，旨在把学生培养成为新时代新征程的主体，引领学生与外界辩证互动，促进人类幸福的延续和创新。幸福的建构包括三个层面，幸福的感受、感知和感悟。对于幸福的受纳、觉识和觉悟，取决于一个人的境遇。该境遇是时代、环境和人际关系及其相互作用的结果，可谓天时、地利、人和。天时、地利属于外在客观条件和机缘，人和则属于主观能动性。所谓主观能动性，是人的主动作为。人和之于天时、地利具有选择性、建构性和差异性。如来自相同社区的同一届学生，共处于一个共同的时代，同在同一学校、同一年级的同一个班级上学，教他们的是同样的老师，每一个学生幸福感却不尽相同。这就是主观能动性使然。

所谓因圆则福广，范建民老师善得天时、地利、人和，因而他的学生、同事和家人是幸福的。

范建民老师的出生之年也很特别。他生于 1978 年。这是一个改革开放的开启之年。1985 年，在武汉市江夏区龙泉升华小学——一所美丽学校所开启的小学生涯，尽管简单，但无疑是幸福的。这一段少年生活奠定了其幸福人生的底色，也孕育了“少年幸福”梦的魅影。这底色里面除了简朴而充实的学校课堂生活，还有小伙伴跃动的身影、大自然的多彩颜色、简朴而有趣的游戏、自由地玩耍、田间的劳作、远足郊游、充足的睡眠，但没有过多的课业负担。这正是范校长梦寐以求和正在绘制的少年幸福图景。

范建民老师有幸与新课改一路同行。1998 年，范建民老师从师范毕业入职武汉市江夏区茅店小学。26 年来，他先后任教于江夏区流芳中心小学、红旗小学、武汉市光谷第二小学、华师一附中光谷汤逊湖学校，在语文教师、班主任、中层干部、副校长、小学部校长等多种岗位上得到了全面而丰富的历练。他经受住了非典型肺炎疫情和新冠肺炎疫情两次公共卫生突发疫情的严峻考验，得到了磨砺，积累了难得的经验。他勇于面对并用教育智慧化解了一个个风险，打开了一扇又一扇的幸福之窗。一路走来，他得到了陈德菊、卢杏枝、王晓红、张春霞、贺清文、汪新华等可亲可敬的老师关注和指导，丰富了他的职业生涯，丰盈了他的幸福体验，促进了他的专业成长。

2012 年，新时代肇始之年，范建民老师有幸结识了于永正老师，并得到了于老师的亲自指点。在 2013 年至 2023 年新时代 10 年里，范建民老师陆续结识了王崧舟、吉春亚、管建刚、张祖庆等名师及团队。他的专业发展进入了快车道，教学、教研和科研进入了丰产期，公开发表教科研论文 30 多篇，多次获得省市和国家级教科研奖。他指导的学生和青年教师获得全国和省市竞赛奖励多达数十次。

癸卯岁末，建民冒着冰冻严寒，刚在教育局开完紧急会议，就直接从会议现场送来了即将出版的专著打印稿。幸福宝典，如凌寒蜡梅，墨香犹存。甲辰新春，先睹为快，感言若干，致以热烈祝贺！衷心祝愿建民引领全校师生搭乘新时代幸福快车，事业兴旺发达，在新的岗位上，奋力谱写中国式现代化教育的幸福华章！

夏家发

甲辰正月二十九于华中师范大学田家炳教育书院

教育的幸福密码

——建民的教育智慧与情怀

初识建民，其真诚晓意，温润儒雅，给我印象深刻。

后在彼此同舟共济的日子里，我逐渐发现，建民有才识，有学养，有胆气，有魄力，谦和诚朴，坚执果决。工作中，他敢担当能尽责，勤思考善作为，带领汤校小学部年轻团队不断取得突破性的成绩。正是他这种悉心投入和一腔情怀，浸润了他无穷的教育情思与流利的文笔，也成就了这一部摆在我面前让我悦读与沉思的洋洋几十万言的论著力作——《循幸福之源》。

周国平说："幸福在于爱，在于自我遗忘"。对教育而言，没有爱就没有教育，没有忘我的精神就没有教育的成功。教育的幸福本就源自爱和奉献。

建民是有爱的，他透晓了教师这项职业的幸福底蕴。

在第 39 个教师节到来之际，建民执笔畅言，"溯幸福之源，做幸福教师"。质朴坦荡，触人心扉。幸福，就是教师这项职业的原色。伟大的时代需要的必是最好的教育，而最好的教育必赋予教师这个职业最大的荣耀与最大的幸福。建民从时代的使命担当与幸福观的高度，论及教师幸福的体验感与获得感，情发由衷，金铎传声。"教师是最幸福的职业"，他借引顾明远的话逐层阐述，教师的幸福是精神层面的，是灵魂深处的，是利他之举，是君子之乐，是平凡之行。情到深处，建民笔锋不滞，连缀数篇文字纵谈教师职业倦怠与幸福。笔下教育典型如星璀璨，有时代楷模，有乡村教师，有援边支教名师等等，举身边人，讲身边事，说身边理，传身边经，深入浅出，大道至简。正如建民所言，从平凡的每一天体验成长的感觉，从而发现教师职业的价值和意义，这就是教师幸福的源泉。

建民是有爱的，他彻悟了语文这门专业的幸福要义。

作为语文人，建民的专业成长之路是其走向人生幸福之门的通衢。从新课程背景到新时代大语文观，从语文学科素养到语文学习习惯，从语文教学设计到语文学习方法，从语文大单元教学到语文读写专题训练，从语文课堂模式到语文户外体验等等，建民集二十余年语文教学之体悟，信手拈来，或纵论原理，或提要钩玄，或方法指津，或“下水”示范，或灼见独抒，或诗意审美，或探幽发微，包罗万象，涉猎众域，观照细部，深掘精义。游刃而切中语文肯綮，信步而宕开读写坦途。其语文之理念之思维之素养之能力，都在其文辞篇章与条分缕析中一一呈现。非是爱，非是潜心研磨，何以如此执着于语文教研而出彩，专精于语文教改而有成？建民的语文情结、语文学养及其语文实践之路，都能给每一个语文同道者以深刻启迪和幸福招引。关于语文与教育，建民这样说过，理想中的语文教育应该具有诗情画意，应该让人在听说读写的有趣练习中做到赏心悦目、怡情养性。我深以为然。

建民是有爱的，他深解了教育这份事业的幸福真谛。

教师是人类灵魂工程师，从事的是用灵魂塑造人的教育事业。建民于教育的情怀和胸襟独有自己的觉悟与追求。

他认为读书与写作就是一种诗意的教育生活。因此他喜欢读书，如饥似渴。读教育论著，他于匆匆忙忙的工作劳碌中梳栉快要凌乱的思想羽毛；读文学作品（包括影视文学），他于平平淡淡的生存惶惑中寻找渐去渐远的人性闪光；读人物传记，他于纷纭多变的时代潮汐中汲取执掌命运的定力与豪情。他也喜欢写作，孜孜不倦。初以阅读促进写作，后以写作助推成长。写自己初为人师的故事，写自己成长成熟的经历；写生命中遇见的人，走过的岁月，欣赏到的风景，见识了的道与法则。情注笔端，理行字间，思呈经纬，文赋新意。对于建民来说，读书和写作不仅是他坚毅行走的姿态，也是他思考求索的样貌；不仅是他探寻幸福教育的路径，也是他追求幸福人生的目标。他遍访名师，试解教育密码；深究原理，企望问津度厄；躬身践行，力探教改良方。“向青草更青处漫溯”，正是他作为教育人诗意豪情的形象写照。

陶行知有云：生活即教育。过幸福的生活就要受幸福的教育，而这必须教师先成为一个幸福的人。只有幸福着的教师才能引导孩子走向幸福人生。建民是这样想的，也是这样做的。他举隅现实悲剧，疾呼“救救我们的孩子”；他管窥心理幽微，思虑孩子生命安全教育；他洞悉信任危机，着意家校协作亲子互动。他说，陪伴孩子成长是教育者最大的事！诚然是也，家长与老师的长情陪伴既是孩子人生幸福的奠基，也是孩子生命成长的动能。

当代一位哲人曾说：“人生最值得追求的东西，一是优秀，二是幸福，而这二者都离不开智慧。”追求优秀者可能获得幸福，但追求幸福者则必能成为优秀。因为幸福最能体现人活着的意义和价值。而人的智慧就是以幸福作为人生追求的目标，视优秀为追求幸福的果报。

建民就是这样的智慧者。作为语文人，他勤心自勉，谦卑自牧，专业日求精深，学术渐臻佳境，成果丰硕，成绩斐然；作为教育人，他朝乾夕惕，晨钟暮鼓，关爱学生成长，思创教育未来，桃李春风，乐在其中。因此，完全可以这样说，建民是优秀的语文人，也是幸福的教育人。优秀与幸福终将成就建民快意而精彩的教育人生。

是以为序。

汪新华

华师一附中光谷汤逊湖学校校长

2024 年 2 月 10 日

目录

第一辑 情怀与担当 1

——做一个幸福的教师

第二辑 语文与教育 73

——让语文回归本色

第三辑 读书与写作 147

——过一种诗意的教育生活 147

第五辑 陪伴与成长 247
——为孩子幸福人生奠基

第六辑 岁月与斯人 289
——致生命中所有的遇见

第一辑

情怀与担当

——做一个幸福的教师

一个教师面临的最大挑战，就是要能够在看上去很平凡的每一天都能体验到成长的感觉，从而发现职业的价值和意义，这就是教师幸福的泉源。

溯幸福之源，做幸福教师

——写在第 39 个教师节前夕

“国之大计，教育为本；教育大计，教师为本。”近年来，党和政府逐步提高教师待遇，保障教师的工作生活条件，教师安心从教、热心从教、舒心从教、静心从教的良好氛围已经形成。

九月丹桂香，教师迎佳节。2023 年 9 月 10 日是我国第 39 个教师节，也是党的二十大胜利召开后的第一个教师节。在节日即将到来之际，笔者作为一名基层教育工作者，想和大家交流一下“教师的职业幸福感”这个话题。

幸福是我们人生的终极追求，每个人来到这个世界，都想幸福地过完一生。莎士比亚说，“一千个人心中有一千个哈姆雷特”。每个人对幸福的体会是不同的，或许是一种持久的体验，也或许仅是某一瞬间的感受……

这是一个伟大的时代

记得查尔斯·狄更斯在《双城记》一书的扉页上写道：“这是最好的时代，这是最坏的时代；这是智慧的时代，这是愚蠢的时代；这是信仰的时期，这是怀疑的时期；这是光明的季节，这是黑暗的季节；这是希望之春，这是失望之冬；人们面前有着各种事物，人们面前一无所有……”

这段文字，引起我对当今时代的思考。先举几个例子来说吧！2022 年中国 GDP 达到 121 万亿元，稳居世界第二；中国航天空间站全面建成，我们的“太空之家”遨游苍穹。一个个好消息接踵而来，第三艘航母“福建号”下水；首架 C919 大型飞机正式交付……

今日之中国，朝气蓬勃，充满生机与活力。就拿 2023 年上映的一部电影《流浪地球 2》来说吧，这部影片火到什么程度？总票房高达 46.88 亿，在海外的同步播出也获得了惊人的业绩，上座率曾登顶北美冠军，打破了国产科幻电影在海外播出的多项纪录，这是我们以前很难想象的——中国人拍的科幻片会有这么多外国观众，并且在世界影坛上占有一席之地。

这个时代对于我们教育工作者来说，亦是最好的。

2022 年 10 月，党的二十大胜利闭幕，报告中将科技、教育、人才放在第五部分进行统筹部署。科技、人才的发展靠什么？教育。国家的发展、中华民族的伟大复兴归根结底要靠教育。

“我们要坚持教育优先发展、科技自立自强、人才引领驱动，加快建设教育强国、科技强国、人才强国，坚持为党育人、为国育才，全面提高人才自主培养 质量，着力造就拔尖创新人才，聚天下英才而用之。”教育作为一个民生工程，现在已经提到了战略高度。

“深入贯彻以人为中心的发展理念，幼有所育、学有所教、劳有所得、病有所医、老有所养、住有所居，我们正在建设世界上规模最大的教育体系，让人民有更多获得感、幸福感、安全感。”今后，我们可以很自信、很自豪地告诉大家自己的职业——人民教师。

无独有偶，二十大报告里也提到了“幸福”这个词。拨乱反正以来，我党提出“实践是检验真理的唯一标准”，社会主义制度好不好，归根结底还是要看人民的体验感、获得感，要看老百姓对我们社会的满意度高不高。而教育的好坏，直接关系到千千万万个家庭的幸福！

党的现行教育方针，每个字都值得我们好好学习。

首先在战略地位上，我们要认识到“教育、科技、人才是全面建设社会主义现代化国家的基础性、战略性支撑。”基础教育是国民教育体系的根基，事关国家的发展和民族的未来，具有重要奠基作用。

其次是战略方针方面，坚持为党育人、为国育才。培养什么人、怎样培养人、为谁培养人，是教育的根本问题。而我们的基础教育，是帮助学生扣好人生第一粒扣子的关键期。我们必须全面贯彻党的教育方针，把立德树人作为育人的根本任务，培养德智体美劳全面发展的社会主义建设者和接班人。

接着在战略任务上面，加快建设教育强国，办人民满意的教育，加快建设高质量教育体系，发展素质教育，促进教育公平。基础教育是重大民生，必须坚持人民至上，强化公益性，面向全体学生全面发展素质教育，实现更加公平且高质量的发展。

最后在战略支撑上面，要完善学校治理和教育评价体系，践行学校、家庭、社会育人体系，提高教师队伍的素质，推进教育数字化改革，突出问题导向，为基础教育高质量发展提供强有力的支撑和动力。

可以预见，在今后相当长的一段时间，国家对教育的重视程度一定是空前的。所以，我们可以理直气壮地说："我们生活的这个时代，是一个伟大的时代。"

由白岩松谈幸福想到的

白岩松曾提到，别人在跟他聊天的时候，说他写了一本书叫《你幸福了吗》，他说："错，不是你幸福了吗，而是《幸福了吗》。"这句话其实是白岩松对自己的追问。我们也可以问一问自己，我幸福吗？在学校工作开心吗，是否能常常获得成就感？

白岩松在《白说》里对幸福有这样的描述："第一个就是肚子不饿了，欲望更多了。"他引用范伟在电影里的台词："什么是幸福？幸福就是我饿着，而别人手里有两包子，我觉得他很幸福；如果他把这两个包子给我吃了，我觉得我就幸福了。"现在大多数人无须为温饱发愁了，但我们对幸福有更高的追求。

第二个，幸福跟别人有关系吗？举个例子来讲，你在公交车上，无缘无故被别人踩了一脚，此刻你肯定不舒服，很想责备他几句，但是如果对方满脸歉意地跟你说"对不起"，我想这个时候，大多数人还是会选择原谅。

再比如，你在当众演讲，你站着，观众坐着。你讲的时候如果大家都在仔细听，认真记，你一定会非常有成就感，幸福感也会油然而生。反之，如果大家对你讲的话题毫无兴趣，清一色都埋头刷手机，请问你还幸福吗？所以幸福和别人有关系吗？有，一定有。我们幸不幸福，其实跟我们周遭的每个人都有关系。

白岩松讲，“我们会无限接近幸福，但永远无法彻底抵达。”为了说明这个观点，他还举了一个例子，很多爱美的女性喜欢佩戴首饰，都知道黄金按纯度分为好几种，其中足金含金量不低于99%，含金量不低于99.9%可以称为千足金，含金量不低于99.99%又称为万足金，可是有100%纯度的黄金吗？没有。幸福也是如此，它是我们永远的追求，可以无限接近，但永远无法满足。

谈谈教师的职业幸福感

再次回到我们的话题——教师的职业幸福感。教师这个职业从空间上面来分，包括家庭生活、学校生活、社会生活。总的来说，教师的生活还是比较单纯的，并不像社会上那么复杂，学校、家庭两点一线，从空间上提高了我们获取幸福的概率；从内容上分，可以分为物质生活和精神生活。

物质的幸福获取相对容易，但它仅仅是一个指标，当下我们对幸福的理解更侧重于关注人们内心的感受，安全吗，快乐吗？谁都爱过好日子，但如果仅有富足的物质生活，也不能获得持久的幸福感。

曾读过池莉的《好日子怎么过》，“穷日子里，一个人发自肺腑的要求就是吃饱肚子。穷日子里，难过的是肚子；好日子里，难过的是心情。原来好日子不仅仅是物质的，更是精神的。好日子是皮囊，须得人为地填充灵魂。”

这灵魂哪里得来？读书中得来，修养中得来，智慧中得来，安静中得来，爱意中得来，松弛中得来，不烦躁的时候得来，不虚荣的时候得来，不贪婪的时候得来，懂珍惜的时候得来，维护健康的时候得来。好日子就攥在我们手中，它像泥鳅，你要有抓住它的技巧。

“人的第一责任是使自己幸福，这样你也能使别人幸福。”这是哲学家费尔巴哈说的。著名教育家顾明远先生认为“教师是最幸福的职业”。作为教师，要力争体验到这种独特的幸福。

因此，我衷心祝愿每个教师都能幸福地工作，幸福地生活。教师的一生不一定要干成什么惊天动地的伟业，但它应当如百合，展开是一朵花，凝聚是一枚果；它应当如星辰，远望像一盏灯，近看像一团火。当意识到你生命的蜡烛在照亮学生的同时，也就照亮了我们自己。我们更应该投入到自我发展、自我完善中去，寻找生命的意义、追求的乐趣。我把这种生命的意义、追求的乐趣称之为“诗意”。

教师对于国家兴盛、民族复兴有着特殊的作用。作为新时代的人民教师，要在精神上耐得住寂寞，生活上不追求奢华。

《孟子》中写道，“君子有三乐，而王天下不与存焉。父母俱存，兄弟无故，一乐也；仰不愧于天，俯不怍于人，二乐也；得天下英才而教育之，三乐也。”

这第三乐，就是我们教师所献身的事业。因此，我们可以自豪地说，任何其他行业的人，永远只能获得孟子所说的“三乐”中的两乐，因为他们不是教育工作者。

“三寸粉笔，三尺讲台系国运；一颗丹心，一生秉烛铸师魂。”在第 39 个教师节即将来临之际，让我们牢记特级教师于漪的话，“把平常平凡琐碎的工作与我们未来的事业和千家万户紧密联系在一起”，当好学生的良师益友，做好学生健康成长的引路人。

再谈教师的职业倦怠与职业幸福感

2023 年 9 月 9 日，习近平总书记在第三十九个教师节来临之际，代表党中央向全国广大教师和优秀教育工作者致以节日的问候和诚挚的祝福，极大地鼓舞了全国广大教师。

习近平总书记在信中说，“教师群体中涌现出一大批教育家和优秀教师，他们具有心有大我、至诚报国的理想信念，言为士则、行为世范的道德情操，启智润心、因材施教的育人智慧，勤学笃行、求是创新的躬耕态度，乐教爱生、甘于奉献的仁爱之心，胸怀天下、以文化人的弘道追求，展现了中国特有的教育家精神。”

习近平总书记勉励广大教师，“以教育家为榜样，大力弘扬教育家精神，牢记为党育人、为国育才的初心使命，树立‘躬耕教育、强国有我’的志向和抱负，自信自强，踔厉奋发，为强国建设、民族复兴伟业做出新的更大贡献。”习近平总书记的谆谆教导与对广大教师的殷切期望，引起了我对教师职业倦怠与职业幸福感这个话题的再次思考。

谈谈教师的职业倦怠

“职业倦怠”这个词，可能对已经从事教育事业超过 20 年的老师们而言更有共鸣。其实测试你是否存在一定的职业倦怠，有个简单可行的办法。

新的学期开始了，你上班的心情怎么样？第一种心态“哇，上班了”，第二种“嗯，上班了”，第三种“唉，又要上班”。

这三种心态，真实反映了不同教师对工作的态度。说实话，我是盼着上班的，经历了漫长的假期，想到终于可以见到可亲可敬的老师、同学们了，内心就有一股莫名的兴奋。那么，什么是职业倦怠呢？它也叫职业枯竭症，是上班族在工作的重压之下所产生的一种身心俱疲、身体被耗尽的感觉。

教师的职业倦怠是教师不能顺利应对工作时的一种应激反应，是教师在压力下表现出的一种情绪态度和行为的衰竭状态。典型的特征就是工作热情和兴趣丧失，以及情感疏离和冷漠。对自己工作很不满意，缺乏工作热情，完全被人推着走，甚至产生不喜欢学生、惧怕领导的心态，大家可以回想一下自己是否有过这种感觉。

身体和情绪的耗尽，让人感觉到工作力不从心，导致行为失调。消极的情绪像乌云一样笼罩着自己，对学生疏离，对自己不满意，觉得自己干不好事情，常常会产生无效能感，还有对工作信仰的怀疑——我做的事情有价值吗，有何意义？

每年教育行政部门都会对教师进行心理测试。有权威问卷调查显示，目前约32%的老师正面临着不同程度的心理压力，只有11%的教师有强烈的职业幸福感。

现在很多学校新进教师都是名校高才生，有不少人被分到小学工作，常常感觉自己以前学的好多东西，面对一群新时代的学生根本用不上，存在极大的心理落差。相反一些非名校毕业、学历低一些的老师们，他们安贫乐道，心态平和，反而适应得好。

人是社会性动物，职场中不可避免地存在一定的竞争，也不可避免地会与他人产生交集。如果自己的工作常常被领导、同事、家长、学生肯定，人际关系和谐，就会更多地感受到工作的快乐，反之就会让人紧张、失落。而且心理长期处于亚健康以及压力过大也会大大增加患职业病的概率。因此，老师们一定要努力保持愉悦的心情，快乐地工作，幸福地生活。

致敬那些感动我们的人民教师

我们还是传播更多正能量吧！其实教师这个行当也有做得特别优秀的。

1. 感动中国的时代楷模——张桂梅

时代楷模张桂梅——大山里的擎灯者，感动中国的人物，她燃烧的是生命，照亮的也是生命。

“扎根云南贫困山区40年，推动建立了中国第一所免费女子高中，2008年建校以来已经帮助1600多名女孩圆梦大学，张老师被女孩子们亲切称为张妈妈。她像一束希望之光照亮孩子们的追梦人生。”这是联合国教科文组织促进女童和妇女教育特使彭丽媛对她的评价。中共中央也给她颁发了“七一勋章”，这是至高无上的荣耀。2020年感动中国颁奖词这样写道，“烂漫的山花中，我们发现你。自然击你以风雪，你报之以歌唱。命运置你于危崖，你馈人间以芬芳。不惧碾作尘，无意苦争春，以怒放的生命，向世界表达倔强。你是崖畔的桂，雪中的梅。”

2. 担起乡村未来的80后教师——张玉滚

他放弃了在城市工作的机会回到家乡，靠着一根从老校长手中接过的扁担，从大山外为孩子们挑来学习生活用品，也挑起了孩子们走出大山的希望。他最初每个月仅拿30块钱，年底分100斤粮食，扎根黑虎庙小学17年，先后获得“全国优秀教师”“全国师德标兵”“时代楷模”“感动中国2018年度人物”“全国五一劳动奖章”等国家级荣誉称号。

“扁担窄窄，挑起山乡的未来；板凳宽宽，稳住孩子们的心。前一秒劈柴生火，下一秒执鞭上课。艰难斑驳了岁月，风霜刻深了皱纹，有人看到你的沧桑，更多人看到你年轻的心。”

3. 把生命献给高原的植物学家——钟扬

他坚持学术援藏，不畏艰险盘点世界屋脊的植物家底，寻找生物进化的真实轨迹。从藏北高原到喜马拉雅山区，从阿里无人区到雅鲁藏布江江畔，到处都留下了他忙碌的身影，他搜集上千种植物的4000多万粒种子，填补了世界种子资源库没有西藏种子的空白，这一干就是16年，最后把宝贵的生命献给了教育事业，献给了国家。

4. 援藏支教的光谷好教师——杨丰铭

其实在我们的身边也有这样的榜样。杨丰铭，湖北省特级教师，武汉市物理学科带头人，东湖高新区十大名师，现任武汉市光谷汤逊湖学校副校长。2018 至 2021 年，他积极响应号召参加国家“万人援藏、援疆计划”，前往西藏自治区山南市乃东区中学任教，赢得了当地师生的高度认可。

西藏山南海拔有 3560 米，凌晨，家用制氧机都因严寒结冰而无法工作。由于缺氧，杨丰铭晚上睡觉经常被一口气憋醒。长期劳累、体质下降导致他多次患重感冒住院，体检查出心肌肥大、肺部纤维化等，但这些都没有拦住他援藏的脚步。

“我带的是毕业班，学生的课耽误不起。”杨丰铭晒成“康巴汉子”，他所带班级物理均分由 40 多分提高到 80 多分左右，学生白玛旦增 2019 年中考物理满分，斩获西藏自治区单科状元。

当杨丰铭发现孩子们还在使用陈旧的物理电学器材，于是联系原工作单位光谷实验中学，很快筹集了 45 套电学实验箱送往藏区，有效改善了乃东区中学的教学条件。当藏区孩子使用武汉光谷捐赠过来的实验设备，亲手点亮灯泡的时候，他们眼睛里绽放出来的光芒让杨丰铭终生难忘。那一刻，他觉得自己所有的努力与付出都有了意义。

随后，更多学生和家长参与到这场“点亮”课堂的捐赠中。光谷实验中学师生先后三批次捐献价值 20 多万元的实验器材，杨丰铭协调募集高达万元的邮费，终于将最后一批用于教学的电学演示箱和微波炉送到雪域高原。

这里再讲一个反面例子，2020 年某校一名女老师不满学生只给班主任送花，现场发飙，全班起立罚站，被《人民日报》发专文点名批评，这样的老师真不该，她的行为完全违背教师职业道德。我想这位老师应该不是非要这一束鲜花不可，她是希望被学生重视，被认同，但是“认同”这个东西，不是你自己索取而来，而是要靠你自己的魅力去获得。

愿广大教师能怀揣教书育人的初心，克服职业倦怠，时刻以习近平总书记 9 月 15 日在给东北大学全体师生回信中勉励广大师生的要求为己任，“全面贯彻党的教育方针，弘扬爱国主义光荣传统，坚持立德树人，继续改革创新，着眼国家战略需求培养高素质人才，为推动中华民族振兴，推进中国式现代化做出新的更大贡献。”

站在新的起点，做新时代好教师

2023 年 12 月 31 日晚 8 点，新年前夕，国家主席习近平通过中央广播电视总台和互联网，发表热情洋溢的二〇二四年新年贺词。总书记的贺词中金句频出，给了我很多启发。

办人民满意的教育是我们的责任也是义务

金句一：“要以更大力度办教育、兴科技、育人才。”“我们的目标很宏伟，也很朴素，归根到底就是让老百姓过上更好的日子。孩子的抚养教育，年轻人的就业成才，老年人的就医养老，是家事也是国事，大家要共同努力，把这些事办好。”

习近平总书记这些话深刻地揭示了教育在国家发展中的重要地位，以及教育对于提高人民生活水平的关键作用。

首先，习近平总书记强调了办教育的重要性。教育是培养人才、提高国家竞争力的关键。只有通过高质量的教育，我们才能培养出具有创新精神和实践能力的人才，才能为国家的经济社会发展提供源源不断的人才支持。因此，我们有理由相信，国家一定会持续加大教育投入，不断改善办学条件，努力为每个孩子提供公平、优质的教育，实现教育强国的伟大梦想。

其次，习近平总书记提到了“兴科技，育人才”的重要性。随着科技的不断进步，教育的方式和手段也在不断更新。我们应该充分利用新技术手段，如人工智能、大数据等，创新教育模式，提高教育效率，为学生提供更加个性化、高效的学习体验。同时，我们也要注重培养学生的科学素养和创新精神，为未来科技的发展提供坚实的人才基础。

最后，习近平总书记强调了教育关乎民生福祉。孩子的抚养教育、年轻人的就业成长、老年人的就医养老等问题，都与教育息息相关。只有通过优质的教育，我们才能提高人民的生活水平，增强人民的幸福感和获得感。因此，作为教师，我们应该将教育作为国家发展的重要任务，将其与人民的幸福紧密相连，不断推进教育事业的改革和发展。

总之，习近平总书记的这段话深刻阐述了教育在国家发展中的重要地位和作用。作为教育工作者，我们应该积极投身于教育事业中，努力提升教育质量，培养出更多优秀的人才，为实现中华民族伟大复兴贡献自己的力量。同时，也呼吁全社会共同关注和支持教育事业的发展，作为教师的我们更要不忘初心、砥砺前行，为实现教育的美好愿景努力奋斗。

金句二："各行各业的人们都在挥洒汗水，每一个平凡的人都作出了不平凡的贡献！""现在，社会节奏很快，大家都很忙碌，工作生活压力都很大。我们要营造温暖和谐的社会氛围，拓展包容活跃的创新空间，创造便利舒适的生活条件，让大家心情愉快、人生出彩、梦想成真。"

总书记在新年贺词中的话语，是对各行各业劳动者的肯定和赞扬，我作为一名教育管理工作者，备受鼓舞，深感责任重大，同时也意识到教师的职业幸福感对于每一个教育工作者的重要性。那么，教师的职业幸福感从何而来呢？

首先，教师的职业幸福感来自对教育事业的热爱和追求。教师所从事的工作不仅是一份职业，更是一份使命和责任。当我们看到学生在自己的指导下取得进步，当我们感受到学生成长的喜悦，我们会感到无比的满足和幸福。这种幸福感是任何物质奖励都无法替代的，它源自内心的满足感和成就感。

其次，教师的职业幸福感需要社会和学校的支持和认可。我们呼吁社会应该更加重视教育，尊重教师的劳动成果，提高教师的社会地位和待遇；我们呼吁家长应该给教师更多的宽容与理解。当然，学校也应该为教师营造良好的工作环境，提供必要的教学资源，关心教师的成长和发展，让每一位教师都有幸福感和获得感。

最后，教师的职业幸福感需要教师自身的努力和追求。教师应该不断学习，提高自己的专业素养，提升自己的教学能力和水平。同时，教师也应该注重自我调节，保持积极向上的心态，学会从工作中寻找快乐和满足。

拒绝“躺平”，先干起来再说

最近，我们频频听到一些网络热词“内卷”“佛系”“躺平”“摆烂”等，这种现象应该引起每一位教育人的思考。

近日，广东佛山南山镇公示8名“躺平休闲人员”，引发公众热议。

据极目新闻报道，2023年7月20日，某地在召开干部大会时提出制定“躺平”和“休闲”人员名册，按照“一人一策”原则，分类提出处置意见。根据公示内容，此次通过谈话调研、民主评议、作风效能领导小组审定等工作环节，有8名同志列入该地2023年度躺平休闲人员拟定名单。

见到任务“两手一摊”，碰到问题“两眼一黑”，对于这类“躺平式”干部，老百姓自然是深恶痛绝的。找出“躺平者”，是地方政府整治干部作风的一种探索与尝试。“躺平式”干部严重影响了相关职能职权的履行，导致某些问题长期得不到解决，损害人民群众的利益。要让“躺平式”干部躺不住，该出手时就要出手。

作为教育工作者，我们面对的是一个个活生生的人，我们肩负着培养未来建设者和接班人的重任。面对诸多教育问题，如“班级管理混乱”“学生整体学业质量落后”等，我们不提倡“佛系”，不允许“躺平”，更应该拒绝“摆烂”，对于“践踏‘双减’和师德红线”“体罚和变相体罚学生”“从事有偿家教”“违规收受家长礼品礼金”等行为，坚决实行“零容忍”。

崭新的2024年已经到来，前进的号角已经吹响，“千里之行，始于足下”，我们要以习近平总书记重要讲话为指导，大力宣扬“干事创业”文化。

无独有偶，最近《长江日报》发出关于“落实在一线”的系列评论，我们来看其中的一篇——“先干起来再说”。

“我们人手有些不足呢”“资金还差那么一点”“感觉条件还不够成熟”“再等

等看吧……”

有的人干工作，喜欢等万事俱备，各方面条件“熟透”了才动手；有的人是怕，把“等万事俱备”当作一块布来掩饰自己的畏难；有的人甚至把“条件不具备”当成了不行动的借口。

可是，万事没有“俱备”，工作难道就不开展了？等万事俱备了，东风等不等呢？等来等去，不免“万事成蹉跎”。应当是，先干起来再说！

干事情当然需要一定的条件。一切就绪，干起来自然顺当些；缺东少西，干起来难免困难重重。但现实不可能都是理想状态，条件不会像精心包装的礼物递到人手上。它需要我们毫不犹豫，放开手脚，迈开步子，先把事情干起来，而不要等万事俱备了再行动……

当前教师面临的困难和挑战有很多，本人梳理了一下，主要有以下几个方面：

1. 应试教育压力带来的挑战

受当前中考、高考指挥棒的影响，大的教育环境还是过于注重学业成绩，这个“卷”是大环境所致。很多人振振有词，“即便你这个学校不‘卷’，周边学校也会‘卷’；即便你自己不想‘卷’，但旁边的老师都在‘卷’；或者说即便教师不想‘卷’，但家长普遍焦虑，他们推着你、逼着你‘卷’。”当前的教育环境导致我们的老师们面临巨大的应试教育压力。为了提高学生成绩，教师需花费大量时间和精力进行备课、上课、刷题……很多的教育问题也都因此而起，“毕业年级挤占部分学科课时”“大量主课老师挤占兼任本班‘副课’”“个别老师午休时悄悄讲课”“有老师课后服务时间大量刷题，讲新课”等，屡见不鲜。

回想几十年前，我们上学时的课堂，没有电子白板，没有多媒体，只有一块小黑板、几支小粉笔、几十张小课桌。老师在课堂上引经据典，信手拈来，孩子们仰着小脑袋听了还想听，学了还想学。老师漂亮的板书、优雅的姿态、祥和的表情、妙趣的语言，一切都是那样朴素和自然。但这一切都似乎一去不复返了。

2. 学生生活的环境和个体多样性带来的挑战

现在的孩子们生活的环境与我们当年截然不同。在那个物资匮乏的时代，生活虽然简朴，却也更加真实。没有繁杂的网络信息和五花八门的电子产品，孩子们可以无忧无虑地在自然中奔跑，早早地学会为父母分担压力。而如今，虽然孩子们的物质生活得到了极大的丰富，却也面临着许多新的问题。他们常常被困在华丽却狭窄的格子楼里，大量的时间被各种培训班和兴趣班占据，缺乏真正的自由和快乐。同时，网络信息的泛滥也给他们的成长带来了许多负面影响。

一个班级四五十名学生，每个孩子都精力旺盛，每个孩子都个性十足。很多孩子在家里都是“小皇帝”“小公主”，衣来伸手，饭来张口。更有甚者，毫无敬畏之心，天不怕，地不怕，唯我独尊。这些“神兽”，给我们的工作带来了巨大的压力。

因此，在当前的教育环境下，我们要努力关心、关注每一个学生的个性化需求，并制定相应的教育计划。这需要教师具备更高的教学技巧、更广泛的知识储备和教育智慧。

3. 家长和社会的期望与现实不匹配带来的挑战

每个家长都怀揣着“望子成龙”“望女成凤”的期望，然而现实与理想之间似乎有着难以逾越的鸿沟。部分家长由于教育方式欠妥，孩子们并未如愿成为“龙凤”，反而成了难以驯服的“小神兽”，让我们倍感困扰。

当今，家长和社会对教育的期望越来越高，教师要满足这些期望，必须承受巨大的压力，这就需要我们的老师要有足够的定力，像郑板桥笔下的“竹石”一样“千磨万击还坚劲，任尔东西南北风”，坚守初心，保持自我。

4. 教育方式的创新与变革带来的挑战

随着时代的发展，教育方式和方法的创新变得越来越重要。我们的教育正在经历一场前所未有的转型和革命。未来已至，不管你接受还是拒绝，时代的车轮都在滚滚向前。然而，我们的一些教师可能缺乏这方面的能力和经验，因此，我们需要不断学习和探索新的教育模式和方法，掌握新的教育技术工具和手段，顺应时代的变革和发展。

5. 职业道德和责任感给我们带来的挑战

在教育工作中，教师需要具备高度的职业道德和责任感。我们常常被誉为“春蚕”“蜡烛”“太阳底下最光辉的职业”，社会大众给我们戴上了华丽的帽子，使得我们头上有了一道光环。这道光环是荣誉，更是责任，需要我们时刻以更高的标准要求自己，以身作则，为学生树立良好的榜样，始终把关注学生的成长和发展当成第一大事。

虽然我们面对如此多的困难，但我们要相信，办法总比困难多，“天下大道，道阻且长，行则将至，行而不辍，未来可期。”老师们，时间不等人，历史不等人，让我们以“胸怀天下为己任”，立足本职工作，脚踏实地干下去，一路欢笑一路歌，相信我们一定能收获到更美的风景。

做一个幸福的教师

大约在三四年前，爱人老张开始在网上频繁购买“大夏书系”的图书，我记得有魏智渊的《语文课》《听袁卫星讲课》《周国平论教育》等，看她如饥似渴地阅读这些书，当时我还有些不解，因为我向来不太喜欢阅读过于专业的书籍，更偏好小说、军事、历史、报纸杂志等。

前年暑假，因疫情加上天气燥热，哪儿也去不了，哪儿也不想去，似乎在家读读书是最好的选择，于是我重新翻起魏智渊的《语文课》。虽然是一本高中语文教师写的书，很多教学案例其实我并不熟悉，可依然被这本书所吸引。作者来自教学一线，没有空洞的说教，只是在讲述自己的教育教学故事，文本细读、教学实录、课后反思、闲暇生活、师路心语……这一看一发不可收，现如今我家“大夏书系”的图书已经不少于二十本。

读着这些依然活跃在一线的教育专家、特级教师的书，真的感觉特别亲切，仿佛在和他们隔空对话。

《做幸福的好教师》（名家名师教育访谈录）是我最近购买的一本“大夏书系”的书籍，2015 年 3 月第一次出版，作者朱永通。这本访谈录既采访了许多教育名家，如清醒而踏实地推行教育改革的钱理群教授，认为教育是个大问题的李泽厚先生，告诫老师们要学会欣赏自己、栽培自己的李吉林老师。又采访了许多新生代名师，如刚出道被认为不会教书应该转行最后却成长为特级教师的武凤霞、靠十年苦读成长为特级教师的陈文，以及我们所熟识的上海建平实验小学的朱煜老师。

说实话我只知道朱永新——“新教育实验”的发起人，对作者朱永通不甚了解，读了他的自序才知道“刚进不惑之年，做过小学教师，当过校长，现任华东师范大学出版社策划编辑，《教师月刊》首席记者、编辑。独立教育研究者，教师阅读推广人。”

这些名家名师的成长之路不尽相同，但却都有共性，即爱读书，勤动笔，肯钻研，会思考。

爱读书

特级教师，2014 年 10 月《中学语文教学参考》封面人物——陈文老师，对中国教育最大的愿望就是“愿每位教师都是读书人”。

他说，“一个人最可怕的就是精神上的茫然，不知道路在何方，读书能让我们的精神世界变得丰厚起来。”在今天这个不可逆转的世俗化、功利化潮流中，帮助教师走出精神困境，让教师对自身的职业有高度认同感的最好方法是读书。

教师阅读不能太过功利化，读书的成效是慢慢显现的，也许十几年前读的书，甚至几十年前读的书，现在才感觉到它“有用”，如果我们的老师能够每月静下心来读一本书，坚持 10 年，精读 120 本书，文化修养会有很大的提升。

勤动笔

我曾问过身边许多老师一个相同的问题，阅读、写作，本来应该是教师再寻常不过的职业生活，可是，为什么在今天的学校里，坚持阅读、写作的教师却凤毛麟角呢？大家给出的答案是当今中小学教育、教学工作繁重，形式主义严重，老师（尤其是班主任）有永远开不完的会，永远迎接不完的检查，还有各种琐碎的班级事务，回到家还要妥善处理好家庭矛盾……每天完成这些工作已经是身心疲惫了，为什么还要自讨苦吃，抽出时间去读写？

江苏省语文特级教师、江苏苏州一中教师杨斌老师认为，“教师的教育书写，是专业发展的需要，教师这一职业性质决定了我们必须不断学习不断反思，在学习和反思中，求得教育素质的提升和发展。”

苏霍姆林斯基说过，“如果你想成为学生爱戴的教师，那你就要像怕火一样惧怕精神的僵化。”

我理解教育书写的真正意义就在这里——避免精神僵化。教学工作不仅仅是简单的知识传递，更是一种精神交往，因此作为一个有思想的教师必须尝试著书立说，尝试站立于自己的“声音”之中。在教育这片神圣的土地上，每位教师都有发言的权利。

肯钻研

“技艺有专长，学术有专攻。”苏霍姆林斯基说过，“如果你想让教师的劳动能够给教师带来乐趣，使天天上课不至于变成一种单调乏味的义务，那你就应当引导每一位教师走上从事教育科研这条幸福的道路上来。”

作为一名新时代的教师必须要有思想、肯钻研。比如朱煜老师自序“喜欢读书，买书，写点小文章，更喜欢和小学生一起学习语文，一起成长。”我和朱煜老师还算有点交集，曾拜读过他的《讲台上下的启蒙》。前些年的一个秋天，我们有幸请到朱煜老师到学校开展“沪汉两地小学语文能力课堂交流活动”。

那天，朱煜老师上了一节课，做了一场报告，他身上透出的文化气质、平等民主的个性给我们留下深刻的印象。在我看来，朱煜老师就是一个爱学习、肯钻研的典型。

他提出小学语文教学应该有两项启蒙的任务：“一是对孩子运用语言文字的能力进行启蒙。在学校中，孩子应该接受系统、规范、科学的语言文字学习，通过学习，不仅能理解运用母语，还要培养其对母语的热爱以及不断学习母语的兴趣和能力。二是对孩子的思想、价值观、人生态度进行启蒙，逐步构建孩子的精神家园，为其成为合格的现代社会公民打好基础。”

朱煜老师用他自己的教育经历告诉我们，没有对教育事业的钟情，没有长期一线教师的摸爬滚打的经验，没有锲而不舍的钻研精神，是不可能透过现象看到本质，提出自己独树一帜的教育观念的。

会思考

“学而不思则罔，思而不学则殆。”可见古人早就厘清了学与思的关系。钱理群教授——20 世纪 80 年代以来中国最具影响力的人文学者之一，他对 20 世纪中国思想、文学和社会的精深研究，赢得了海内外学者的重视与尊重。

钱老先生有一双慧眼，总是以一种文人忧国忧民的眼光看待当今世界。在新课程改革的背景下，他提出“大学教授到中学上课”，并亲自到南京师范大学附属中学给中学生上鲁迅选修课，可以说是一种恢复传统的自觉努力。他认为教育的本质是“立人”。

可是在新课程改革“繁荣”发展的今天，恰逢教育商品化、庸俗化泛滥之际，许多有理想、有探索精神，志在立人的教师纷纷抽身离去，这一反常现象让钱老先生非常担忧。他认为这是一个严峻的问题，最好的解决办法就是进行教育改革，创造一种机制，让有才华、有思想的教师“如鱼得水”。

钱教授也是中学教师出身，当初给自己定下两个目标。其一现实条件已经具备，只要努力就可以做到的——当一位优秀的语文教师；其二现实没有条件，需要长期的准备与等待时机的——研究鲁迅，到大学去讲自己的鲁迅观。结果等了 18 年，才获得考研究生的机会，最终实现了梦想。钱老师是一个爱思考、会思考的人，长期地坚持，才使他有了今天的成就。

对于教师的专业成长，我始终坚信一句话“只问耕耘不问收获”，付出努力，一定有回报；播出种子，一定有收获！教育是“以心传心”的工作，只要你热爱自己的教育事业，真正学会欣赏自己，栽培自己，尤其是关注自己精神的充分发展，你会发现，即使达不到你所期待的境界，但过程本身就是一种享受。

如何提升我们的职业幸福感

教育家卡尔尼格说："教师是什么样的人，比他教什么更重要。"为什么要关注教师的职业幸福感？没有幸福的心理，就没有幸福的生活；没有幸福的生活，就没有幸福的教学；没有幸福的老师，就没有幸福的学生。那么教师的幸福在哪里？其实很简单，就是在教学中获得生活的快乐、专业的满足感和成就感。我总结了六句话送给大家，即"胸中有梦，心里有情，手里有书，眼中有人，工作有心，生活有色。"

胸中有梦

美国著名教授理查德·威伍在一篇演讲中，有一句极为精彩的话："想要教好的教师，可能大多数都是志向更高和激情奔放的。伟大至少一部分出自天赋，这是无法传播的。然而，伟大的教师一定是有激情的教师。"我们身边伟大的教师，绝对是充满激情的教师。教育和其他的职业有很多相同的地方，也有很多不同。教育的丰富性和复杂性是其他事业所不具备的，它要求教师必须有更高的灵性和悟性，理想的教师应该是个天生不安分、会做梦的人，因为教育的每一天都是新的，每一天的主题和内涵都不同。人要学会做梦，理想的教师要永远伴着自己的梦生活，当没有梦的时候，生命的意义也就完结了，教育也就没有了意义。

心里有情

很欣赏纪伯伦的一首诗："当你工作的时候，你是一支笛子，经由它的心，把时光的呢喃变成音乐。藉由劳动来爱生命，是与生命最内在的秘密进行亲昵，所有的工作都是空洞的，除非有爱，因为工作就是把爱变得看得见。”我们作为人民教师，心里一定要有情，有亲情、友情、爱情，做一个感情上的富翁。一个幸福的教师，身上必然洋溢着满腔的热情和澎湃的激情，必然充满着暖暖的温情和甜甜的柔情，同时还有高雅而有品位的闲情。所以这个“情”字，对我们老师来讲太重要了。因此每当我看到孩子们课间抱着老师们的温馨场面，就觉得很欣慰，这个画面太美了……

手中有书

教师是人类文明的传承者，我们应当把读书当作一种生活方式，当作一种生活习惯。阅读是学习之本，是立教之根，是生存之道。阅读，让我们归于平静，与伟人名人对话，思考，让我们穿越岁月的迷雾，锤炼教育的智慧。在这里，也跟大家交流一下，寒假期间我读了四本书:《见字如面》《好学生，好学法》《白说》《不跪着教书》，其中魏书生的《好学生，好学法》一书中介绍了很多高效率的学习方法，其实都可以借鉴到我们的学习工作中。有时学校会要求大家看书，甚至指定书目，容易让人产生抵触的情绪，如果让每个人自由选择自己喜欢的书，我想应该是件很幸福的事。

眼中有人

永远不要在自己情绪很糟的时候去教育孩子，不论是你的学生还是你的孩子，要努力地营造快乐的、鼓励性的环境氛围，努力做一个乐观、快乐的人，用自己去感染身边的人。眼中有人，包括你自己。有时要学会善待自己，换一种角度来看待自己的工作，不要老想着工作的忙碌和辛苦，还要想想我们这个职业特有的“快乐财富”。每天都被学生的青春气息滋养，是难得的精神“滋补品”，这是从事其他职业的人们享受不到的。

工作有心

“有心”是幸福教师的一个重要的特征。不断地给自己增加成功的体验，是幸福教师持续快乐的源泉。教师要有一颗认真细致的心，还要有一个博大而宽容的心。我们可以回想一下，自己现在身上所有的长处，可能都是以前老师夸奖过的地方，现在身上很多缺点，也可能是老师当年批评过的地方。所以我们要更多地看到孩子的优点，发扬他们的优点。在评价孩子的时候，要坚持鼓励性原则，让孩子感到自信，进而激发他们的学习动力、欲望和兴趣。当孩子犯错的时候，给他一个台阶下；当孩子取得成绩的时候，给他一片掌声；当孩子有疑难的时候，做孩子最好的心理医生和真诚的朋友；当孩子大胆表现自己的时候，我们要成为最好的欣赏者。

生活有色

“留一点时间给生活，留一点生活给自己。”作为教师，我们一定要努力让自己的生活质量得到提升，做到“工作再忙心不忙，生活再苦心不苦”。其实我们的生活远远不只有工作这一部分。对我自己而言，闲暇之余，有很多事情可做，看看书、打打球、玩玩吉他、钓钓鱼……

我想告诉老师们，每个人都应该有自己的闲暇时光，也有很多看似并没有那么重要的事去做，有业余爱好的生活才更有色彩。

最后用网上流传的一句话来结束：教育工作不是牺牲，而是享受；不是重复，而是创造；不是挣钱谋生的手段，而是生活的本质。

当下，我们该怎样做幸福教师

当下，我们该怎样做幸福教师？本人结合从教二十余年的经历，总结为五点：愉快地接受一份职业，保持两种积极乐观的工作心态，以三种责任感对待平凡的工作，建设四种良好的人际关系，学会至少五种自我放松方式。

一、愉快地接受一份职业

我们要放弃那些不必要的攀比之心、功利之心，善于从自己的职业优势中寻找人生的乐趣。

今年过年期间，我和一个表弟进行过一次深层次的交流。他学识不深，初中毕业之后就开始捣鼓手机，做一级批发商，在湖北宜昌开了几家连锁店，许多热门新机型一出来就供不应求，立刻售罄，卖一部高端手机，利润能达到几百元。因此，前几年他挣了很多钱，日子过得很舒坦。但是，最近几年生意可谓江河日下，开实体店的房租、水电、人力成本都很高，随着电商的广泛推广，利润微乎其微，再加上新冠疫情等不利因素叠加，他亏了很多钱，最后不得不关停店铺，卖掉房产，偿还债务。今年寒假，他一个人回家了，情绪很低落。用他自己的话来讲，现在是一无所有，没想到不惑之年，还得一切从头再来。

我想到《双城记》中的那句话——“最好的时代，亦是最坏的时代”，时代的洪流滚滚向前，他可能并没有准备好应对这一变化。

在和表弟交流中，有一句话令我印象深刻，他说：“当年我一个月挣 5 万的时候，你连 5000 都挣不到，当时就觉得读不读书无所谓，但是我现在羡慕你有一份稳定的职业。”

职业本无高低贵贱之分，教师的工作更无法用金钱衡量。因此，我真诚地奉劝老师们要始终保持平和的心态，从我们的职业中找到成就感、归属感。

还有两件小事，一直萦绕在我的脑海里。

我自幼在农村长大，也没有正儿八经过过生日。我没有想到，自己印象最深刻的一次生日，竟然是在上班第一年，在一所乡村小学度过的。记得那天一大早，我走进教室，学生齐刷刷地端坐着，继而“祝你生日快乐”的歌声响起，黑板上画了一个大大的蛋糕，旁边还歪歪扭扭地写着一行字：“祝范老师生日快乐。”

那一刻，我的眼眶湿润了，也就是在那一刻，我决定这辈子“老师当定了”。

几年前，我到北京学习培训，抵京第二天发了一个朋友圈，随即就接到电话，是我一个学生舒哲打来的，当时他正在北京体育大学念书。得知我到了北京，他马上告知了同在北京读书的另外两名学生，他们三人结伴与我见面。师生异地重逢，好不欢喜！我们逛北大，游未名湖，赏香山红叶，登长城……留下了许多美好的记忆，挥之不去。现在想来，都是教师这个行当带给我的职业幸福感。1998 年，我刚参加工作那会儿，教师的待遇真的很低。我从 261 元一个月工资干起，学校杂七杂八的补助加起来，一个月薪酬不会超过 400 元。尽管如此，拿到第一个月的工资甭提有多高兴。说实话，400 元在那时确实也办不了什么大事，连个彩色电视机都买不回来，但回想起来还是觉得很幸福。现在教师的工资待遇有了大幅度提高，我的职业幸福感更强烈了，也许只有经历了苦日子，才更能体会好日子的甜吧！

二、保持两种积极乐观的工作状态

“万物本无好坏，皆思想使然”，这是莎士比亚的戏剧《哈姆雷特》里面讲的。那么，做一个幸福的教师，要保持哪两种心态呢？

一是“换位思考”。

“己所不欲，勿施于人”。换位思考讲起来容易做起来难。我们知道，生活中存在过多的自我中心和本位主义，必然会导致冲突，其实这些冲突都可以通过换位思考得到解决，比如在工作中、生活中，我们可以多站在对方的角度去思考问题。虽然我们身份是教师，但有时我们也要站在学生的角度思考问题，“如果我是做了错事的学生，该怎么办？”有时候我们也要站在家长的角度去思考问题，“可怜天下父母心”，没有一个做父母的不希望自己的孩子好，但理想很丰满，现实很残酷。

二是“善待自己”。

每个人都是自己心灵的国王，把持心灵的一方。“看庭前花开花落，望天上云卷云舒”“行到水穷处，坐看云起时”。自得其乐，你想要得到多少快乐，你就能得到多少快乐。也有人说教师的职业是残酷的，残酷在哪里？不允许失败。对每个老师来讲，学生是你班里的 1/50。但是对于家庭来讲，就是 100%，孩子是父母头顶的天，这是社会上的思想。

我要告诉大家的是，千万不要把这话当真了。教师的能力是有限的，要承认教育并不是万能的，不要把原本是学生、家庭和社会的责任全部强加到自己身上去。对学生的希望要适度，他今天考 30 分，下次考 40 分就可以了。

“冰冻三尺，非一日之寒”，不能指望他一步登天。学生在成长的过程中，有缺点、有错误很正常，要反复纠，反复抓。

我们更不要把学生当作自己独立完成的作品，他不是你的作品，甚至他爸爸妈妈都不敢说这是他们的作品。因为一个孩子，受到各方面的影响是非常多的，教师的力量有限。因此，我们要摆正心态，善待自己，“自处超然，处世荡然，无事澄然，处事断然，得意淡然，失意泰然。”

三、以三种责任感对待平凡的工作

一是对学生负责。

对学生负责意味着对全体学生负责，公平公正、正直无私，不偏袒、不偏激；对学生负责意味着对学生全面负责，不仅关注学生的学习，还要关注他的生活、健康、品德和习惯；对学生负责意味着对学生终身负责，教学生几年，我们要对他们未来几十年负责。

其实对学生负责，也是对我们自己负责，因为我们作为教师，要对得起自己的良心。

二是对学校负责。

我们常说教师的责任重于泰山。教师要有一种强烈的责任意识，时刻铭记学校的事就是我们自己的事，学校的形象我们有责任去树立；学校的尊严我们有责任去维护；学校的问题我们有责任去面对；学校的传统我们有责任去继承；学校的发展我们有责任去关注；学校的美好未来我们有责任去创造。

概而言之，每位教师都必须树立“学校兴衰，我之责任”的信念。

三是对社会负责。

幸福地做教师，还在于教育是非常精密细致的，影响深远广泛，因为我们面对的是鲜活的、成长的学生，他们将来不仅要担起对民族、对国家的重任，同时也要对自己的人生负责。

教育一直是以小育大、以近致远的源头工作。构建和谐、安宁、幸福的社会，必须培养充满幸福感的公民，而培养“懂得幸福、追求幸福的公民”，必须有幸福的教育、幸福的学校、幸福的教师。

四、建设四种良好的人际关系

教师的人际关系可粗略分为四种，即师生关系、同事关系、朋友关系、家庭关系。

一是师生关系。

师生关系尤为重要，“亲其师，信其道，乐其学”，我们都要放下架子，做个平易近人的老师，做个受学生欢迎的老师。

二是同事关系。

同事间相互尊重，取长补短，加强合作，彼此成就。

三是朋友关系。

相互尊重，互相分享美好的事物，可以在对方需要的时候给予力所能力的帮助。

四是家庭关系。

家庭永远是我们的港湾，和谐的夫妻关系、亲子关系会让我们保持心情愉悦，所以我也希望老师们在家里不要将压力释放给你的伴侣，这是万万使不得的，回到家就不能再以老师的身份去教训家人。

五、学会至少五种自我放松的方式

一是合理宣泄。

有情绪一定要把它合理宣泄出来，你对某些事情有想法，可以找领导沟通，也可以找朋友来倾诉，还可以去打沙包，找个空旷的地方大声地喊出来……

二是积极暗示。

相信自己一定能行，哪怕事情再糟，一定会过去的，明天很美好，每一天都值得期待。

三是适当运动。

当你情绪低落时不妨去运动一下。据说运动释放多巴胺，能使人快乐。

四是聆听音乐。

音乐能舒缓人的情绪，使人心情愉悦。尤其是古典音乐，更能起到积极的作用。

五是亲近自然。

偶尔来一场“说走就走的旅行”，带着家人去亲山乐水，爬山、游泳、露营……或者冥想、看场喜剧、睡个懒觉、洗个热水澡、遛只狗、撸个猫……都可以缓解我们很多的压力。

我们要学会通过各种途径保持健康的心态，一种平常的心态，一种感恩的心态，一种对工作、对学生爱的心态，一种没有嫉妒和抱怨的心态。

网络上有句话我很赞同，有的人就是单身也幸福、恋爱也幸福、结婚也幸福，因为他就是可以让自己幸福的人。而有的人，怎么样都不幸福，因为无论你给了他什么，他永远都不会满足。

“幸福”是一种感觉，而“幸福力”是一种能力。让你无论身处逆境或顺境，始终有办法找到自己内心的平静与光明，去创造希望、创造幸福、创造美好。

科学证明，人体是有磁场的，人发自内心地笑，有一种非常强大的感染力。它是人的生物场，最终形成人的内在涵养、气质担当、文化修养。你的思想决定了你吸引的东西，所以生活中我们更愿意和正能量的人在一起，而自动疏离喜欢抱怨、唉声叹气的人。

生活是美丽的，工作是幸福的，愿我们悦己达人，努力做一个幸福的教师——关注社会前进，关注人生冷暖，关注学生发展。

教育需要爱和智慧

陶行知先生说："爱是一种伟大的力量，没有爱就没有教育。"作为新时代的人民教师，要认识到，教育作为一种育人活动，仅仅爱学生是远远不够的，还需要智慧。

我曾读过这样一个小故事，有个孩子，很怯懦也很自卑，这一切都被她那美丽细心的老师看在眼里，记在心里。于是，这位老师和孩子有了一个"秘密约定"，每天上课提问都要求她把手举得高高的，如果会回答就举右手，不会回答就举左手。后来奇迹发生了，这个孩子举起右手的次数越来越多，也变得越来越乐观自信。这位老师是一个有智慧的老师，因为她信守苏霍姆林斯基的那句教育格言："育人的全部诀窍，在于抓住学生的上进心。"

在我们华师一光谷汤逊湖学校，也有很多充满爱心并拥有教育智慧的老师。

巧用契机转化爱插话的小陈

三年级（7）班，有个各方面都很突出的孩子小陈，个子高，皮肤白，嗓门儿大。当然，他最突出的特点就是喜欢在上课时插话，不管是批评教育，还是鼓励表扬，都没效果，各科老师都很头疼，但班主任李冉老师坚信"期望和赞美会创造奇迹"。

一次，李老师执教作文"猜猜我是谁"，一个学生写到了小陈，"他是我的好朋友，个子高高的，皮肤白白的，嗓门大大的，就是特别喜欢上课插话。"当看到这里时，李老师暗想机会来了！于是，让那位学生当众朗读作文，刚读到开头时，同学们的目光就都转向了小陈，小陈也羞红了脸，低下了头。

课后，李老师找小陈单独交流，他说没法控制住自己的嘴巴，很享受把大家逗得哈哈大笑的感觉。"他为什么这么渴望获得关注呢？"李老师百思不得其解。

直到跟小陈妈妈沟通后才知道，他爸爸长期在外地工作，妈妈每天早出晚归，跟小陈相处少，但要求十分严格，孩子有抵触情绪。

了解到这个情况后，每次上课李老师都会瞅准时机大力表扬小陈，并提出期望；当他再次插话时，就及时用眼神制止，并跟同学们约定好忽视小陈接的话，不做出任何反应，严重的话就在课后提醒。在多方的反复努力下，小陈随意接话的行为终于逐渐有了好转。

其实，很多时候不是孩子们不懂事，只是没有人关注他们的心灵。他们的心灵深处有一个纤细的“蝴蝶结”，等着我们用和风细雨去融化，用谆谆教导去开导，用爱心去感化。

家校合力打败情绪“小怪兽”

班主任邓丹老师分享的一个育人故事，给我留下了深刻的印象。她们班有一名可爱的女生，名叫小元，这个孩子有个很大的特点——特别容易情绪失控，哭起来的时候甚至可以惊动整个楼层。在与家长沟通时，小元妈妈表示，“孩子从小就爱哭，老师您不用在意，哭够了自然就不哭了。”

一次午餐后，小元再次爆发，这次她不仅扔掉了课本，还边哭边冲出教室，邓老师见状立马追了出去。只见小元冲进女厕，在里面号啕大哭。邓老师一边安抚她的情绪，一边耐心等待。待小元痛哭数分钟，情绪平稳下来后，邓老师牵着她的小手，把她带到“秘密基地”——一间空教室，开启谈心之旅。

在与小元的交流中，邓老师发现她自我认同感很低，他人一句不良的评价都会让她难过不已。其次，小元在班上没有很亲密的朋友，家庭氛围过于严厉，小元长期无法表达出自己的真实想法，缺少沟通与倾诉的对象。小元在与邓老师沟通时说：“老师，告诉你一个秘密，我有时候觉得活在这个世界上没有意思。”

听到这里时，邓老师顿时感到震惊又自责，原来小元的内心如此脆弱、细腻、敏感。于是，邓老师在第一时间对小元进行了家访。针对小元的现状，她与家长一起探讨了教育对策。

首先应重视小元的情绪问题，帮助她重塑自我认知。引导她学会辨别他人的评价，正确认识自我，并在活动与学习中增加成功体验感与自信心。

同时，针对小元反馈的情况："妈妈给我布置的额外作业，我永远也写不完。"邓老师在与家长的沟通中，积极宣讲"双减"政策，告诫家长不可过于焦虑，自行给孩子布置过多的课外作业，这样不仅没有达到效果，反而会使孩子出现厌学情绪，不利于她的健康发展。并建议家长给小元减去额外的作业，同时增加亲子活动，如亲子阅读，时光交流会或亲子户外活动等，注重孩子的全面发展，培养亲子关系。

一个月后，小元妈妈发来信息："邓老师，小元现在在家会主动和我们分享在学校的趣事和交到了哪些新朋友，情绪管控和学习都有了一定的进步，谢谢老师。"

用爱心感化"问题少女"

胡竺君老师满怀深情地讲过这样一个故事，"那是一个阴雨绵绵的下午，一个孩子突然跑到我的办公室，说她的同桌正在用刀片划自己的手臂，流了好多血……"听到这话，胡老师立即冲到教室，眼前的那一幕让她至今难忘，她领着孩子去医务室包扎伤口，心里除了心疼还是心疼。

在回教室的路上，胡老师将孩子紧紧地搂在身边，雨水嘀嗒嘀嗒，伴随着孩子抽泣的声音，显得格外安静。一路上没有说话的孩子，临到教室门口，却迟迟不敢进教室，胡老师看出了孩子的不安，立马张开怀抱，轻声说："来，老师抱抱你吧！"孩子眼眶里的泪水一下子涌了出来，扑到胡老师的怀里大声哭了起来，待情绪缓和片刻后，自己勇敢地走进了教室。

通过家访，胡老师了解到孩子目前生活在重组家庭里，家庭关系错综复杂，加上新冠肺炎疫情期间对电子产品非常着迷，家长处理问题时没有考虑孩子的感受，引起孩子的过激行为。了解到这些情况后，胡老师第一时间请教学校专职心理老师彭妍支招并给孩子做心理辅导，还与班上的同学和其他的科任老师达成共识，一定要多关心这个孩子，经过一年半的陪伴，孩子的情况有所好转。

但是好景不长，孩子到了六年级，可能是因学业压力过大，又出现了自残的行为。这一次，胡老师征求了家长的同意，将她带回了自己家中，孩子由于长期疏于照顾，身上总是脏兮兮的，胡老师让孩子在自己家中认真梳洗一番，并将自己的新衣服与孩子分享，孩子开心极了，回到教室的前一刻，主动张开双臂，又一次紧紧地抱着胡老师。

至此，孩子再也没有出现伤害自己的事情，爽朗的笑容又浮现在她的脸上了……

有人说，教师是天底下最光辉的职业，在胡老师看来，孩子就是照亮她的那束最温暖的阳光。

三个案例分享完了，想必一定会带给读者许多思考。

一个教师只有拥有了高超的教育智慧，才能保护学生幼小的心灵，创造美好的未来。

然而这教育中的智慧从何而来？我想是源于对学生的真挚的爱。只有用心去聆听学生的心声、用心去感悟教育规律、用心去创造学生发展的广阔空间、用心去观察品味教育现象，才能获得更多的教育智慧，收到良好的教育效果。

运用智慧化解孩子的错误

在教育过程中，老师总会遇到学生犯各种各样的错误。正如英国心理学家贝恩布里奇所言，“错误人皆有之，作为老师不利用是不可原谅的。”我们要善待学生那些幼稚、可笑的错误，千万别用成人的眼光去抹杀他们想做一个好孩子的愿望；同时运用智慧合理地处理学生的错误，让学生在错误中成长。

在我执教的班上曾发生过这样一起“失窃”事件。那天中午，我让班长胡欣同学负责收取班级秋季实践活动的费用。下午第一节课结束不久，她便慌慌张张地跑进我的办公室，满脸通红地对我说：“老师，对不起！我把收的活动费弄丢了。”我让她别慌，说说事情的经过。她说自己把中午收的钱放进书包里，然后就去上下午第一节体育课，回来就发现钱少了 60 元。我接着问她：“以前班上丢过钱没有？”她说班上常常会有人丢钱。听她这么一说，我的心中就有点谱了，这么短的时间，这么熟悉钱存放的位置，而且还算有点良心，并没有把钱拿完，凭直觉，应该是本班学生干的，于是我强压住心中的怒火。

下一节课正好是我的课。我缓缓走进教室，故意压低声音说：“同学们，告诉大家一个不好的消息，今天我们班丢钱了。你们知道是谁干的吗？”我的话音刚落，班上顿时炸开了锅。我注意观察同学们，大家都义愤填膺，有的甚至咬牙切齿，但有两位同学，明显有些惶恐。我心中更有谱了！于是我让同学们迅速安静下来，然后说：“范老师学过心理学，可以洞察人的心理。你们都拿出自己的右手，老师摸摸你的手就知道是谁干的了。”我特意选了几名同学故意装着替他们把脉，当我把住刚才神情有些惶恐的两个孩子的脉搏时，发现他们的心跳很快。于是我对大家说：“老师已经知道是谁干的了，明天主动找我承认错误，老师一定原谅他！”事后我继续上课。

第二天下午上完托管班的课，我找到了这两位同学。我问第一个同学钱是不是她拿的，她情绪非常激动地说：“我没有。”我说：“那你害怕什么呢？”她怯生生地回答："我曾经拿过别人的东西，所以害怕别人会怀疑我。"凭直觉我觉得这个孩子没有说谎。当第二个孩子过来的时候，我就明显发现他的神色慌张。于是我给他讲了华盛顿小时候，砍了爸爸最心爱的樱桃树后勇于承认错误的故事。我告诉他，即使是伟人也避免不了犯错误。人怕的不是犯错，而是不愿意改错。更何况他还是个孩子，孩子犯了错上帝也会原谅的。如果钱确实是他拿的，只要还回来老师可以既往不咎，而且绝不会让第二个人知道这件事。当我说到这里，这个孩子开始低下头，泪水簌簌地从他的脸颊往下流。很快，他主动向我承认了错误。我拍拍他的肩膀说："孩子别哭！你已经承认了错误，这是难能可贵的，老师原谅你了！"同时我还建议他抽个没人注意的时间，把钱悄悄地放进胡欣的书包。第三天上午，我提前了两分钟去教室，故意对胡欣说，"你再在书包找找看，钱是不是夹在什么地方了？"不一会儿，她高兴得大喊一声说："老师，钱找到了。真是虚惊一场啊！"我和旁边那位犯错的同学相视一笑，从此我们班再也没有发生丢钱的事了！

古人云："人非圣贤，孰能无过，过而能改，善莫大焉。"人生在世，有谁能保证一定不犯错呢？犯错是人在成长过程中的一种必然。学生成长的过程就是学习的过程。学习的本质就是将不知变成知道，把不懂的弄懂，将错误纠正过来。

学生犯错暴露不足，反映他们的心理状态不稳定，行为习惯不够好，思想认识不正确，甚至是世界观、价值观出现了偏差。但学生成长过程是动态的，不同的态度、思想和行为背后一定有深刻的社会根源、家庭背景。学生犯了错，暴露了问题，也正需要我们帮助和引导。可以说，学生犯错是成长的必经之路，而错误是成长的铺路石。

班级"失窃"向来是一件非常敏感的事情，也是班级普遍容易发生的事件之一。处理不好，要么事情不了了之，影响班级向心力；要么事件水落石出，极大伤害犯错孩子的自尊心。处理这样的事情，班主任一定要慎之又慎，力争运用智慧成功扮演"福尔摩斯"，同时还要顾及孩子宝贵的自尊。

这次班级"失窃"事件成功告破，有几点我认为自己的处理体现出了一个老师应该有的教育智慧：其一，将班级“失窃”事件及时公之于众，利用集体的力量对犯错同学施加压力，使其心理不安；其二，善于察言观色，在观察中锁定目标，没有草木皆兵，免得大多数同学人心惶惶，影响正常学习生活；其三，对犯错的同学没有直接批评，也没有武断认定，而是通过积极引导，让学生主动认错；其四，在知道是谁拿了班级的钱后，采取隐秘的方式一方面让钱不着痕迹地得到归还，另一方面也保护了学生的自尊，一举两得。相信这件事一定会在孩子幼小的心灵中留下难以磨灭的印象，同时也让他懂得犯错并不可怕，只要勇于承认错误及时改正，就可以避免犯更大的错误。

孩子们的心智发展还不够成熟，每个孩子都会面临许许多多犯错，比如羡慕别人漂亮的钢笔想占为己有，看见同学的钱放在钱包里就禁不住诱惑……这些一时兴起的贪念很容易让学生在冲动中做出错误的行动。但是孩子毕竟是孩子，再大的错误只要老师引导得法，恰当运用教育智慧，相信绝大多数孩子都是会主动承认错误并及时纠正的。作为老师，一旦发现学生犯了错，首先不要怒气冲冲，而应该想方设法调查事情的来龙去脉；更不要武断批评指责学生，而要站在爱护学生保护学生的立场，尽量不要把事件公开化、扩大化，以免给孩子的心灵留下不可挽回的损伤。其实，在孩子的世界，很多事情错误远没有大人想象得那么糟糕。比如“失窃”，不能说孩子偷拿了一次钱就认定其将来长大了一定会变成江洋大盗。

只要老师在爱的前提下，引导学生承认错误，纠正错误，并且尽量做到“润物细无声”，学生犯的错最后定能在和老师的相视一笑中轻轻化解，并且让他铭记终生。

（2022 年 4 月发表在《新班主任》杂志）

给小学一年级教师的八点建议

“一年好景君须记，最是橙黄橘绿时”，新学期即将开始，我们的校园即将迎来一群可爱的小鸟，当他们背着书包叽叽喳喳围在你身边时，老师们，你可做好了准备？为了让一年级的老师们能迅速进入角色，笔者现提八点建议，供大家参考。

第一条建议：胸怀大爱——关爱每个孩子

一年级小朋友进入小学，意味着他们正式开始离开父母的怀抱，接受九年义务教育。当年轻的父母们将孩子柔嫩的小手交到我们手中时，我们就应该意识到，这些孩子跟我们的遇见是天赐的机缘，从此我们之间多了一层特殊的关系——师生。

因此，我们要用温和的眼神去接纳孩子们，用温婉的态度去亲近他们。千万别小看孩子们，你对他是“亲”还是“凶”，他们一眼便能察觉，这是一种在他们婴孩时期就形成的本能。

当孩子们察觉到我们的温暖、我们的关爱时，他们会满心欢喜地用自己那一颗柔弱的、至诚的、炽热的心，去关心、去亲近他的老师。

第二条建议：精心准备——做好入学安排

孩子们从幼儿园来到小学，需要时间调整适应。因此，做好幼小衔接是关系到学生学习和成长的关键环节。

作为起始年级教师，我们要尽快了解每位新生的特点和需求，为他们提供温暖的学习环境和个性化的教学服务，帮助他们顺利适应小学学习。

开学前做好温馨提醒提示，新生新学期报到，要做好统筹和安排，尤其是第一周新生入学教育要精心安排，规范组织，做出效果，做出特色。

比如为了让师生能够尽快熟悉，可以根据座次，将孩子们的名单打印出来，贴在讲台上，坚持每天课前点名；上课学生举手发言，让孩子首先说出自己 的姓名；建议家长为孩子们制作姓名贴，贴在胸口，并在桌上放置姓名牌。争取一周内师生之间都能叫出彼此的姓名。

孩子们的座位尽量按照高矮顺序排列，一周后开始前后滚动，左右滚动。公平对待班里的每一个同学，做到不偏不倚。同时，老师在讲课的时候，要有意识地在班内走动，并经常询问孩子们，听不听得清老师和同学们的发言，看不看得见黑板上写的字。

第三条建议：进入角色——立规矩树威信

俗话说得好，“没有规矩，不成方圆”。我们关心学生，热爱学生，并不意味着对学生放任自流，一旦坏了规矩，今后我们的班级管理将会变得非常困难。因此，起始年级教师一定要在开学第一周树立起威信。

教师要及时立下规矩，上课该做什么，不该做什么，下课有什么作业怎么完成，如果不按时完成会有什么惩罚措施，都要提前说清楚，并且一开始就要言出必行，照规矩办事，对事不对人。千万不要让学生觉得你的规矩只是停留在口头上，否则个别调皮的学生们会一而再、再而三挑战你的底线，但千万不要体罚和变相体罚学生，做到严中有爱，宽严相济。

坚持“少说多做”，这里说的“少说”是指当课堂发生意外时的处理方式。比如学生上课捣乱，讲笑话，干扰课堂，老师这时最好沉默，及时停止上课，用眼睛盯住违纪学生，因为这种做法可以让违纪学生意识到自己的错误，同时也不会对其他的孩子造成较大的影响。“多做”是指教师多用自己的言行去正面教育学生，让孩子们对你又爱又怕。

第四条建议：规范行为——重视习惯培养

小学阶段最重要的是培养孩子良好的学习习惯和行为习惯。因此，我们要帮助孩子们“扣好人生的第一粒纽扣”，通过规范管理和榜样示范，引导学生形成良好的行为习惯和文明礼仪。

这里我们讲的习惯是多方面的，包括学习、排队、课间文明用语等。对于一年级来说，整个九月应该都是习惯养成月，我们要把主要精力放在引导学生尽快熟悉校园，养成良好的学习习惯，以便一年级新生能尽快适应小学的学习生活。如培养学生正确的坐姿，学会正确的握笔姿势；遵守课堂纪律，课间文明游戏等。我们要从小处着眼，从细节入手，针对学生年龄小，会重复犯错误的特点，我们要不厌其烦地予以指导和纠正。不仅要让孩子明白他错了，错在哪儿。还要告诉孩子应该怎么做，利用榜样的力量或者亲身示范来引导孩子。

教育是慢的艺术，慢工出细活，我们要有牵着蜗牛散步的心态，以平常心对待学生，不要急功近利、急于求成。

第五条建议：突出要点——强化安全教育

孩子的健康，快乐成长是我们每位教师的职责。学校安全工作直接关系到学生的安危，家庭的幸福，社会的稳定。

“安全责任大于天”，作为教师一定要重视学生的安全问题。尤其是一年级，学生比较小，安全意识薄弱，安全知识匮乏，因此需要老师们特别关注。全体教师必须牢固树立“两个人人”的意识。即人人都是德育工作者，人人都是安全员。始终把安全工作放在首位，做到时时讲安全，事事讲安全，第一个月坚持每天三分钟安全教育，落实每周一次安全主题夕会，每月一次安全教育主题班会。

教育学生无论是集会活动还是体育课，都必须在教师的带领下进行，不得随意离开集体自己活动或不听从指挥，遇到自己或者他人生病、遇险等，要及时报告老师。并指导学生学会必备的应急知识，知晓各种求救电话。让学生从思想上重视安全，从而在行为上约束自己，遵守纪律，养成良好的习惯，才能有效避免安全问题发生。

我们要防患于未然，尽量做到不出事。即便有突发事件发生，每一个老师也要清楚处理流程，及时上报年级，上报学成中心，积极寻求对策，妥善处理，防止发生负面舆情。

第六条建议：重在课堂——精心组织教学

课堂教学是我们的核心任务，我们要精心备课，注重教学方法和手段的创新，提高教学质量和效果。

针对一年级学生认知能力和理解能力有待发展，但记忆能力与模仿能力强这一特点，建议多采用互动式教学，激发学生的学习兴趣，提高参与度，授课时重要的知识点应该多重复讲解，让知识形成记忆；其次要多借助各种实物、图片或者视频；多鼓励，少批评，坚持正面管教，努力提高学生学习兴趣。因为人无论在哪个人生阶段，都喜欢别人的夸奖，都喜欢听好话，低年级学生尤其如此。老师的夸奖和鼓励，同伴的认可，家长的关心和微笑，都有利于一年级学生学习自信心的建立。永远记住对待学生的五个核心关键词：尊重、理解、宽容、关爱和赏识。

第七条建议：抓住关键——积极家校沟通

家校沟通是家庭和学校之间的重要桥梁。作为教师，我们要加强家校合作，及时了解学生在家庭中的情况，与家长保持密切联系，共同关注学生的成长和发展。

一年级教师与家长的沟通尤为重要，每个孩子都是家中的宝，很多孩子在家里都是“小皇帝”“小公主”，自我意识很强。这里不得不提一下幼儿园与小学的区别。

孩子们上幼儿园期间，为非义务教育阶段，无论是公立还是私立幼儿园，班额普遍比较小，通常是三位老师包一个班，因此幼儿园老师们对孩子的学习，甚至衣食住行，都照顾得无微不至，面对家长的各种要求，可以说有求必应。现在孩子们由幼儿园过渡到小学一年级，家长们会有很大的反差，由于班额的增加，教学任务繁重，老师们可能没有那么多的精力来“晒”孩子们的日常，因此我们要善于和家长沟通，他们也需要时间来适应和调整。

第八条建议：团结协作——寻求同伴互助

“独行快，众行远”，每一位教师都是集体的一分子。同伴互助是教师与教师之间发生的，以专业发展为指向，通过多种手段开展的，旨在实现教师持续主动地自我提升、相互合作并共同进步的教学研究活动。作为教师一定要加强班级与班级之间的交流合作，加强与不同学科教师间的交流合作，共同研究教育教学问题，共享教学资源，营造一种人人学、人人帮、互帮互学、共同提高的教学氛围，促进青年教师快速成长，从而提高年级整体教育教学水平。

当你遇到困难，面对新的问题时，要积极寻求帮助，多与同事交流请教，一定不要觉得不好意思，只要你拿出孔子不耻下问的精神来，相信大家一定会非常乐意帮助你。

我们肩负着培养下一代的重任，是学生成长道路上的引路人，新的学期已经到来，让我们时刻保持激情和责任感，以更高的教育情怀和教学水准，为学生的每一天奉献出最好的自己。

最后，我要把汪新华校长提出的“五力四做”送给大家，“五力”即学习力、协调力、执行力、思考力、创造力。“四做”即简单的事认真做，就能做出品质；眼前的事长远做，就能做出格局；同样的事创新做，就能做出特色；困难的事积极做，就能做出奇迹！人是生产力中最活跃的因素，人是决定一切的，只要把人的主观能动性充分发挥出来，一切困难都能迎刃而解！

假如我是一名学生

每位教师都希望自己的学生能够“青出于蓝，而胜于蓝”，都希望自己对学生的殷殷期望能被理解和认可，但很多时候事与愿违，我们满腔热情换来的却是学生的熟视无睹、无动于衷。理想与现实的巨大反差，不由引人深思，是我们的付出不够多吗？很显然，不是这样。作为教师，我们兢兢业业地工作，始终牢记“学高为师，身正为范”的教育箴言，常常反思自己。

殊不知，教育是一场双向奔赴，在我们自我反思的同时，也要更加关注我们的教育对象。他们是有血有肉，有喜怒哀乐，有独立思想和见解的活生生的人。如果我们不能走近学生，了解学生的所思所想，不能真正走进学生内心深处，不能从心底打动学生，所有的教育将是苍白无力的。

怎样才能破解这一难题？这就要求我们学会换位思考。凡事多从学生的角度考虑问题，相信很多问题都能迎刃而解。

那么，假如我是一名学生，自己最想遇到怎样的老师呢？

假如我是一名学生，我希望老师们能够对所有的孩子一视同仁，平等相待。

我希望老师们不要根据考试分数把我们分成三六九等。试想，假如我是一名后进生，考不好，心里本来就很难过，自觉低人一等。此时最想得到的是来自老师的安慰和鼓励，哪怕是一个充满善意的微笑，一个满含鼓励的眼神，一次微不足道的拍肩，都会给予我无穷的力量。

如果我是一名优生，我希望老师不要给我任何特权，在我迟到、旷课、作业没有按要求完成、上课违纪时，同样批评惩罚我，这样既能鞭策我扬长避短，不断成长，也不会让同学们觉得我是老师偏袒照顾的对象，从而以异样的眼光看待我，这样我才能更好地融入班集体。也只有这样，才能使老师在同学们中更有威望。

假如我是一名学生，我希望老师们不仅教给我知识，更教给我做人的道理。

老师的一言一行、一举一动都在潜移默化中影响着我。我希望从老师这里得到的除了知识，还有更多充满正能量的东西。我希望从老师们的举手投足中，学到待人接物的风度与修养；我希望老师们能够教会我更多做人的道理，成为我们成长道路上的良师益友；我希望老师们乐观豁达，拥有博大的胸怀，永远成为我们人生道路上指引方向的一盏明灯，而不是一个小肚鸡肠、势利刻薄、让我们瞧不起的伪君子。

假如我是一名学生，我希望老师们能够精心备课，用精彩的课堂牢牢吸引住我们。作为一名学生，有时我们觉得上课时间过得太快，下课铃声响起，我们还恋恋不舍，不愿离去；有时又觉得时间过得太慢，听讲变成一种折磨，如坐针毡，两种截然不同的感受，完全取决于您。因此，我真心希望老师都能认真备课，用精心准备的课堂牢牢吸引住我们。

同时我们也希望老师能大胆创新，善于创设情境，努力调动我们的学习积极性。

我们还希望老师能在课堂上多一点耐心，让我们在课堂上多参与、多交流，让我们都能发表自己的看法，而不是总是靠点几个优等生作秀，制造虚假繁荣。

最后我们都希望老师能带领大家幸福地在知识的海洋里遨游，让我们获取知识，提升能力，将来都能成为对社会有用的人。

当然，我们也反对老师在课堂上一讲到底，完全沉浸在自己的世界里，不顾我们的感受。因此，我们也最希望老师都能在规定时间完成教学任务，不要拖堂，因为我们也需要利用宝贵的课间十分钟，做短暂的休整，毕竟接下来还有下一节课。

假如我是一名学生，我希望老师们不要遇到一点小事情就请家长来学校处理。

目前我们尚处在孩提时期，心智不成熟，犯错误是再正常不过的事情了。但是，让我们想不明白的是，为什么面对我们犯错，很多老师的法宝就是把家长叫到学校，让家长配合教育，这也未免太简单、粗暴了吧！因为父母被请到学校后，往往事情的最后，大多以我们回家挨打而结束。

作为一名学生，我并不反对将家长请到学校，但反对任何事情都将家长请到学校的做法。当我们违纪犯错时，我希望老师们能给我们一个解释说明的机会。

我相信，绝大多数同学并不是要故意违纪，也许只是一时冲动，一时糊涂，因此希望老师们能够冷静处理，给我们一个改错的机会。我们一定会谨记教训，努力改正的。

对于那些犯了大错，屡教不改的同学，我们也坚决支持老师请家长来配合教育，因为我们都明白，老师这样做也是为了孩子好。但我希望老师都能把握好这个度，毕竟如果老师不分青红皂白，大小事情都请家长，次数多了，效果也会大打折扣，您说是吗？

回想起自己的教育经历，平常很多时候都站在教育者的角度看待学生，总觉得学生不听话、不自觉，离老师的要求相去甚远。其实静下心来，有时不妨站在受教育者——学生的角度换位思考，想必能为我们的教育提供另一种解决思路。

教育需要师生双方心灵的沟通，只有在内心深处真正认识学生、了解学生，不断调整自己的教育教学方法，才能收获好的教育效果。

因此，我们应该努力做到把学校当成追求教育的梦工场，用情感、用心灵、用智慧，尽情享受教育，用满腔的热情去爱学生，学会换位思考，努力把每一堂课精彩地演绎。那么，我们也一定能在平淡的生活中找到快乐，并享受教师职业带来的幸福感。

与“三心”同行，创造美好明天

——写给六年级学生的毕业赠言

六年的时光如云船漂过，转眼间，你们也从昔日幼稚无知的孩童，变成知识渊博、意气风发的少年。值此小学即将毕业之际，我真诚祝愿你们在新的学习阶段，努力学习，胸怀理想，心存善念，做一个勤奋努力、脚踏实地的人。

面对即将到来的新的学习生活，我希望大家在继续保持汪新华校长提出的“好玩心、好奇心、好胜心”的同时，再添“三心”，即“信心、决心、恒心”。

信　　心

首先是信心。我了解到，面对即将到来的小学毕业考试，有些孩子缺乏信心，急需加油鼓劲。或许你过去曾不爱学习，或许你昔日没有抓紧时间，导致现在学习习惯和学习方法都有欠缺，个别孩子甚至萌生了“破罐子破摔”的错误观点。

关于这个问题，我想和大家分享一个小故事。一位老师取了一个装满水的杯子问同学们，你们觉得这样的杯子还能再装下东西吗？同学们摇了摇头。老师不声不响拿出一盒别针，一共有一百颗。请同学们上台试着往杯子里装别针。当装下 50 颗别针后，终于装不下了。老师又问，杯子里还能放东西吗？同学们又摇摇头，老师又取出一滴油放进去，随后又依次放了头发丝、头皮屑……

这个实验说明，许多看来似乎根本不可能的事情，其实不但完全有可能，而且还有多种多样的可能。

在今天这个世界，只要你愿意，只要你努力，永远都有机会，所以不要轻易地对自己说“不可能”这三个字，不要轻言放弃。永远自信，永远乐观，永远上进，是我们应该一辈子具有的品质！

决　心

其次是决心。“有志者，事竟成，破釜沉舟，百二秦关终属楚；苦心人，天不负，卧薪尝胆，三千越甲可吞吴。”自古成大事者，必有破釜沉舟、卧薪尝胆的决心！

古有杨时程门立雪，祖逖闻鸡起舞，今天的我们，在这么优越的学习条件下又怎能不下定决心，排除诱惑，全力学习呢？

同学们，让我们下决心与网络游戏辞别吧，让我们下决心与懒惰辞别吧，让我们下决心全身心地扑到学习上去吧，为了学校的荣誉，为了父母的期望，更是为了自己的理想和前程！

恒　心

最后是恒心。有了信心和决心，还要有恒心！可能很多同学都听过这个故事：有一次，苏格拉底给他的学生出了一道极简单的考试题。他笑眯眯地说：“大家今日只要学做一件最简单的事，就是每个人把自己的手臂先尽量向前甩，然后再尽量向后甩。”说完，苏格拉底向学生们做了示范。弟子们看了后，都嘻嘻哈哈地笑了起来，他们觉得这考试题目也太容易了。接着，苏格拉底向大家提出了要求：“从今日开始，每个人每天都要这样将手臂甩动三百下，大家能够做到吗？”学生们异口同声地答复说：“能！”大家都觉得这试题太可笑，这么容易的事，谁会做不到呢！一个月过去，苏格拉底把学生召集到一起，严肃地问他们：“上次规定的每天甩动手臂三百下的事，谁做到了呢？”“我们都做到了！”90% 的学生举起了手臂答复道。

两个月又过去了，苏格拉底又提出了同样的问题，这时举手答复的只有 80% 的学生了。时间飞快，转眼过去了一年，苏格拉底再次问这个问题：“同学们，每天甩动三百下手臂的事，你们谁一直坚持在做呢？”这时，众多的弟子，你看着我，我看着你，都没有说话。大厅里只有一个人举起了手臂。这人就是后来成为著名哲学家的柏拉图。

相信大家都能从这个故事中得到启示。同学们，努力吧！播种了，才会有收获；奋斗了，才会问心无愧；坚持了，才会收获美好的人生！每一个人，在每一个学习阶段都应该奋勇拼搏，我们须拿出“意纵蓝天，舍我其谁”的勇气，以超强的约束力、令人敬佩的意志力，尽我们最大的努力，求取最大的进步！

同学们，你们已经站在了人生新的路口。希望你们高举理想的大旗，扬起勇气和信心的风帆，高唱豪情万丈的青春之歌，全力以赴追寻“心中的梦”。

因为只有不畏风吹浪打，扬帆前进，才能感受大海的磅礴气势；只有不畏悬崖绝壁，敢于攀登，才能领略山川的壮丽风光；只有不畏艰难险阻，一往无前，才能体会成功的欢乐。最后祝全体同学学有所成，前程似锦！

“双减”政策落地，一线教师该怎么做

当前教育存在诸多现实问题，“功利取代了真心，分数泯灭了真挚，灌输曲解了真情，速成消磨了真道”，“逆发展”“唯分数”“重灌输”“求速效”等现象屡见不鲜。2021年7月，党中央、国务院站在实现中华民族伟大复兴的战略高度，对“双减”工作作出重要决策部署。“双减”政策落地，事关落实立德树人根本任务，事关促进学生全面发展健康成长，事关满足人民群众的现实所需，事关深化教育领域综合改革，意义重大，影响深远。只有深入推进“双减”，才能减轻学生过重的课业负担，把学生从机械作业、强化训练、题海战术、纸上功夫中解放出来，实现全面发展与个性发展。“双减”给当代教育改革带来的推动作用是强劲的，具有划时代的意义。

那么随着“双减”政策全面落地，面对学生的成长需求以及家长们与日俱增的“教育焦虑”，一线教师又该怎么做呢？

聚焦课堂教学阵地，努力提升课堂教学水平

“提高课堂教学水平，保证学生在校学足学好”是“双减”落地三个重点工作之一。提高课堂教学效率，首先要注重教学全程管理，即课前精准研究学情，深刻解读教材，精心备课；课中聚焦学生核心素养，讲练结合，组织学生开展深度学习，让学习真正在课堂上发生；课后拓展深化，实现知识的迁移和发展。

一、研究学情与教材，提高教师备课实效

减轻作业负担，要从源头抓起。备课是上好课的前提，也是教学工作的起始环节。为提高备课实效，教师应认真研究学情与教材。研究学情，就要研究这节

课学生“不会什么”；研究教材，就要研究这节课应让学生“学会什么”。学科的核心素养是学科育人的重要目标，因此研究教材应聚焦学科核心素养，要重点突出“生为主体”，引导学生开展自主学习。

教师对照课程标准，研读分析教材，就是要对准学科核心素养这个靶心，确定“让学生学会什么”，只有全面把握教材前后联系，深入挖掘教材中蕴含的学科核心素养要素，才能使课堂教学有的放矢，从而高效达到学科教学目标。

二、创新教学方式，组织开展深度学习

“自主、合作、探究”是新课程的基本理念，自主学习不仅包含知识层面，还应注重创建真实的问题情境，开展合作探究活动，从而激发学生的探究欲望，引导学生借助已有知识和经验，开展深入探究，形成创造性思维。当学生带着积极的情感意愿，在探究中获得的不仅仅是知识技能，还是能够内化而行的学科素养。而这些学生在课堂上扎扎实实获得的发展与提升，是他们课后花费成倍时间去补习也达不到的效果。

因此，教师应树立课堂教学增效意识，把握好课堂教学的每一分钟，学生在课堂学习效率高了，课后作业负担自然就轻了。要使课堂增效，教师还应努力创新教学方式。比如改变教师的教和学生的学，运用有趣味、新颖、充满创意的教育方式，能提高授课质量和学生的学习兴趣；课堂上打破一讲到底的传统授课方式，继而转向组织学生同伴互助、小组共学等合作教学方式，让每个孩子都参与其中，爱上学习。

全面压减作业总量，努力提升作业设计水平

“双减”政策要求各级教育行政部门“合理调控作业结构，分类明确作业总量，提高作业设计质量，加强作业完成指导”。因此，切实提高作业设计水平，

精心布置作业，对我们一线教师而言就变得尤为重要。

一、合理布置课后作业

我国著名的教育家叶圣陶先生说过："教是为了不教，学是为了学会。"现代教育理念要求教师通过创设合适的情境，由师生共同建构课堂，共同参与探究过程，让学习效果呈现，让学生学会学习。

因此，我们应设计符合儿童年龄特点和学习规律，体现以全面发展为导向的基础性作业；布置分层作业和个性化作业等多种开放式作业；避免布置机械重复的无效性及惩罚性作业等。

提倡教师根据实际学情，通过布置分层作业和个性化作业，为学生提供更多作业类型，让学生拥有选择个性化作业的机会。

比如，教师每周可以安排一个"无作业日""综合实践类作业日""劳动技能类作业日"，也可以每月设置一个"零作业周末""孝亲敬老作业"，以此引导学生正视作业功能，避免那些机械重复的无效作业成为学生敷衍老师的"鸡肋"，从而使高效作业、个性化作业成为学生学习生活的必需。

二、做好随堂演练作业

随堂演练是检验课堂教学有效性的重要抓手。教师在授课时，需统筹安排课堂环节，每节课需留足随堂演练时间，学生可在随堂练习中巩固知识、反馈问题，教师也可在面批中及时帮学生查缺补漏，进而也能相对减少课后的书面作业量。

三、强化作业激励反馈功能

教师不仅要从内容和形式上做好作业布置，也要及时做好作业批改与反馈。

一方面对学习困难学生加强面批讲解和答疑辅导，不断增强其学习自信；另一方面对学习优异学生要适当在速度、难度、准确度上提出更高的要求，找准学生“最近发展区”，使其“跳一跳，摸得到”，真正发挥作业的激励与反馈功能。

家校共育多元评价，努力提升课后服务水平

一、开展课后服务，需要对学生进行全面多元评价

2022 版新课标要求“创新评价方式，注重对学习过程的观察、记录与分析，倡导基于证据的评价。关注学生真实发生的进步，增强评价双方自我总结、反思、改进的意识和能力，倡导协商式评价。”

因此，我们为学生制定科学的评价方案，评价的内容、维度、标准要多样化，重视学生学习过程，客观判断不同类型学生的成长，让孩子们看见自己，接纳自己，努力做最好的自己，促进学生心理健康成长。

德国教育家第斯多惠有句名言“教育的艺术不在于传授本领，而在于激励、唤醒、鼓舞。”“双减”政策背景下，开展课后服务，教师更要适时向家长反馈对孩子的评价结果，应从学生的性格特点、特长爱好、人际关系等多方面给出肯定与鼓励的评价反馈，通过良好的家校沟通互动，促进学生健康全面发展。

二、开展课后服务，为提升育人水平带来新的契机

开展课后服务，既可有效解决部分家长接送难、部分家庭孩子缺乏监管问题，也为提升教育质量带来了新的契机。

目前，随着更多一线教师参与到课后服务中去，教师与学生接触时间也在增多，这样一来，师生之间也会有更全面、更深入的了解。教师可以更精准了解学情，并及时调整教学方案，使学校教育更有针对性，进而提升教学质量。教师也

应充分利用课后服务时间，提供形式多样的服务内容，为学生的学习拓展更广阔空间，更好地满足学生个性化发展的需求。

三、开展课后服务，需要进行更有针对性的家校共育

当今教育，对教师的沟通能力、家庭教育专业知识有着很高的要求。教师的共情体验和家校沟通能力，是获得家长信任的重要条件。教师要注重和家长沟通的方式，协调各方教育力量，共享教育理念，引导家长形成正确的育人观。同时教师还要给予家长科学实用、容易操作的家庭教育方法指导，让家长成为学校教育有效的“助攻”。

当然，随着课后服务的落地与推行，教师们的工作时间也被大幅度拉长，教师的职业角色与个人日常生活的冲突也更加明显。这对教师们的工作精神面貌、工作积极性以及职业发展期待都有着很大的影响。这就要求教师们既要保证本职工作的完成，又要兼顾家庭和个人生活，还要不断提升自身工作效率，才能更从容应对“双减”政策落地带来的挑战。

教师是落实“双减”的关键因素，如何调动一线教师的工作积极性，给一线教师减负，也成为摆在当前急需解决的问题。个人认为，给一线教师减负，需要整个教育系统乃至整个社会系统的关注和协调。因此，我们呼吁各级教育行政部门应尽量减少老师非教学隐性工作时间，给予教师群体更多关注和关怀，以更好促进“双减”政策落地。

“双减”政策背景下的作业管理及设计研究

当今义务教育最突出的问题是中小学生负担太重，短视化、功利性问题没有根本解决。一方面学生作业负担仍然较重，作业管理不够完善；另一方面校外培训过热，超前超标培训问题依然存在。

2021 年 7 月 24 日，中共中央办公厅、国务院办公厅联合印发了《关于进一步减轻义务教育阶段学生作业负担和校外培训负担的意见》(以下简称《双减》)。党中央站在为党育人、为国育才，培养担当民族复兴大任时代新人的战略高度，对“双减”工作作出了重要决策部署，要求从政治高度来认识和对待，从体制机制入手深化改革，全面贯彻党的教育方针，落实立德树人根本任务，促进学生全面发展和健康成长。

具体到学校，落实“双减”工作，很重点的一个方面就是加强作业管理及设计研究。

双减政策背景下的作业管理

作业是教学过程中一个有机组成部分，是课堂学习的知识技能及时巩固的重要途径，作业是学生解决问题能力、创新实践能力、思维能力提升的重要途径。从本质上说作业是学生自主学习的过程与教学价值的互补，是推动学生独立学习，培养恒心毅力、自我约束，学会实践管理和快速进步的重要途径，可以毫不夸张地讲，作业是提升教育质量的关键因素之一。但是当下中小学普遍存在作业总量过多、质量不高、功能异化等突出问题。

上级教育行政部门对作业管理的总体要求是“压总量、控时间、调结构、提质量”，现在“压总量、控时间”基本做到了，下一步的重点应该是“调结构、提质量”。

“调结构”包括学科之间作业总量的统筹和不同类型作业的统筹。

“提质量”就是在精准分析学情的基础上，提高作业的针对性、有效性，进一步减少重复性、机械性作业。

我校对照以上标准自查，发现还存在如下问题：在作业管理方面，少数班级作业总量调控不够到位；少数家长、教师对压减作业量还有些不够理解，有些顾虑，担心作业少了，知识巩固不牢；虽然学校重视加强作业设计研究，努力提高作业质量，但作业质量全面提升还需要一个过程。针对以上问题，我校做出了如下举措：

一、加强制度管理，制定作业量化标准

学校制定《华师一光谷汤逊湖学校“五项”管理——作业管理实施办法》，明确要求小学一、二年级不得布置书面家庭作业，三～六年级每天书面家庭作业完成时间平均不超过 60 分钟。初中语、数、外、物、化作业完成总时长不超过 90 分钟，各学科老师按建议时长规定作业量，由班主任统筹协调。初中各年级均不布置道法和历史书面家庭作业，可在校内适当安排巩固练习当堂完成。

学科老师给予课代表充分管理作业权力，有权在特殊情况下减少作业量。当天有课后延时服务科目不得再布置家庭作业；周末语文、数学、英语、物理、化学学科布置作业，一般也不得超过 1 小时；其他体艺综合学科原则上不得布置书面作业，可根据教学内容适当布置实践性、探究性作业。

同时规范教学行为，严格按照上级部门政策，落实各学科一科一辅，减少作业总量。

设置作业布置“五项禁令”，即作业难度不得超过课标要求；不得布置重复性和惩罚性作业；不得通过手机向学生布置作业；不得要求学生利用手机完成作业；不得给家长布置作业或让家长代为评改作业。

二、进行评学评教，严格压减学生作业时间

从学习规律上来说，知识的巩固的确需要一定的时间，但是练习时间超过了一个拐点以后，可能出现作业时间越长，学习效果越差。

比如一个孩子，晚上只能做一个小时的作业，你硬给他再加上几个小时，貌似刷了很多题，但是孩子做得不情不愿，完全是在父母的威逼利诱下完成的，完成质量可想而知，更令人担忧的是，这个孩子的自主完成作业意识会逐步下降，而且由于睡眠不足，体力也跟不上了，第二天的学习效率也会降低。这样一来，原本课堂上能掌握的知识点也打了折扣，回家后，父母又会通过布置更多的作业来巩固，从而陷入恶性循环之中。

很多老师预估布置作业完成时间会低于学生实际完成的时间，说明这些老师心里是没有全体学生概念的。老师认为一个题目花 5 分钟就能完成，但事实上，绝大多数孩子 10 分钟，甚至 15 分钟才能完成，因此我们建议老师们在布置作业的时候，不能只从自己的角度出发，还应考虑到不同层次学生的学情，以中等生能够在有效时间内完成为宜。

为了更好地监督了解全校各班级作业布置情况，我校开展了“以学情促教情，学生评教评学”活动。通过“晒作业”，了解教师作业布置和学生作业完成情况，发现问题及时反馈，及时整改。每学期让学生到计算机室开展一次线上匿名评教评学，其中作业管理问题是其中重要指标，通过评教评学来促进教师规范作业管理。

同时科学利用课后托管服务，安排学生自主学习时间，各科教师走进班级，对学生进行学科个性辅导，引导学生在学校完成大部分作业。

三、开展分层布置，满足不同学习层次学生个性化需求

先贤孔子曾教导我们要“因材施教”，每个学生的基础不同，接受能力不同，完成作业的效率也不一样。老师要更多了解学生的水平，精细辅导，分层次布置

作业，从根本上减轻作业负担。

那么如何设计分层作业呢？首先教师应该了解每个学生的学习水平，建议可将学生分为三个层次。

第一，基础层。这一层次的学生基础比较薄弱，接受能力不强，积极性不高，学业成绩暂时落后。教师应鼓励他们完成基础性作业，比如读一读课文，写一写生字词语，在关心弱势学生的前提下为他们提供学习保障。

第二，发展层。这一层次的学生具有一定的基础知识，有一定的上进心，但没有太高的自我学习能力，思维能力一般，学业成绩中等。这类学生建议完成发展性作业，这些作业略有坡度，需要学生跳一跳才能摘到桃子，给他们留下更多的思考空间。

第三，提高层。这一层次的学生知识接受能力强，基础扎实，成绩优秀。应鼓励他们完成创造性作业。这类作业相对难一点，需要引领优秀学生发展思维。针对三个不同层次的学生，分层布置作业，在教学过程中教师不能戴着有色眼镜去看待和评价学生，要做到一视同仁。尤其要做到有针对性评价。比如对学习进度慢的学生加以鼓励和及时给予评价，让一般的学生对学习有自信心，让优秀的学生感觉有压力，有挑战，有提高。

四、实行作业超市，给学生留下自主选择的空间

学校开展了精选、精编、精练教学探索活动。目前我校初中语、数、英、物、化、史、政等学科均已编印了轻薄又有质量的校本作业集。地、生、体、音、美等学科不留书面作业，一月布置一次特色实践性作业。

设计作业单既有基础性且有标准答案的练习，也有采用口头练习、表演练习、实际操作等形式独特的开放性作业；既有短期的，也有专题性或研究性的长期作业；有个人作业，也有小组或全班的合作性作业；有单科作业，也有跨学科的综合性作业；有知识巩固性作业，也有应用性、实践性作业。

作业的多元化设计，给学生自主选择的空间，让学生发挥自己所长，选择作业就像玩通关游戏一样有趣，而且富有挑战性，学生对作业就不是抗拒或逃避，而是积极主动去接纳。

优化作业设计，让作业变得生动有趣，才能让学生化被动学习为主动学习，让作业回归生活实际，真正发挥作业的功能。

双减政策背景下的作业设计

“双减”之下，学生作业总量和时长减少了，负担减轻了，但对作业质量的要求更高了。教师在作业布置上，要精心选择作业内容，精准针对不同学生，精确校正课堂教学，精细反馈作业情况。

作业布置不能老围着考试打转，要通过作业引导学生自主探究，提高思维品质，作业的形式可以更加多样化。

现撷取我校老师们不同学科，不同类型的作业设计进行简略介绍。

一、学科常规作业设计

小学低年级不能布置书面家庭作业，我校老师们尝试布置如下类型的作业。

其一，拿出实物摆一摆。

为加强孩子们对汉字或拼音形的记忆，我们布置让孩子们巧妙运用生活中可能用到的物品，如用超轻黏土摆声母表，用小木棒摆汉字……学生们创意十足，有许许多多富有想象力的作品，寓教于乐，这类作业既加深了孩子们对汉字字形的记忆，也能让他们在轻松愉快的氛围中学习。

其二，争当老师说一说。

我们鼓励学生回家后当小老师，给自己的爸爸妈妈讲解在学校学习的内容。如在教学《坐井观天》之后，学生对寓言故事非常有兴趣，学生可以根据这个故事进行口头仿说、续编、改编等。并且老师们会发送相关复习指导到班级群里，家长可以对照内容来看看自己孩子在校掌握情况，有疏漏的家长在家校联系本上留言，第二天老师会有针对性地帮学生查漏补缺、做到家校共育。

其三，课外书籍读一读。

每天要求学生阅读课外读物，并定期组织故事分享会，孩子们轮流展示，把自己最喜欢的故事讲给班里的同学听。在这个过程中，学生不仅提升了阅读能力，还能养成良好的阅读习惯。同时在听和说的环节中使表达能力得到了有效提升，而且增进了同学间彼此的了解，增强讲故事者的自信心。

其四，故事情境演一演。

让孩子分角色表演教材内容，可以激发学生思维和创造力。例如教学《寒号鸟》后，老师们布置了学生和家长分别扮演寒号鸟和喜鹊，在家表演并上传视频班级群，积极和家长互动，孩子们在玩中既运用课堂所学完成了作业，同时也与家长一起度过了一段美好的亲子时光。

二、学科特色作业设计

为了激发学生对神话故事的兴趣，体会神话的魅力，感受神话人物的品质，我校四年级语文组依托第四单元神话单元，指导学生制作神话卡片并互相分享交流。卡片内容可以是课内所学的神话故事，也可以是课外阅读的神话故事，图文并茂，形式多样，让学生喜欢上神话。

四年级英语老师给学生们布置了一项特别的作业：分类制作单词卡片，如学习用品类（pen，pencil，pencil-box，ruler，eraser……）、月份、数字、水果、动物类等。学生在比较硬的纸上画出图片，并涂上漂亮的颜色，下面写上英语单词。在小学生的眼中，单词卡片可以随时随地出现，不必受条件限制。而且制作方法十分简单，只要花点时间，每个人都可以根据自己的喜好制作长方形、正方形、五角星形、椭圆形等形态各异的单词卡片。

“减负”从创造性布置作业开始

作业是一种有目的、有意义地使学生掌握知识、提高能力、训练思维、增强体验的学习途径。任何一门学科，都离不开作业这一重要的学习途径。作业被视为“课堂教学的补充与延伸”。

但当下很多老师布置的作业还是以机械抄写、重复练习为主，这些作业既没有什么思维价值，更谈不上人文精神与实践能力的培养，而且往往应试训练色彩浓厚。

说实话，目睹孩子们每天拖着沉重的书包，在上学放学的路上艰难前行，想到孩子们每天上 8 节课，晚上还要在灯下苦战 1 ～ 2 个小时才能完成家庭作业，看到孩子们原本应该如花般的笑脸，流露出无辜与凝重……我的内心就很沉重，回想自己往日带班时，也曾为了所谓的学业成绩提升，给学生带来过沉重的课业负担。

在我的记忆中，曾发生过这样一件事。记得那时期末考试在即，有一天放学，我布置了一项语文家庭作业，让孩子把 1 ～ 8 单元测试卷中的错题抄下来做一遍。大部分学生并没有什么过激的反应，但是有十来个孩子明显坐不住了，有的发出嘘声，有的唉声叹气，我觉得很纳闷，今天的作业多吗？

我扫视了一下四周，发现这些表现反常的同学，都是平时表现差、学业成绩差的孩子。于是，我气就不打一处出，说了句自己至今依然后悔的话，“所有人今晚必须做完，不做完就别睡觉了，明天早自习我一个个检查过关。”

第二天早上，通过检查我发现有 10 多个孩子没有完成，即便是完成的孩子中，也还有许多孩子明显敷衍了事，偷工减料，漏题现象非常严重，尤其是陈同学，他每次考试都是不及格，可是错题只抄了不到一面，联想到每次他都会给班级拖后腿，我爆发了，厉声呵斥：“陈某某你给我站起来，你为什么没有完成作业？”

“作业太多了，根本完不成，要杀要剐，任由你处置。”陈同学反驳道。

“你还敢狡辩，作业多，为什么别人能完成，而你不行呢！还不是因为你懒惰。”

他埋下头，没有反驳，但眼泪在眼眶中打转，我能看出他的不满。后来在批改家校本的时候，我发现一个乖巧的中等生，抄完全部的错题，都足足抄了三页纸，别说半个小时，就是一个小时也完成不了。

于是我私下找到这个孩子询问，昨天的作业到底花了多少时间，她说光是抄题就花了一个小时，然后又做了半个小时。

啊！这么恐怖，我惊讶了，也开始觉得是自己错了，昨晚的作业每个人的量是不一样的，对优生来说也许并不多，但对后进生来说却如同一座大山，现在也能理解为什么他们会唉声叹气了。看来学生产生这种拒不完成作业的逆反心理，主要责任在我。

后来我向陈同学道了歉，也调整了布置作业的策略，开始思考分层布置，少而精，尽量布置一些开放性、实践性、体验性作业。

作业设计应根据学生年段特点贯穿教学全过程。

课前组织预习，疏通文本。为此我还特地编了预习要求新三字经“初读文，划生词，不明意，查字典；细读文，明内容，不理解，打个问；课后题，动动笔，查资料，试解决。”

同时课中读写结合，夯实基础。根据课文内容设计了一些读写结合作业，如仿写句子、文本补白等。

课后作业更具特色，注重拓展延伸，开放创新。如紧扣教材，设计形式多样的小练笔活动，积极调动同学和家长参与修改，并将学生的优秀暑期习作汇编成册，如六（2）班《暑假生活日记》，还组织热心家长和热爱写作的同学们共同创立《金色童年》专刊，给孩子们创造一个发表的平台。

同时，我还要求学生坚持收看每天的《新闻联播》，并且每周安排一次“一句话新闻”发布会。周末有时会设计一些亲情作业，如“亲子阅读”——父母和孩子同读一本好书，举办家庭联欢会，我为妈妈庆“三八”等。

轮到期末复习期间，我再布置复习单元试卷这样的作业，一次最多不会超过两个单元，且鼓励家长挑题，孩子练习。

通过这次作业布置风波，我深深地认识到我们要的不是只会“读死书、死读书”的书呆子，而是一个个能长成参天大树的栋梁之材。

也意识到在今后的教育教学工作中，必须改变自己的教育教学策略，设身处地为学生着想，用心设计作业，只有这样才能真正做到减负增效，达到事半功倍的效果，也只有这样才能用爱心抚育孩子的心灵，还孩子一个快乐的童年。

打造“致性课堂”，让课堂充满生命活力

新课程改革的核心理念强调“一切为了每一个学生的发展”，倡导开放互动的教学方式与合作探究的学习方式，课堂教学更着力于教师的有效教学行为，关注学生的心智发展，培养学生的关键能力。

我校开展了指向“三心三趣”的“致性课堂”实践研究，围绕“源教育”理念，课堂教学从呵护学生“三心”（好奇心、好玩心、好胜心）入手，培育学生“三趣”（兴趣、情趣和志趣），即呵护好奇心，以培养兴趣；促生好玩心，以滋养情趣；激发好胜心，以涵养志趣。营构鲜活生动的充满生命气息的课堂，启导学生内在生长力，让每一个学生能够自主，让每一个学生体验成功，让每一个学生得到健康而全面的发展。

本人作为参与者、践行者，略谈三点粗浅认识。

打造“致性课堂”首先应该转变教育观念

笔者曾经看过一幅漫画，画面内容是“刚进学校时，学生脑袋的形状有的是三角形，有的是长方形。可等到毕业后，原来长着不同形状脑袋的学生，最后都成了和老师一样的圆形脑袋。”

这幅漫画生动形象地反映了当今教育的现状，由于受传统观念、体制、模式等因素的制约，当下的教育，尤其是基础教育似乎成了一个大工厂。教师是工厂里的操作工，学生是被批量生产的、规格整齐划一的产品。这就是“大规模、流水线、标准件”式的教育。

一个个充满想象力的孩子，不管他多有棱角，随着年级的增高，都将逐步磨去，渐渐变成“听话”的“解题机器”，这是很可悲的事情。

或许正是在这样的教育背景下，大约2000年，一所偏居乡间、条件落后、

名不见经传的农村中学——杜郎口中学，因为课改，一举成名天下知，一时间各大报刊争相报道其教育特色，全国掀起了学习杜郎口中学的热潮。

究其根本，挖其精髓，杜郎口教学模式最大的成功体现在“最大限度地把课堂还给学生，充分发挥学生的主体性、主动性和创造性，让学生自主学习、自然成长、共同进步。”杜郎口的经验总结起来就是一句话，“让学生动起来，让课堂活起来，让效果好起来”。

无独有偶，课改专家、华东师大崔允漷博士也曾指出“教学有没有效率，并不是看教师有没有教完内容或教得认真不认真，而要看学生有没有学到东西或学得好不好。”

由此我们得出结论，只有学生“学会了，会学了”才是有效的教学，课堂教学必定要以生为本，以学为本。总之，课堂教学所有的一切都是为学生服务的。传统教学方式强调教师的“教”，而忽视了学生的“学”，过分突出了教师的主导作用，忽视了学生的主体性和个性化需求，教学效果欠佳。

华师一光谷汤逊湖学校是一所开办不到五年的新学校，没有深厚的基础和积淀，在借鉴和吸收华中师大一附中（总校）办学经验的前提下，迫切需要建立一套行之有效的课堂教学模式与工作机制。

开展指向“三心三趣”的“致性课堂”实践研究，就是探讨如何从关注教师的“教”向关注学生的“学”转变；如何提高课堂效果，提高学生的学习兴趣；如何减负增效；如何培养学生自主学习能力、合作探究能力等。

打造“致性课堂”首先应该转变教育观念，构建新型教与学的关系，在师生互动合作中开展有效教学和有效学习，让学生变被动为主动，课堂由教为中心变成以学为中心。

培养高效能教师是打造“致性课堂”的关键

教学质量是学校生存和发展的生命线，其根本在课堂，关键在师资。指向

“三心三趣”的“致性课堂”涉及师生全体，从国家、地方课程到校本课程，从备、教、改、导、考、辅、练、研等各个环节，对教师提出全面而深刻的要求，促进教师的专业化发展，进而提升学生关键能力。

因此，培养高效能教师群体是打造“致性课堂”的关键。高效能教师是学校课程改革的有力推动者，他们对学生学业成绩的提升，可谓立竿见影。调查表明：如果学生在一个高效能学校遇到一位低效能教师，他的学业成绩会从前 50% 滑落到 65% 左右。但是，如果学生在一个低效能学校遇到一位高效能教师，他的学业成绩会从前 50% 上升至前 37% 的水平。而如果学生在一个高效能学校遇到一位高效能教师，他的学业成绩会从前 50% 上升至前 3% 的水平。

美国教育界最高荣誉“贺拉斯·曼教育家奖”获得者，美国中小学教育领域公认最佳培训项目“FIRST 教师培训体系”创始人、核心导师 Dr.Harry Wong 曾经说过，“高效能老师有三大显著特质，第一特质：积极期望，在课堂教学过程中，以语言、态度、表情等各种关怀与行动方式鼓舞学生；第二特质：课堂管理，高效能老师从来不会用纪律来约束自己的学生，而是非常善于在一致连贯的教学氛围中，引导学生约束控制自己的行为；第三特质：掌握课堂，高效能老师从来不会在课堂上大喊大叫、发号施令，而是恰如其分地引导学生自主学习。”

笔者认为高效能教师应该具有以下特点。

第一，认为和学生一起活动是重要的和有意义的，始终对学生满怀希望。鼓励学生进步，而且往往能洞察到学生的进步。

第二，负起学生学习的责任，具有反思的精神。当学生学习遭遇挫折时，他们常常会检讨自己的教学行为，使学生获得帮助。

第三，为学生学习进行设计，不断改进教学方式，努力达成教学目标。

第四，对自己的教学工作感到愉快，但不会因为对自己工作满足而停止前进的步伐。

第五，永远充满信心，深信自己能够影响学生学习，引导学生为达成目标而共同努力。

第六，课堂开放民主，允许学生参与有关达成目标和学习策略的决定。

打造“致性课堂”需还原课堂的本质

“致性课堂”作为课堂教学的一种范式，也必须遵循教育规律，而真理都是朴素的，因此“致性课堂”也必须还原课堂的朴实、简约与和谐。

笔者认为，构建“致性课堂”，教师首先要有整体的课堂观，不仅指上课之中的组织实施，还应该包括上课之前的准备以及课后的延伸。

上课之前至少要做好课前“四问”：

一、学生现有的认知水平如何？（充分了解学情）

二、我打算让学生获得什么知识，培养什么能力？（设置教学目标）

三、我打算让学生怎样获得？（优化教学过程，运用教育方法，突出重点，突破难点）

四、我如何检验学生是否达到了要求？（巩固练习，教学评价）

这课前四问，能够让老师更加准确地对自己的课堂行为进行定位，做到有的放矢，不上无准备之课。

在课堂中，要向四十分钟教学要质量。一节课的时间是有限的，因此什么时间学生自己学，什么时间老师讲，什么时间开始练，老师都应该做到心中有数，准确把握课堂节奏，重难点精讲细讲。

同时，还要巧妙地创设情境，充分利用教学资源，调动学生的学习兴趣，让学生在轻松愉快的课堂气氛中学到知识，努力加强师生、生生之间的有机合作，建立老师和学生平等的对话关系，积极开展小组学习——独学、对学、群学，使学生养成独立思考的习惯，合作探究的精神，敢于质疑的严谨态度。只有师生、生生之间交流合作愉快，我们的课堂才会是和谐的、鲜活的、轻松的。

除了课前的充分准备和课堂中的有效组织指导，“致性课堂”的实施，还需要课后积极拓展，实现知识的迁移和发展。

“致性课堂”是活动的，孩子们努力探索、发现，不断体验着知识的魅力。

“致性课堂”是活泼的，在平等、民主、轻松、和谐的课堂气氛中，孩子们能互相学习，乐于交流，勇于展示，共同成长。

“致性课堂”也是生活的，以多彩的生活为学习背景，让学生走进生活，体会生活。

“致性课堂”是一种理念，更是一种教学实践模式，它是一个有机整体，贯穿于课前、课中、课后的整个过程中。在“致性课堂”中有鲜活的素材、平等的对话、多元的评价，才能让学生迈步在愉快的求知道路上。

疫情催生线上线下教育融合新样态

捉摸不定的疫情，使得线上线下混合教育成为常态，作为新时代的教育工作者，必须因时而动，因势而为，在学校组织管理形式，教师课堂教学形式，以及教研工作方式上做出相应的调整。现将我们总结的一些做法和经验交流如下。

三招优化线上教学

一、翻转课堂让线上教学“活”起来

网络学习环境下，师生、生生之间相互分离，学生可以通过多种感官通道接收信息，教师进行多媒体教学需要调动学生学习的主观能动性，落实教育教学任务。线上教学与线下教学虽然存在时间及空间的差异，但追根溯源，二者本质都是指向学生的发展。因此，线上或线下教学都应基于课程标准，优化总体设计，注重学习细节，提高学习效率，根本上都需要设计有效的学习活动。

为了保证线上教学质量，帮助学生适应在线学习，我校定期举行各学科“在线教学研讨会”，提炼实践经验，动态、积极地不断改进线上教学。通过反复研讨论证，学校借鉴了“翻转课堂”很多成熟的经验，将教师主导与学生主体有机融合，使课堂上的多种资源要素共同发力，线上课堂与线下课堂可以同样精彩。

首先，教师要根据学期和本学科的教学要求，对教学内容进行合理科学的划分，确定每天的学习任务以及教学重难点，合理规划教学进度。

其次，教师需要帮助学生筛选出优质的教育资源，或者提前录制相关教学视频，对每日教学内容中的重难点知识进行“微化”处理，形成某个知识点的“微课”，在课前 3 ～ 5 天发布相应的学习资源，方便学生对即将学习的知识有一定认知，在学习前已经成为一个有主动学习意愿和学习基础的学习者。

再如，教师要根据学情，以“空中课堂”为基础，兼顾学生的操作性和简便性，学习方式和资源都会“以生而设”，用学习任务单的形式引导学生自主学习。在这一阶段，学生要积极学习教师提供的微课中的学习内容，根据个人需要自定学习进度，取得自主学习的时效。

二、组织课后答疑，让线上教学效果“好”起来

“空中课堂”每节课时间较短，课堂节奏紧凑，很大程度上压缩了教师与学生间的互动空间和时间，与传统课堂相比，留给学生的思考、讨论、练习时间大幅缩减。那么，如何保证在线听课质量？如何提高在线听课效率？怎样尽可能减轻家长的负担？鉴于此，有效的在线辅导答疑环节就显得尤为重要。经过一段时间摸索，我们也整理出一些较为有效的做法。

一是精选可交流的线上平台。

如我校数学组教师为了提高师生间的交流效果，不断探索，寻求适合本班学生的在线答疑方式。有的教师在武汉教育云平台搭建空中课堂与学生互动讨论；有的教师利用人人通平台设置讨论区；还有的教师通过建立 QQ 群，在群内发起群课堂或者和学生一起直接语音互动讨论。

英语教师充分利用教师助手小程序让孩子每天打卡读书，养成朗读好习惯。同时充分利用各种在线平台 APP 布置多样化的作业，不仅有同步练习、自然拼读，还有绘本阅读、视频配音、情景会话等有趣的作业。

值得一提的是，有些教学平台有自动统计功能，教师批改检查作业也非常方便，不仅可以看到每个孩子的得分率和错误率，还可以看到每道题的得分率和错误率，系统自动筛选出高频错题，便于教师掌握本课学情。

二是让学习更具游戏性。

学校拟定了《网络课堂规范》，要求学生在家学习期间也要做到不迟到、认真听讲、按时完成作业，并根据听课情况、作业完成情况、讨论参与情况、早读

落实情况进行学习积分，在班级群里进行积分表彰。有的教师根据学生喜爱的游戏，发起“线上学习王者排位赛”，根据评比规则，语数英三门均可上星，表扬一次可积累一颗星，获得特别表扬者可以酌情加星。每天都会根据科任教师发布的表扬名单，把每个孩子的名字直接对应他的分数，一栏一栏加进去。Excel 表格可以自动统计总分，自动上升排位，每天公布一次，一周统计一次，发到班级 QQ 群，极大调动了学生的学习兴趣，有效促进了学生学习的积极性，从而更加规范了学生的学习习惯保证了空中课堂的效率。

三是“晒”学习笔记。

网络课程讲授不间断，学生只听不记很难取得实效。因此各班开展了“晒学习笔记”活动，从而引导学生养成记笔记的好习惯，保证了空中课堂的有效落实。

三、开展家校联动，让线上教学评价“实”起来

没有有效的评价就没有真正意义上的课程。空中课堂这种学习形式虽然很新颖，但学生在家学习容易造成松懈。教师如何给出有效的课后反馈与评价，将对培养学生自主学习能力起到重要的推进作用。当前学校教育体系倡导发展性评价、多元性评价，但当教学由线下转到线上，教师不能及时观察学生的学习过程，使得教学评价更难开展，更容易失真。为解决这一问题，我校尝试推行线上教学评价新体系，即从过程性评价和结果性评价两方面入手，确保评价能提升学习效果。

过程性评价基于学生的日常行为，即教师能在线上教学中看到孩子的成长，随后及时给予孩子成长的反馈并推动孩子成长。学校根据线上教学特点，调整评价方式。首先，学生能否如期参加线上空中课堂，能否积极参与课堂答疑，能否积极思考并按时提交作业，都成为教师进行过程性评价需要考虑的重要因素。其次，在适应能力方面，学生能否正确看待疫情并在短时间内调整好心态，迅速适应线上学习模式，这也是学生过程性评价的重要组成部分。

教师对学生进行结果性评价则是对学生日常提交的作业质量以及线上检测情况进行的评价。检验线上教学的成效，必然要结合教师设计的相关课堂练习或测验。教师充分运用互联网平台，根据班级学生学情，兼顾学生差异，分层设计不同类别如巩固性、提高性、检测性的作业，从而提高作业的针对性和实效性。与此同时，学生的优秀作业可及时分享到班级中，供同学之间相互学习交流，既活跃了线上学习氛围，又满足了学生个性化的学习需求。

另外，家长要和学校、教师一起参与孩子的教育与管理。从新冠肺炎疫情期间学校的教学实践来看，线上教学的开展与评价都需要得到家长的支持与配合。为此，教师要多与家长沟通交流学生线上学习情况，并为家长提供有效指导，帮助学生养成自主学习习惯，共同提高学生的在线学习效果。

探索线上线下混合教学

一、自主学习，构建线上线下混合学习模式

此次疫情，让互联网、云计算、大数据、数字资源平台等现代信息技术在教育上得到了充分运用，并且迅速成为一种被广泛关注的学习策略和学习理念。

对学生而言，此次线上学习与以往的线下学习有一定的差异。比如学习环境由教室变成了家中；教学方式由师生互动交流变成了主要以单一讲授为主；学习方式由班级集中教学变成了个别独立学习。但线上学习与线下学习目的是一致的，都是学习者通过学习活动达到一定的学习目标。学生线上学习新的知识点，需要在线下进行练习巩固，二者之间相辅相成、互为补充。从某种程度上说，“线上线下混合式学习方式”能反映一个学生自律、自控和自学的能力，为了更好地应对这种情况，教师应有针对性地引导不同层次的学生学会学习。

我们发现，拥有良好学习习惯和坚毅品质的学生，线上学习的效果并不会低于线下学习，而反观那些学习习惯不良、缺乏自控能力并缺少家长督促的孩

子，会随着线上学习时间的推移逐步拉大与优秀学生学业水平的差距。经过调研发现，“线上学习”遇到困难的这批学生，也是在传统教学中有问题的学生，他们在参与课堂、在线答疑以及完成作业方面都存在一定的困难。这需要教师在课前预习学习要点时给予专门的观照，辅导答疑时对学习薄弱孩子进行单独指导，布置作业时要分层布置，设置小目标确保这些学生“跳一跳，摸得到”，及时鼓励他们的点滴进步，从而积累学习的信心。另一方面，对于学有余力的学生，教师还应提供大量的优质教学资源供学生主动选择性学习，学生可以借助网络提升自我管理和学习能力，从而实现分层教学，促进师生角色发生转变。从这次疫情来看，线上线下混合学习模式将成为未来教育教学的新常态，无论是线上还是线下，让学生自主学习、学会学习，让学习方式“活”起来，都应该成为我们教学研究和努力的方向。

二、小组合作，唤醒学生自主协作意识

小组合作探究学习的目的，是通过学生之间的交流合作促进学生在认知、情感和适应性方面的发展。主要做法是教师依托网络平台建立“互学小组”，每组学生 6-8 人，根据能力强弱进行“混搭”，这样更有利于学生能力的均衡发展。教师抛出话题，引导学生先进行小组交流、讨论，思维的火花才能碰撞闪耀，才能取得良好的学习效果。小组“互学”活动，既能充分发挥教师引导、启发、监控教学过程的主导作用，又能突出体现学生作为认知过程主体的主动性、积极性与创造性。最后，教师针对答疑互动情况进行“展学”，在整合本课教学重难点的同时适当拓展，丰富学生的知识储备，活学活用，实现教学相长的目的。

我们此次开展的线上线下融合教育是一种顺势而为，探索未来教育发展模式的尝试，它很可能会成为一种新常态。

（2020 年发表于《人民教育》）

第二辑

语文与教育

——让语文回归本色

理想中的语文教育应该具有诗情画意的特性，以浓郁的艺术气息让人们拥有丰富的文化底蕴，在听说读写的有趣练习中赏心，悦耳，怡情。

新课程背景下如何提高小学生的语文素养

“语文素养”指的是语文知识、语言积累、品德修养、审美情趣、个性品格、学习方法、学习习惯等的有机整合。这一概念在《语文课程标准》的前言部分先后出现6次，由此可见培养学生语文素养的重要性。这里所提的语文素养的基本内涵和要素主要包括如下几个部分：

1. 基本知识和基本技能，如拼音规律，识字、写字，词、句的积累以及阅读和习作能力的形成；

2. 良好的学习习惯和科学的学习方法；

3. 良好的情感态度、文化品位及审美情趣。

不难发现，语文素养的内涵正体现了语文的工具性和人文性的高度统一，涵盖了新课程标准中的三维目标。那么如何提高小学生的语文素养呢？作为长期工作在一线的小学语文教师，笔者结合自身工作实际，特提出以下几点看法：

一、凭借教材，扎实开展基本功训练是提高学生语文核心素养的立足点

教科书是最基本也是最重要的课程资源。在新课程标准的指引下，各个新课程实验区都开发出不同版本的教材，每种教材虽然在编排框架及选文上千差万别，但提高学生语文素养这一根本目的始终没有改变。

1. 字词教学是培养学生语文能力的基础

字词教学一直是小学语文教学的重点。识字量的多少将直接影响到学生阅读、写作与口语交际的水平；识字时间的早晚对学生的阅读兴趣、阅读能力的培养具有极大的影响。因此，在低年级阶段，教师必须采取多种方法提高学生识字的能力。笔者认为多媒体技术在识字教学中具有举足轻重的作用，它能将文字、图形、

图像、动画和声音巧妙结合，极大地调动学生学习语言文字的积极性。到了中高年级，教师在阅读教学中一定要注重对字词的理解，体会作者在字里行间流露的不同情感，培养学生的语感。南宋著名教育家朱熹说过，“读书如饮食，从容咀嚼，其味必长；大嚼大咽，终不知其味也。”读书时从容“咀嚼”就是要细细品味文章中语言的精彩之处。如教学《索溪峪的“野”》时，可引导学生通过对“野”字的理解，体会作者所描绘的索溪峪的山、水、动物们的那种来自天然的野性的美，从而在这样的美景熏陶下，游玩的人们也变“野”了。作者通过这个“野”字，体现了人们对索溪峪的美的认可和喜爱，准确地体现了作者想要表达的情感。

2. 品读、积累好词佳句，是学好语文的金钥匙

新课标语文教材中有大量的好词、佳句，这些都是极其丰富的语言学习资源，教师可以在阅读教学中积极引导学生去发现、感悟、积累和运用。如鄂教版四年级下册《熟能生巧》中就有大量四字词语，“目瞪口呆，恍然大悟，百发百中，得意扬扬”等，在教学中可以设计让学生找出类似“熟能生巧”的四字词语，并要求学生运用这些词语造句。再如，《我爱篮球》中“爱是什么，是全心地投入，是忘我的倾注，是纯真的洗礼，是勇敢的付出，是奋不顾身的追求，是无可阻挡的奔突。”又如《奇妙的田螺》中“只见它把触角一收，身子往回一缩，‘咕噜’整个田螺又落到缸底去了，那块角质硬片也早拉回来，重新把硬壳的洞口盖得严严实实，就像坦克手碰到了敌情，拉上了圆圆的铁盖板一样。”课文中这样的精彩句子比比皆是，或用了生动形象的比喻，或用了活灵活现的拟人，或用了巧妙传神的夸张……教学时，教师要引导学生认真推敲，仔细揣摩、欣赏，进而“使其言皆出于吾之口，使其意皆出于吾之心”，另外也可以借机陶冶学生情操，升华学生思想，积累语言材料，打下作文基础，一举多得。

3. 学习教材中课文的写作方法，读写结合是良方

小学语文教材所选的许多课文在表达方法、表现形式上各有特点，教师要教会学生去分析、仿照和运用。如《白杨》《落花生》等课文都是借物喻人，并都在结尾点题，《三潭印月》则是首尾照应的写法。同时课堂随文练笔有“篇幅小、形式活、出手快”等特点备受教师的青睐，因此在中高年段的阅读课堂教学中要找准“练笔点”，引导学生由写几句话到一段或几段话，循序渐进引导学生运用课文中所学到的表达方法，自主练习，实现读与写的完美结合。

二、培养学生良好的语文学习习惯，掌握科学的学习方法是提高学生语文核心素养的保证

1. 养成良好的学习习惯

人们常说，“兴趣是最好的老师。”国学大师梁启超说过，“一个人学生时期能否养成读书兴趣和读书习惯是件人生大事，将影响其一生的幸福和发展。”在学习语文的过程中，要培养学生学习语文的兴趣，养成听、说、读、写的良好习惯，这是语文学习的重要目标。良好的语文学习习惯主要有：主动预习、复习的习惯，主动识字的愿望和习惯，查阅工具书及其他资料的习惯，读书看报的习惯，留心周围事物的习惯，勤动笔、常积累的习惯，乐于与他人交流的习惯等。其中，最要紧的是养成主动积累、课外阅读的习惯。

如何在平时的语文教学中培养学生良好的语文习惯？笔者认为既要统一要求，又要因材施教。如在每次上课之前，都要布置预习作业，让学生自己先阅读文本，自学生字词，高年级同学还可以尝试在文本上勾画出重要的部分，在旁边写上批注；平时坚持写观察日记；每两周读一本好书；每人准备一个语文积累本，既可以积累好词好句，还可以积累名人名言、成语和歇后语等。对于能完成统一要求的学生要多鼓励，在全班表扬形成示范，对于不能完成统一要求的学生，教师要注意单独辅导。如，对语文学习兴趣不浓，没有养成良好预习、复习习惯的学生，老师可以与家长配合，每天规定学生大声朗读自己学过的课文，坚持读一篇有趣的童话和文章，让家长及时反馈学生的完成情况，注意肯定他们的点滴进

步，久而久之，好的习惯就会慢慢养成。另外，还可以在全班经常开展一些有意义的语文活动。如为了鼓励学生多读课外书，养成主动积累的习惯，可以每学期在全班开展一次读书知识竞赛，可以把学生的积累本进行观摩评比，这些活动既能激发学生学习语文的兴趣，又能帮助他们养成良好的学习语文的习惯。

2. 掌握科学的学习方法

叶圣陶先生在谈到学习语文时，反复强调了两点："第一，必须讲求方法；第二，必须使这种方法成为学生终身以之的习惯。"学生在学习语文的过程中不断发现、习得学习方法，才能逐渐学会学习。语文的学习方法大的方面主要包括：识字、写字的基本方法；朗读、默读、诵读的技能；精读、略读、浏览的一般方法；不同文体的阅读方法；根据需要搜集信息的初步方法；简单的记叙、说明的方法；修改作文的方法等。

小学中段（三四年级）的学生已是九、十岁。从心理特征上看，这个阶段学生的有意性、目的性逐渐发展起来，有意注意也随之增长，能较为自觉地支配自己的行动。思维方式正处在形象思维向抽象思维过渡的时期。教学时，应着重进行段落的训练。由对重点段的理解、赏析逐步过渡到篇的训练。从学生已掌握的语文知识上看，学生已学会汉语拼音，能认识1500个左右的常用汉字，有了较为丰富的感性知识，因此，在这个阶段中要求掌握的学习方法如下：

（1）学会课前预习找疑点，课堂笔记记要点，课后复习抓重点的方法。

（2）学会用音序、部首、数笔画的方法查字典、词典，理解词语。

（3）学会有顺序地观察事物的方法。如："方位变化观察法""时间推移观察法""事情发展观察法""地点转换观察法"。

（4）学会用"摘句法""归纳法""取主法"概括段意。

（5）在段的阅读中理清句与句之间的关系，学会找中心句、过渡句，读懂自然段。如鄂教版四年级下册《秦兵马俑》中第二自然段就是围绕"兵马俑规模宏大。"来写的，这句话出现在段的开始，因此也称之为"总起句"；如果中心句出现在句末，就是“总结句”了。教师或家长在这个阶段中，要开门见山地教给学生各种具体的学习方法，并在教学中进行示范性指导，让学生在练习中反复实践。

三、树立大语文观，在生活中学习语文，运用语文，是提高语文核心素养的最佳途径

1. 树立大语文观，开发整合课外语文课程资源

俗语说，“学以致用”。汉语是我们的母语，我们整天都处在汉语这个大环境下，因此我们提高学生语文素养的最终目的就是要让学生在生活中学习语文，运用语文。因此在新课程背景下教师要树立大语文观，高度重视课程资源的开发与利用，创造性地开展各类活动，增强学生在各种场合学语文、用语文的意识，多方面提高学生的语文能力。例如：指导学生观看电影、电视等；学会正确运用网络收集资料，处理资料；带领学生参观图书馆、博物馆、纪念馆、展览馆；鼓励学生假期外出旅游，领略各地的自然风光、文物古迹、风俗民情；引导学生关注国内外和地方的重要事件，并讨论日常生活热点话题；开展一些语文综合性活动，如“街头挑错字”，收看新闻联播学写“一句话新闻”，办手抄报等活动等。提高学生在生活中学语文、用语文的能力。

2. 积极开展课外阅读活动，使阅读成为一种生活方式

新课程标准中明确规定，“小学阶段课外阅读总量不少于 150 万字。有条件的地方，要突破这一阅读量；条件不够或尚无条件的地方，要千方百计达到这个阅读量。”达到乃至超过 150 万字的阅读量，必将极大地丰富知识，开阔视野，启迪智慧，强壮精神，为学生日后学习与发展积蓄后劲。所以我们提倡小学阶段一定要广泛地涉猎各种图书。经典的古典小说、中外名著，沉淀着中华民族文化精华的唐诗宋词，充满着活力贴近孩子生活的儿童文学，有着大胆奇特想象的科

幻小说等都应该成为孩子们的营养大餐。古人曾言，“劳于读书，逸于作文。”阅读与写作是相辅相成的，“读书破万卷，下笔如有神。”大量阅读，在读的基础上多记、多写、多练，才能不断提高学生的阅读水平和写作水平。因此我们有理由相信，爱上了阅读的孩子是没有学不好语文的。

作为语文教师，我们一定要有规划地引导学生阅读各种课外书籍，把有价值、符合学生年龄特点的各种图书介绍给学生，让课外阅读不仅成为学生的一种习惯，而且是一种生活的方式，真正落实“语文的外延等同于生活的外延”的精神实质。

语文重视的是积累，是对语言的领悟，对社会、对人生的一种态度。语文的学习是潜移默化的，读书、习字、作文，需要我们每天去落实。语文教师任重而道远，肩负着提高整个民族素质的重任。所以，语文教师在教学中要充分运用课程资源，立足课本，养成良好的语文学习习惯，掌握科学的学习方法，打通语文课与生活的通道，切实提高学生的语文核心素养，提升学生的整体素质，最终提高整个民族的素质。

（2009年5月发表在《新课程研究》）

小学生语文学科素养培养之我见

语文学科素养是学生语文能力、语文知识积累、学习方法、学习态度、学习习惯以及认识能力和人文素养等方面的综合体现。具体来讲，包括字词句段篇的积累、语感、思维品质、语文学习的方法和习惯等方面。它是学生学好语文课程的基础，也是学生全面发展和终身发展的前提。下面仅从小学语文学科素养培养中的四个方面，谈谈自己的认识。

重视字词的学习和巩固

俗语道“基础不牢，地动山摇”。字词的学习是基础中的基础，作为语文教师要引导学生学会使用工具书，养成自学生字词的好习惯。

识字写字是低年段语文教学的重点，在日常教学中，老师们须花时间，花气力落实孩子们对字词的掌握。对于中高年级学生而言，他们已经具备了一定的自学生字能力。这时，老师应适当放手，要求学生预习课文时，首先要解决生字词的学习，鼓励学生随文识字，实在弄不懂的可通过查字典、词典解决。当然，不是说中高年级课堂教学中就无需重视字词学习，而是单独将生字提出来讲解的时间占比减少，老师除对重点字词进行必要的点拨外，更多要靠学生自学。

学生学完了生字词还需要及时巩固，每课配套的小字作业，就是学生复习生字词的主阵地。为了检验学生自己掌握生字词的效果，每单元结束后，需全班集中听写，同时也鼓励家长定期给自己孩子报听写，确保字词掌握过关。

总之，通过学生对生字词的自学，教师对重点字词的点拨，家长对孩子生字词的检查落实等手段，多管齐下，久而久之，学生就能养成良好的自学生字词习惯。

重视阅读的积累与感悟

先来谈一谈小学各学段语文阅读教学的侧重点。低年段语文阅读教学侧重于字词教学；中年段语文阅读教学注重对句子的理解和重点段的把握，体会重点句子的含义；高年段语文阅读教学则要求学生能够把握篇章，学习借鉴文本中的写作方法，并通过对重点句段的品读，体会其表现手法的作用。

再来谈谈课外阅读。新课程标准明确指出，小学阶段要诵读优秀诗文，背诵优秀诗文 70 篇，利用图书馆、网络等信息渠道尝试进行探究性阅读，扩展自己的阅读面，课外阅读总量不少于 150 万字。

“恰同学少年”，小学阶段的孩子，正是读书的最佳时期，中华传统文化精华的唐诗宋词、充满活力的儿童文学以及大胆奇特的科幻小说等经典小说，都应成为孩子们的精神食粮。还是那句老话，“腹有诗书气自华”，只要让孩子爱上了阅读，就不可能学不好语文。

我曾经带过一个叫宋飞扬的孩子，他的父母都在很远的地方工作，平时的生活学习都由他的姑奶奶照看。记得有一次，他姑奶奶看到我，疑惑不解地问：“为什么我们家宋飞扬读了这么多书，写作水平却没有长进呢？”记得当时我是这样回答的：“‘博观而约取，厚积而薄发’，只要坚持阅读，写作能力是一定能提高的，不要急，慢慢来。”果不其然，一两年后，这孩子的写作水平有了明显提高，后来听说这个孩子高考成绩优异，被武汉大学录取。

可见，阅读和写作是相互促进，互为补充的，只有坚持大量的阅读和写作训练，才能使学生的阅读和写作水平得到全面提升。

现在，我所在的学校每年金秋十月都要举办“爱源读书节”活动。每个班级都设有一个小小的图书角，你可别小看这方寸之地，各班通常有图书两百余册，而且书架上摆的都是这个年龄阶段孩子最喜欢读的热门书。

重视表达的激发与训练

在古代，科举考试通常是一篇八股文定乾坤。前些年，武汉汉南二中学生周海洋，曾因用古体诗形式写下一篇《站在黄花岗陵园的门口》的作文，被湖北阅卷老师评为当年高考语文“最牛满分作文”，尽管此人高考总成绩只有370分，但三峡大学还是破格录取了他。

而今，作文在各学段语文试卷中占的比重还是相当大的，小学30分占总分的30%，初中50分占总分的42%，高考60分占总分的40%，写作能力也属于一种高阶思维能力，往往能拉开学生之间的差距。

可见作文的重要性是不言而喻的，从古代沿袭至今。

小学中段属于作文教学的起步阶段，学生只要肯动笔，能围绕题目来选择材料，文从字顺，能将主要的意思表达清楚即可。因此作为老师，应对学生的习作，持肯定鼓励态度，多就少改，使其乐于表达。

而到了小学高年段，除要达到上述要求外，还要注重谋篇布局，选择典型材料，习作主题要求积极向上，并开始注重细节描写，比如写人“能抓住人物的语言、动作、神态、心理写具体”“能将自己在学习生活中积累的好词好句运用到自己的习作中去，为习作增色。”此时，就要求教师要适当点拨指导，帮助学生提高写作水平。

我们十分重视作文教学小专题研究，如六年级语文备课组研究小专题是“如何提高作文教学的有效性”。五年级语文备课组确定的小专题更加聚焦“如何在作文教学中营造和谐的氛围，引发学生的表达欲望”，老师们都在研究如何在有效的时间里，指导学生完成高质量的习作。

除了教学研讨，我们还开展了“低年级讲故事比赛”“中高年级作文竞赛”等比赛活动，促进学生表达能力的提高。并将作文竞赛中获奖的学生习作用班报、校报或微信公众号等形式发表出来，借此来提高学生的习作兴趣。

可能有的家长会问，以前我们的老师要求同学们每天坚持写日记，现在的老师怎么不提倡了呢？我的回答是，如果每天写一篇日记的话，我敢说除了少数的几个学生可能会不折不扣完成外，大部分学生肯定是疲于应付。这样一来，不仅练笔质量难以保证，久而久之，还易使孩子养成敷衍塞责的坏习惯。

举一个运动员训练的例子，运动员每天训练都要努力挑战自己的运动极限，才能追求更高、更快、更强的目标。习作训练也是同理，每次习作训练尽量要让学生达到自己的写作极限，才能使习作水平得到不断提高。

因此，我在带班的时候，要求学生每周必须完成一篇高质量的习作，课内作文、课外练笔间周一次。不仅老师要看、同学要看，同时家长也要关注，发现学生的闪光点及时鼓励，要想尽一切办法提高孩子的写作自信心和成就感。并鼓励学生把每周一文打印或复印三份，分别邀请同学、老师、家长反复修改。

作文讲评是对学生完成的习作进行分析、评价和讲解，具有承前启后、继往开来的作用，也是提高作文教学质量的关键。

因此，我建议小学中高年段语文老师每周须抽出专门的时间评讲作文。也鼓励各班成立班刊编辑部，由老师、学生以及热心的家长担任编辑，分不同的版面负责审稿、组稿，保证至少每月结集出版一次。对于累计发表三篇习作的同学可授予“作文新苗奖”，累计发表“五篇习作”的同学可授予“班级小作家”的荣誉称号，对累计发表“十篇”习作的同学可授予最高荣誉“班级诺贝尔文学奖”，鼓励班级学生人人参与习作。

学期末，家长朋友也可以将自己孩子一学期练习的习作汇集成册做成习作专版，精心设计排版装帧，制作成一本“书”，孩子们可以把作文集当作礼品送给自己的亲戚、朋友、同学等。我相信这将是孩子们最引以为豪，最珍贵的礼物。

重视书写的整洁与速度

字迹就像一个人的脸面，如果脸面不好看，给人的第一印象就差了。写好汉字对于学习而言，是为在校学习打好基础，同时也是一种良好学习习惯的培养，规范地书写体现了一个人做事认真扎实的态度。新课标也要求学生要“养成正确的写字姿势和良好的写字习惯，书写规范、端正、整洁。”因此，对于学生的书写，我们要常抓不懈。

首先我们要明白书写的重要意义。通过书写来培养孩子的注意力和专注度，是一种很好的方法。而专注度是孩子学习和做事能否成功的关键，对孩子的一生起到至关重要的作用。它是一个人能高度集中于某件事情的能力，是一项非常重要的心理素质。

常言道“字如其人”，那些写字方方正正，注意字的间架结构、笔顺规则，一笔一画书写的孩子都是做事认真、踏实，有责任心的孩子。那些乱写一通，敷衍塞责，字写得歪歪扭扭的孩子，做事情通常也不认真。

新课程标准在有关科目的教学时间具体要求中明确指出“书法在三至六年级语文中每周安排一课时。”因此，我们除了要重视上好每周一次写字课外，还要求学生“提笔即是练字”，对于学生态度不认真，乱涂乱画的行为一定要严厉制止。必要的时候一定要狠下心来让孩子重做，只有这样才能将不良的书写习惯扼杀在萌芽状态。

新课标对写字教学要求的总目标是“能正确工整地书写汉字，并有一定的速度。”那么如何有效地提高写字速度呢?

一是平常要经常练字。让手指形成一种肌肉记忆，做到对笔的操控运用自如，收放灵活。

二是写字时保持良好的心境。写字时，挺胸收腹，保持心情平静，呼吸顺畅，高度专注，避免一切外来干扰。

三是在努力做到“好”的基础上求“快”。掌握好每一笔画，每一个汉字的结构的书写技巧，在把单字练好的基础上，尽量用最快的速度写，由量变达到质变，注重书写质量与速度的双提升。

相信只要在正确方法的引导下，加上持之以恒地训练，学生的书写质量和速度定能与日俱进。

综上所述，提高学生语文核心素养，教师要努力提高自身素质，通过重视夯实基础，重视阅读积累，重视语言表达，重视书写等，激发学生的学习兴趣，提升学生学习的内驱力。立足课内，延伸课外，为学生的语文学习提供更广阔明丽的天空，全方位培养小学生的语文学科素养。

一个小学毕业班语文老师的教学建议

本人从教 20 余年，一直坚持在一线带班，先后教过 8 届小学毕业班，也取得过一些可喜成绩。印象中最辉煌的一次，应该是 2008 年，语文学科成绩名列全区小学毕业调考第一，人均分高出第二名 3 点几分。

此时又值毕业季，高考已然落幕，小考、中考也接踵而来。在这爬坡过坎、滚石上山的最后时刻，我想以一个过来人的身份，给老师们分享一些带毕业班语文的做法。

正所谓“千个师傅千个法”，相信每位教师也都有一套自己的做法，我也并非“好为人师”，只是想把自己多年摸索的，一些所谓“经验”的东西，拿出来分享一下。不奢望大家能“读有所获”，但凡有几点能“择其善者而从之”，我就心满意足了。

齐抓共管，重视小学语文学科学习

我一直坚持，只要有机会，一定要不遗余力地向家长和学生强调小学语文学科学习的重要性。

记得在六年级上学期开学的第三周，我们举行毕业班家长会，我再次强调了小学语文学习的重要性，以及家长如何配合老师落实各项语文常规训练等内容。

小学是学习国语的最佳时期，小学阶段必须打下坚实的语文基础，小学不抓紧，到了初中，语文就更难学好了。

两个小学阶段语文成绩相当的学生，到了初中后可能会在数学、英语成绩上存在明显的差距，但是语文的成绩可能会非常接近。

这是什么原因呢？因为语文重视的是积累，是对语言的领悟，是对社会、人生的一种态度。

语文的学习是潜移默化的，读书、识字、作文，需要我们每天去落实。一个精彩的词语，一个优美的句子，一句经典的格言，你一旦记住了可以受用一辈子。

放眼未来，重视学生的课外阅读积累

2022 版新课程标准第三学段中，关于“阅读与鉴赏”目标中，明确指出“要背诵优秀诗文 60 篇（段），注意通过语调、韵律、节奏等体味作品的内容和情感。扩展阅读面，课外阅读总量不少于 100 万字。”

其实早在 2011 版新课标中，就对学生的阅读量有了明确的要求，因此，我一直把“鼓励学生开展大量课外阅读”贯穿在日常教学之中。为此，我们还进行了《高年级学生阅读现状问卷调查》，并公布了调查结果，发挥对学生阅读的正确导向作用。

记得我教的班上有个叫肖文佳的女孩，从附近一所小学转过来时，成绩非常薄弱，但在班级浓郁的读书氛围熏陶下，她也喜欢上了阅读，语文成绩突飞猛进，这次学校组织的毕业考试中语文考了 92 分，她妈妈得知这个消息后喜出望外，特地打来电话表示感激。

其实我们并没有特意去补差，像这样的孩子，你只要创设一个良好的阅读环境，唤醒其内生发展动力，就能看到进步。

“深入耕读，安逸为文”，可见阅读与写作相辅相成。只有勤学多记，多读多思，才能不断提升学生的阅读及写作水平。

夯实基础，注重各项语文能力的培养

语文知识的积累，同样需要大量的书面练习才能内化，“只说不练”的孩子往往都是”口头上的巨人，行动上的矮子”，眼高手低。

1. 培养学生自学生字词的能力

在日常的教学中，高年级孩子对字词的掌握首先来自课前预习，他们已经具备一定的自学生字能力了，不理解的字词，自己可以通过查字典、词典解决。

当然，教师在课堂教学中，也需要对重点字、词进行必要的点拨、引导。如“鼎”字比较容易写错，首先是容易把上面的”目”写成”日”，还有它的第六笔“竖折折”，学生容易误认为是两笔，这样的知识点，还需要老师在课堂上提醒学生。

学生自学了生字词，还须狠抓巩固落实，每课配套的小字作业就是复习生字词的良好契机。

2. 注重学生阅读能力的提高

对于阅读能力的提高，我一直主张“课内得法，课外得益”。

课堂上教师要引导学生分析课文、理解句子，引导学生与文本对话，珍视学生独特的阅读体验，鼓励学生勇于表达自己的阅读感受。

让学生的阅读能力在一课一辅《语文课堂作业》中得到巩固提高。为了落实学生阅读练习，全面掌握学生完成情况，我做到每篇阅读练习必改，有特点的阅读必讲，重点的知识点反复强调，与学生一起总结阅读题答题方法与技巧。

3. 强化学生写作能力训练

写作是一种综合运用语文的能力。大部分孩子都怕作文，其实作文并不难。每个孩子都会讲话，理论上讲，会讲话的孩子就会作文，作文其实就是一种书面表达。

写作文的基本思路是“先想——再说——后写”。目前小学高年级作文训练主要有两个阵地，首当其冲的是单元作文。

五年级的时候，我狠抓了一个学期的单元作文，每篇作文都进行四次修改，最后汇集成作文集，通过这样反复打磨，几乎每位学生的作文都有闪光点，甚至可以结集发表。

六年级上学期，我又狠抓了一学期的学生周记，有时是指定内容，有时是自命题，每周评奖一次，并在班级发表，给孩子一个展示的平台。通过坚持不懈地落实，点燃孩子的写作热情，学生的写作能力都在不同程度上得到了提高。

2008 年那届学生，一年来参加各种作文竞赛均取得可喜的成绩。余家乐获得“我们爱科学”作文竞赛省级一等奖、“武汉市第四届读书知识竞赛”二等奖；范聿潇获得武汉市“楚才杯”作文竞赛三等奖；杨坤炽、胡佳钰获得湖北省“天地杯”作文竞赛一等奖，另有四人分获二等奖和优秀奖。同时熊黎兵同学在《小学生天地》、胡佳钰在《作文大王》报上各发表作品一篇；黄思琪同学参加全国“写作杯”作文竞赛获得铜奖。

聚焦素养，重视学生语文综合能力的培养

在新课程改革的大背景下，不但要提高学生的语文成绩，更要提高学生的语文综合素养。

我们应重视学生语文综合素养的提升，学期末也不能仅仅以期末考试分数论英雄。如我们可将学生的语文成绩将由期末考试成绩的 80%，加上四项语文综合实践能力组成（一本作文集、一张手抄报、一次即兴口语交际、一次古诗词积累背诵抽查，四项内容各 5 分，合计 20 分）。

为了搞好此项活动，一年来，我在自己的教学中，渗透语文综合能力训练，受益颇多。如通过落实作文集，学生的习作能力得到了提高；落实手抄报，学生的收集资料，整理资料的能力以及设计、策划、美工、书写等多方面的能力，均得到了一定的提升。

同时，学期末负责我们班口语交际测评的教师，也对我班同学的口头表达能力交口称赞。

“机会总是留给有准备的人”。那一年，我们认真落实了古诗 70 首背诵，当

年区调考中，古诗词积累背诵至少考了10分，我们班同学完成的情况非常好。

语文学业成绩评价方式的变革，使得学生语文学科综合素养得到明显提高，可见当初我们重视学生综合素养提升这个举措是英明的，行之有效的。

关爱学生，做一个学生喜欢的语文老师

最后我要说的一点，也是最重要的一点，关爱学生，努力做一名学生喜欢的语文老师。"亲其师，信其道"，学生喜欢上了老师，就没有理由学不好这门学科。

要想赢得学生的喜欢，首先自己要打心眼里热爱学生。无论面对怎样的学生，我都希望自己能用真心去爱他们，同时也希望他们在爱的感召下，能更好地团结在我的周围。

一年来，我班插班生达到了近20名，要搞好班级工作，首当其冲的就是要稳定好新生的情绪，让他们爱上新的学校，喜欢新的老师，和新同学和睦相处。为此，对待新生，我投入了格外多的关心。

另外，我也很重视后进生的教育工作。对几位学习基础差的学生，我经常单独与这些孩子的父母沟通，制定切实可行的辅导计划。

我们班有位熊同学，数学成绩很差，平时考试经常不及格，她爸爸非常着急，首先找到我的副班主任教数学的王老师，要求王老师给她补课，可王老师平时在学校就承担了两个班的数学教学，同时自己还要带孩子，根本就没有精力再辅导她了。于是她爸爸找到了我，在他的再三恳求下，我义务辅导她的语文，也顺带辅导她的数学。

通过一学期的努力，熊同学的数学成绩进步明显，调考和毕业考试都考及格了，没有拖班级的后腿，同时语文成绩也突飞猛进，作文在"天地杯"中获奖，在《小学生天地》上也发表了一篇习作。

也许是个性和责任使然，无论对待什么样的学生，我总会想方设法走近他们，了解他们，关心他们，看到学生的健康成长，渐渐成为我最大的快乐。

我对学生的关爱也赢得了学生的爱戴和尊敬。孩子们纷纷在临别赠言中写下难忘师恩的感人话语，一个孩子这样写道，“在这即将离别的时刻，心中有太多的不舍，有太多的牵挂，最使我难忘的是您——范老师。当我第一次遇见您，您就给我留下了难以磨灭的印象，后来的日子里，您带给我有开心、有鼓励也有严厉的批评，但我能感到您对我们深深的爱。”

当然，语文教学工作是一项重要而细致的工作，谁也不可能做到尽善尽美，“路漫漫其修远兮，吾将上下而求索”，在今后的工作中，我们每一个人都需要扬长避短，再接再厉，以期取得更大的成绩。

关于阅读理解的技巧和方法

阅读理解在语文教学中占有越来越重要的位置。阅读能力不仅是学生日常获取知识、信息的重要途径，也是学生自身全面发展的必然需要和适应将来信息社会的必备技能。阅读题是考试中学生最头疼、最难办，同时也是失分最多的题型之一。只要一提起阅读题，不少学生“谈题色变”，有的认为阅读题太难了，不知道该如何作答；有的连题干都读不懂，不明白题意；有的孩子甚至干脆放弃不做。因此，教师们在阅卷中发现的空题、错题，往往出现在阅读答题部分。面对这种严峻的情况，该怎么做呢？

树立答题信心，引导学生克服畏难情绪

阅读理解的关键是——读懂文本，掌握解题的正确方法。只要读懂文本，掌握正确的解题方法和技巧，做阅读题其实也没有那么“可怕”。有不少学生由于个人认知能力与阅读能力的差异，一看到阅读题（每回考试中几乎超过四分之一的版面），心中就产生畏难的情绪。

其实这是学生的一种心理障碍，这些“畏难者”往往会无意中夸大困难，从而自然地“避难就易”，产生退缩行为，不想尝试作答。因此，要提高学生答题能力，首先要破除学生心理上的“预期恐惧”，增强答题自信心。那么，学生的答题自信心该怎么培育呢？我们可以在每次做阅读训练时，对于一些较容易的，学生通过认真阅读文本，就能从文中找到答案的题目，用激励的语言来鼓励学生，“看谁能最先从短文中寻找到答案，他就是我们班最棒的！”“看看吧，我们的某某同学找得多准呀！”“这一题大家都做对了，看来阅读题也没有我们想象中的那么难嘛！”……

经过一段时间的训练，相信很多学生都能学会从文本中寻找到所需答案，体

验到答题成功的快乐，“答题恐惧心理”自然就会慢慢消除。

注重方法指导，引导学生掌握正确的答题步骤

在帮助学生克服了心理障碍后，就要引导学生静下心来细读文本，对文本主要内容以及所表达的思想和情感有所体悟。

首先要通读全文，准确把握文体。分清文本是记叙文还是说明文；是连续文本还是非连续性文本……答题时，最忌文章内容都没完整阅读，就匆忙写答案。

其次要厘清文章的思路。一般来讲，文章的每句话、每一个段落归根到底都是为阐明中心服务的，都指向文章的主旨。在平时阅读训练中，可要求学生最少要读三遍才开始动笔。

三是要认真审题，弄清题意。审题一定要细致，题目一共几道，每一道题有几问，每一问都有哪些要求？读题时要注意每个字的微小差别，要像对待数学试题中的数字一样，认真看清题干的每一个字、词、句，甚至每一个标点。在明确题目要求后，再仔细分析梳理答题要点。不认真审题，粗心大意的孩子往往会吃亏。例如一次测验，阅读中有个题目，要求“选择加点字在文中的读音，再用另一种读音组词，背风 bēi（　　）bèi（　　），模样 mú（　　）mó（　　）。”

可是有几个学生没注意审题，只选择了加点字的读音，并没有用另一个读音组词，结果白白丢了一半的分。

四是逐题作答，防止漏题。丢题、漏题是学生解答阅读题时常犯的错误，因为阅读理解后面，一般都有好几个题目排列在一起，这时候就需要孩子们耐心读题，逐一解答，不可“东一榔头，西一棒子”。一般试题都是“先易后难，先理解后感悟”，呈梯度设计。因此，做阅读理解题一般应该按试题先后顺序去做，但遇到难题一时答不出来，千万不要停滞不前，耗费时间，可以先做个记号，等到做完其他试题后，再回过头来尝试解决。另外，有个小细节，在作答时不要顶在横线头，而要留出两个空格的位置，这样显得更美观。

总结答题规律，教会学生一定的答题技巧

语文学科答题虽然没有标准答案，但也是有规律可循的，作为教师要教会学生掌握基本的答题技巧。

比如，概括文章主要内容答题格式。例如：小学语文高年级测试卷中常出现这样的阅读题，“请你用简洁的语言概括短文的主要内容。”答题要领：对于记叙文，回答清楚什么时间，什么地点，什么人，做什么事即可；答题格式：时间 + 地点 + 人 + 事。再如，高年级常考题型——体会句子表达效果。这类题目的答题要领是，辨析清楚词语或者句子的类别，答题时结合其作用加上句子的意思即可。又如，常见修辞手法拟人的作用答题格式为：修辞手法本身的作用+结合句子语境。“这个句子运用了拟人的修辞手法，把 *** 当作人来写，使句子更生动形象，栩栩如生，活灵活现，增加了文章的感染力。”

为了方便学生识记，本人编写了一个关于阅读理解技巧的顺口溜。

1. 看标题信息，揣摩文章类型；
2. 抓文本要素，理解大致内容；
3. 理行文线索，分清段落层次；
4. 辨表达方式，领会布局特点；
5. 挖中心思想，理解作品内容；
6. 析表现手法，以供写作借鉴。

《道德经》中讲了“道”和“术”的关系。我们概括以上指导学生做阅读题的方法，充其量也只是“术”（方法和手段）。那么“道”是什么呢？归根结底，还是要“读”。叶圣陶先生也讲过，“为养成阅读的习惯，非多读不可；为充实自己的生活，也非多读不可。”

对于学生阅读能力的培养，本人一贯主张“课内得法，课外得益”。作为小

学语文教师一定要成为学生阅读的引路人，当小学生认识一定数量的汉字以后，就应该开始系统地指导学生开展课外阅读。

正所谓“熟能生巧”，一旦阅读成为学生生活的一部分，通过多读多悟，一定能帮助学生形成良好的“语感”。倘若如此，我们的学生半个小时左右，阅读一到两篇不足千字的文本，完成几道阅读题，也就不足为惧了！

教学随笔——谈谈语文备课

苏霍姆林斯基在《给教师的建议》中谈到一位从教30年的历史老师上了一节公开课征服了所有人，当有人问起“您花了多长时间来备这节课？”他的回答耐人寻味，“这节课，我准备了一辈子，而且，总的来说，对每一节课，我都是用终生的时间来备课的，不过对于这个课题的直接准备，我只用了大约15分钟。”

书中的这个例子印证了这一观点——备课是将教师已有的素质变成教学能力的过程，是教师内在素质的外化，是教师对教材的一次“再处理”过程。备课是教学中必不可少的一个环节，作为教学前的准备阶段，不少教师存在这样或者那样的困惑，笔者对这个问题进行了思考，现来谈谈几点认识。

不同群体教师对备课的态度

教龄长的老教师，常常有这样的困惑，教学目标、重难点早就烂熟于心，一遍遍地看教材、翻教参、抄备课，价值何在？慢慢地这批老师备课就变成了机械性行为，对备课再也提不起兴趣，加上小学各科教师作业批改量也比较大，老师又大多是班主任或辅导员，批改作业、管理学生、处理各种班级事务等占据了大家大量的工作时间。这样一来，老师们用于备课的时间就更少了，写教案逐渐演变成了程序化的抄写。

有些学校明确规定，工作三年以上的教师可以使用电子教案，于是一些老师直接上网搜罗教案，他们通常只是稍加修改就打印装订，更有甚者连年级、版本都不管不顾，看到课题相同就直接下载。当然，为了应付学校检查，老师们也会装模作样在打印教案上做点表面文章——圈点勾画，美其名曰“二次备课”。有了教案就认为自己备了课，殊不知这叫掩耳盗铃，自欺欺人。到真正上起课来，才发现这教案毫无用处，就是一堆废纸。既然备的课用不上，干脆放在一边，拿起教材就讲，凭经验，啃老本，“脚踩西瓜皮，滑到哪儿算哪儿”。试问这样的课堂有效吗？

青年教师群体在对待教育的态度上大多是坦诚、热情的，他们愿意在备课上花更多时间，但在备课方法上有些老师还存在误区。比如有些年轻老师每次备课会先在网上找到大量名师教案，比如贾志敏、王崧舟、薛法根、于永正等特级老师的经典案例，心里想，自己备课再认真，总归还是赶不上这些反复打磨过的名师优质教案吧！

于是乎，老师们简化了自己的备课过程，直接用名师的成熟课例来上课，认为这样既节省了时间，又能使自己迅速成长。可真用起这些教案时，却发现很别扭，教学语言就像是在背台词，教学环节也不流畅，与名师课堂上呈现的教学效果截然不同，课上得不精彩，预期效果也必然难达到。明明是相同的教学设计，两个人上起来效果却大相径庭，相去甚远，这是何故？究其原因，我想还是因为青年教师们的自身文化底蕴不够，驾驭课堂的能力还稍显稚嫩。

因此，对于年轻老师而言，备课还是要立足学生学情，教学目标要明确，教学环节要清晰，教学语言要简洁，量力而行，不可片面追求课堂的热闹和花哨，小心“画虎不成反类犬”。

关于备课的三点转变

一、由“备课于纸”向“备课于心”转变

于永正老师说过，备课不等于写教案。以语文课为例，备课包括文本细读、资料搜集、教学方法的选择、教学环节的设计以及对学情的预判等。如果我们仅仅满足于备课于纸，而不是备课于心，恐怕很难在专业的道路上走得更远。

备课于心离不开深入的文本细读。要想备好课，首先要认真钻研教材，进行文本细读。我们不妨试着抛开教学参考书，抛开前人的教案，先自己朗读课文，

读到朗朗上口，字字入心，读出情感主旨，真正走进文本，再在文本细读的基础上进行其他教学设计，从而达到事半功倍的效果。

备课于心离不开扎实的教学基本功。于永正老师说："普通话和粉笔字是语文老师的另外两张名片。"作为语文教师，普通话是非常重要的，教师的朗读水平有多高，学生的朗读水平就会有多高。语文课需要声情并茂，抑扬顿挫地朗读，读到庄严处，学生肃然起敬；读到豪迈处，学生热血沸腾；读到义愤处，学生横眉竖目；读到欢快处，学生笑意连连……

备课于心离不开丰厚的文化底蕴。我们在观摩名师的课堂时，往往会被他们信手拈来的引经据典和精彩机智的课堂语言所折服。殊不知，"九层之台，起于累土"，这可不是一日之功。建议老师们平时要养成读书看报的习惯，书读多了，知识储备丰富了，你也可以在课堂上驾轻就熟，挥洒自如。

二、由"传统备课"向"资源共享"转变

传统的备课存在不少局限，比如，备课模式的固定僵化、教学框架的一成不变，加上对学科权威教师的屈从，缺少碰撞与互补，造成了千人一面的备课，使教师的主观能动性难以发挥出来。

学校开展集体备课时往往是任务驱动，每人分派一到两个单元主备，将电子教案传到备课组群共享，其他老师下载共用教案，稍微加点二次备课的批注就算完成任务。这样的集体备课是无效的，无异于自欺欺人。集体备课的关键是备课组所有成员都必须参与其中，总结有六大环节：熟悉教材，提出问题；中心发言，把握重点；共同研讨，解决问题；形成预案，二次备课；课堂实施，信息反馈；教后反思，理论提升。

信息化时代，我们的备课也要学会与时俱进。以语文学科为例，小语在线论坛、凤凰语文网、老百晓在线语文网等语文教研网站上均有电子备课室，可以参与其中；不同级别、不同层次的语文研究 QQ 群和微信公众号多如牛毛，大家可

以有选择地关注。更重要的是，平常要与备课组成员多多交流，积极参加形式多样的教研活动，这些对提高自身教学能力很有帮助。

一定要牢固树立合作的意识。“一枝独放不是春，万紫千红春满园”，同一个备课组内，大家找到好的资源可以相互共享。以语文学科为例，如作者的生平资料，课文朗读的音频、视频资料，好的教学设计和PPT，甚至是优秀老师的备课札记，教学反思等，都可以传到群文件，供同组老师们下载学习。

教师们若能在这样融洽的集体备课氛围中相互学习，相互借鉴，那么集体备课这棵“常青树”必定会枝繁叶茂，蓬勃常青。

三、由“常规备课”向“创新备课”转变

常规备课的手写教案对于初登讲台的老师（三年以内）来说很重要，是打基础的工作，一定要不折不扣地落实到位。

但对于有一定经验的教师来说，要想备出精品课，我们提倡多样化的教案形式，比如简案详案相结合，还可以有卡片式、提纲式、表格式、备忘式，书头式、随笔式等备课形式。尤其是随笔式备课，教师可以培养自己做教学随笔的习惯，把自己对文本的解读、对学生学情的了解与分析记录下来，当然也可以记下自己课堂的实录、教学后思考与感悟……

时间长了，这些随笔式的文字会成为你一笔宝贵的财富。它记录了你对文本的细读，对教材的理解，对教学内容的重构，这对一个教师的成长是弥足珍贵的。

总之，每一位教师都要充分认识到，备好课是提升课堂教学质量的关键，是上好课的前提，也是教师提升教学水平和自身素质的重要途径。作为教师要用心、用情、用智，认真备好每一堂课，上好每一堂课。

关于小学作文批改与讲评的几点想法

《新作文》杂志社副总编聂艳宏先生在他的新著《我的动态作文及课例》中写到“作文教学中，让老师头疼的不只是学生不会写、没有内容可写，还有每次作文后那一摞摞厚厚的作文本，每天都得惦记批改几本。否则，到下次上作文课时，学生的作文还可能没有批改完。”

这种感受，恐怕每一个语文老师都感同身受。不管学生作文写得好不好，把全班五六十个孩子的作文通读一遍，都需要占用大量时间，目前中小学常规检查，通常还会看有没有眉批、旁批，尾批字数达到多少等，并以此作为教师作文教学以及批改态度评判的依据，生怕老师们偷懒。总之，作文的评改让语文老师吃尽了苦头。

2022 版《义务教育语文课程标准》提出“要让学生懂得写作是为了自我表达和与人交流；要珍视个人的独特感受；要对学生的作文进行多元评价；鼓励学生修改自己的习作……”

笔者针对目前小学语文作文批改与评价存在的误区，提出几点习作评改意见。

一、评价主体单一化

长期以来学生只管写作文，作文评价完全由教师说了算。由于忽视了学生主体的作用，虽然教师辛辛苦苦“精批细改”，可学生并不领情，往往只是看看等级，就束之高阁了。教师费尽力气，但学生却收效甚微，习作水平也很难得到提高。

二、评价标准成人化

当下老师们往往喜欢将学生的习作无限拔高，批判学生作文存在的问题比较多，缺乏积极的、肯定的评价语言，以致学生不敢说真话，时常有一种挫败感。长此以往，容易浇灭他们的写作热情，甚至对写作有一种畏惧感、厌恶感。

华中师范大学杨再隋教授也曾指出，“作文是一种生命状态和生活行为，与人的心灵情感有最真实朴素的联系。作文不需要任何虚假的做作，要展现生命的原生态，真正成为生命的独白和心灵的呼唤。”这就告诫我们，一定要尊重学生，即写作主体的感受，鼓励学生说真话、抒真情。

三、评价语言公式化

我们的老师们常常在评价语中写到“该生本次习作能够做到内容具体，语句通顺”等。诸如以上的评价过于模糊，那么如何做到评价有针对性呢？

如“内容具体”，老师可以直接指出作者将什么内容写得生动具体，比如抓住了什么描写，从而使文章增色。“语句通顺”可以说“你的习作语言不仅流畅，而且很有诗意，使文章显得文采飞扬。”试想孩子们看到这样的评价语，心头一定窃喜，下次习作一定会更加出彩。

那么，如何改进小学作文评价呢？笔者现提出以下几种常见评价方式供参考。

（1）自读自评。学生借助朗读，凭借语感就能帮助学生发现自己习作中需要修改的地方，如用词不当，语句不通，有无错别字等。这一过程是疏通文本的过程，要求读的人读得通，听的人能听得懂，做到文从字顺。

（2）互读互评。这个过程是要求学生在合作探究的过程中得到共同提高，既要当欣赏者，欣赏同学的优点，也要直言不讳地指出对方的不足之处，以达到品评鉴赏的目的。

（3）师读交流。老师发现有代表性的习作，师生共同发现习作中值得大家学习的地方，突显本次习作的训练重点。

（4）再读再写。学生针对习作存在的问题进行修改或借鉴别人好的写法重写。老师要告诉学生“好书不厌百回读，好文不厌百回改”，使学生在修改中完善习作。

（5）品读展示。给学生提供一个展示交流的平台，或推荐发表，或结集展示，或创办专刊，或进行博客展示等。总之，通过多种途径给学生带来成功的体验，从而增强学生的写作信心，激发他们的创作热情。

基于以上理念，我们在习作讲评时要注意以下两点。

其一，要多就少改，点燃学生自信的火种。古语云："数子十过，不如奖子一长。"因此我们在讲评学生作文时，要努力抓住学生作文中哪怕是微小的闪光点，予以放大和点评，使学生看到老师和同学们对自己的肯定，从而获得精神上的满足感，激发更强烈的写作热情。

其二，要紧紧围绕着习作训练重点来评。多从语言文字方面入手，评在要害上，不仅让习作者知道自己成功在哪里，也让其他同学知道该学习别人哪一方面。

总之，习作讲评是教师、学生、习作三者之间的对话过程，因此老师要营造宽松的氛围，引导学生多方面来参与，使习作讲评更民主、更务实、更高效。

关于"群读类学"的几点思考

群读类学是语文阅读教学的一种独特形式，是立足小学语文常规阅读教学的尝试与重构。

群读就是教师依据课程标准各阶段目标，围绕语文教学的某一个点，把多个文本以特定的方式进行组合，让学生进行阅读实践，并在阅读实践中提升阅读能力、思考能力等语文综合能力。

类学就是让学生在群读中学习语文知识，探寻语文规律，习得语文学习方法，内化成学生的语文素养的过程。

群读类学和"单元整组教学""主题教学"等有联系，但又有着很大的区别。它不只把文章按人文内涵组合在一起，而是更深入文本内部，关注文章的表达形式、内部结构、核心观点、承载信息，在文章之间形成结构化的"互文关系"，让学生在探索群文时，发展学生阅读技能和发现能力。

归纳总结群读类学的优势与特点，主要有如下几点。

一、增加阅读的数量，让学生读得更多

"不积小流无以成江河，不积跬步无以至千里"，多读书、多积累是我国传统语文教学的宝贵经验。《义务教育语文课程标准（2022 年版）》在"课程目标"中规定，"第一、二、三学段的学生课外阅读总量分别不少于 5 万、40 万、100 万字。"世界各国也非常重视儿童的阅读量，如美国纽约州规定小学生每年必须读 25 本书。

量变是质变的必要准备，质变是量变的必然结果。当前我们的语文教学，教师仍然比较重视语文教材中课文阅读的教学。以小学语文 12 册教材、每册教材平均 30 篇课文、每篇课文平均 500 字计算，阅读总量只有 15 万字左右，这样的

阅读量是远远不够的。

群文阅读教学，学生在一节课中读 3 ～ 5 篇左右的文章，有效地增加了学生的阅读量，扩大了学生的阅读面，为学生阅读素养的发展提供了必要准备。

二、提高阅读的速度，让学生读得更快

当今社会已经进入信息化时代，每天都会产生许多新知识。为了获取更多的信息，必须学会快速阅读。法国在 20 世纪 70 年代就将快速阅读列为独立学科，并列入国家重点科研项目。

《义务教育语文课程标准（2022 年版）》在“课程目标”中提出，“第三学段要求学生默读一般读物每分钟不少于 300 字。”快速阅读是一种技能，技能是需要训练的。当前我们的语文教学，一篇 500 字左右的精读课文要教 2 课时，略读课文要教 1 课时，教师可以慢慢教，学生可以慢慢读，这种单一的阅读教学方式严重影响了学生阅读能力的提高。

群文阅读教学，学生在一节课中要读 3 篇及以上的文章，迫使学生必须提高学生的阅读速度，提高学生快速阅读的能力，提高学生思维的敏捷性和灵活性。

三、强化阅读的主体，让学生读得更乐

学习不是学生简单地接受教师的讲解，而是学生自我建构的过程。《义务教育语文课程标准（2022 年版）》在“课程理念”中强调：“增强课程实施的情境性和实践性，促进学习方式变革。”“关注个体差异和不同的学习需求，鼓励自主阅读，自由表达；倡导少做题、多读书、读好书、读整本书，注重阅读引导，培养读书兴趣，提高读书品味。”

当前我们的语文教学，一节课教一篇文章，学生很快读完，内容基本理解，教师只好不停地问，不停地讲，学生被动地答，被动地听，主体意识缺失，阅读

兴趣降低。群文阅读教学，学生在一节课中读 3 ～ 5 篇文章，新的阅读内容不断激发学生的阅读期待，教师不得不少问少讲，学生忙着进行看书、思考、表达、倾听等语文实践，真正成为语文学习的主人。

四、丰富阅读的方式，让学生读得更深

单篇文章阅读、多篇文章阅读和整本书阅读是人们日常生活和工作中的三种阅读方式，三者不可替代。《义务教育语文课程标准（2022 年版）》在“拓展性学习任务群”中指出，“整本书的阅读，应以学生自主阅读活动为主，引导学生了解阅读的多种策略，运用浏览、略读、精读等不同的阅读方法”并且各个学段都要重视朗读和默读。

目前我们更多的老师还是在沿袭传统，一节课教一篇课文，用大量的时间咬文嚼字、感情朗读，关注精读、朗读方法的指导，这是遵循语文教育的规律。但“教学有法，教无定法”，我们有时需要细嚼品味式的慢阅读，有时也需要整体把握式的快速阅读。

群文阅读教学，学生在一节课中读 3 ～ 5 篇文章，不仅加大了学生的阅读量，更重要的是让学生在多篇不同作家、体裁、内容的文章阅读中进行比较归纳、分析综合、深入思考。关注略读、默读方法的指导，这样就为学生学习多样化的阅读方式、终身阅读与发展奠定基础。

当然，我们在开展群读类学的过程中，也有一些问题及困惑。

其一，群读类学对小学中、低段的孩子来说还是感觉有些难，少数优秀的学生能跟上进度，中等生感觉有点吃力，后进生就力不从心了。

其二，不利于精读精讲，也没有足够的时间开展课文朗读，语文味有所缺失。

其三，目前没有成型的教材，老师们普遍感觉把握不住标高，有脚踩西瓜皮之嫌。

其四，部分教师对群读类学活动不够理解，认为会影响教学质量，参与热情不高。

总之，“群读类学”对语文教师的课堂教学带来了巨大的挑战。课堂上要让学生读“一群”文章，就意味着教师要去读更多的文章，只有精神丰盈的教师，才能引导学生走向“丰盈”。因此，我们语文教师要不断丰富阅读积累，让群文阅读真正起到丰盈孩子精神和获取海量信息的作用。

“心存希冀，目有繁星”，虽然我们在推行群读类学的道路上，会遇到很多的困难，但我们将继续立足课堂，积极推进课堂改革，带领老师进一步探寻更多有效的群读类学教学方法，提高课堂效率，将群读类学与语文常规教学紧密融合起来，将群读类学与课外阅读有机融合起来，让课堂更加精彩纷呈。

如何在语文课堂上渗透审美教育

有位教育家曾说过："挖掘课堂教学中的美，是教育的最高境界。"新课标明确指出"语文教学要引领学生学习发现美，表现美和创造美，形成健康的审美情趣""感受语言文字的美，感悟作品的思想内涵和艺术价值，丰富自己的情感体验和精神世界"。不难看出，新课标把审美情趣的培养放在语文教学的重要位置。语文教师不仅是知识的传播者，更是人文精神的播种者、培植者、引导者。因此，如何在语文课堂上渗透审美教育就成为当下语文教师应当思考的问题。

在教学方法的改变中创造美

一、通过创设情境的手段让学生从整体上感受美

教师要根据课文内容，灵活运用直观教学手段，创设良好氛围，启发诱导学生进入真实的语言运用情境中，使学生被作品中的美所感动，全方位地投入到感受美、鉴赏美、创造美的活动中去，从而获得审美体验。

教师要采用直观形象的教学方法和手段，通过语文学科和其他学科跨学科融合创设情境，学生通过不同的感官获取信息，全身心投入到丰富逼真的氛围中，调动学生学习积极性，引起学生心灵上的共鸣，使其产生一种强烈的学习语言，领悟文本意境的欲望。

如美术鉴赏手段在《藏北草原》中的运用。课前让学生欣赏藏北草原的美景，观看这些唯美神奇的图片，再读文字"清新碧绿的草原，星星点点的帐篷，雪白的羊群，以及星星般五颜六色的野花，构成了一幅美丽的画卷。"学生会更加入情入境。

再如在教学《七律·长征》时，适时穿插播放《过雪山草地》乐曲，渲染气

氛，把学生的思绪带入了1935年红军长征的场景，使学生感受红军的英勇顽强和革命大无畏精神。

二、用不同形式的朗读来激发学生审美情感

朗读是语文教学中重要的一个环节。教师应重视朗读，充分发挥朗读对理解课文内容、陶冶情操的作用。具体地说，就是通过朗读使学生体会语言文字的韵律美，同时把语言文字化作鲜明的视觉形象再现在学生面前，唤起学生的想象，调动学生情感中真、善、美的因素，让学生与作者、文本产生共鸣，情感得到升华，从而受到美的教育和熏陶。

那么，怎样指导朗读才能使学生更好体验到文中的情感美呢？一是范读。教师的范读作用是不可低估的，它能引发学生情感，使学生、老师、作者三者之间产生情感共鸣。同时，通过范读，学生也可模仿教师的一些朗读技巧，提高朗读水平。二是自读。听了教师范读后，学生模仿自读，揣摩作者的情感，使他们进一步感受到文本所要表达的情感。三是引读。对一些有承接性和层次性的句段，通过引读，能直接拉近作者与读者的距离感。四是议读。通过评议朗读，让学生自己体会怎样诵读更能感受文章的情感。五是分角色读。让学生体验不同角色，巧妙移情。

在课堂拓展中深化美

新课标要求教师“要根据学段学习要求，围绕多讲的学习主题创设阅读情境，引导学生感受文字之美、表达自己的独特感受，促进学生的精神成长。”因此教师除了利用教材资源外，还要善于利用一切课外资源。教师除了让学生感受课文语言文字所蕴含的美，还要及时利用一切可用资源，如校园资源、古诗资源、天气资源、季节资源中美的元素。如：校园里桃花红了，樱花粉了，品桃之艳丽，

樱之缤纷；石榴红了，枣子黄了，品石榴之朴实，枣子之玲珑；桂花黄了，蜡梅红了，品桂之沁香，梅之孤芳。在学生的笔下，四季之美都有五彩缤纷的呈现。

当然，我们有时还可以抓住即时资源进行审美教育。如一位教师在上诗词诵读《终南望余雪》，教室外正巧下起了几年不遇的罕见大雪，望着纷纷扬扬的大雪，学生异常兴奋，于是教师即兴插入一个教学环节，分小组进行诵读咏雪古诗比赛。“大雪压青松，青松挺且直，要知松高洁，待到雪化时。”“千山鸟飞绝，万径人踪灭。孤舟蓑笠翁，独钓寒江雪。”……

琅琅的古诗背诵声中，同学们的头脑中不断地活跃着一幅幅美丽的雪景，诗意激扬在语文课堂。这位老师插入的即时资源，对《终南望余雪》教学作了很好的情境烘托与铺垫，同时也极大地激发了学生的学习兴趣，鼓励了同学们在大自然中、在校园里主动发现美的热情，把语文学习由课堂内延伸到课外，并掀起了一个在课堂外寻找美、鉴赏美、感受美、表达美，获得审美体验的新高潮。

美能启真，美能导善，美能移情，美能怡性。只要我们在语文教学中认真发掘美的元素，用美吸引学生，用美感染学生，用美陶冶学生，那么语文教学将会是别开生面的。作为语文教师，应在教学中努力提高学生的审美素养，将审美教育与综合实践活动有机结合起来，让语文课堂教学充满灵动的美丽，让诗意栖息在语文教学的园地。

“双减”背景下小学语文大单元作业设计理念与实现路径

随着社会的进步和教育发展的需求，我国教育改革已经取得了显著的成果。其中，“双减”政策是当前教育改革的重要内容之一。该政策旨在减轻学生的学业负担，提高学生的素质教育水平。作为语文教育的重要组成部分，语文作业设计在实践中承担着重要的教育功能。然而，在“双减”政策的要求下，如何优化语文作业的设计，提高学生语文素养成为一个亟待解决的问题。

一、基于“双减”政策的语文作业设计理念

“双减”政策的理念是减负，因此，语文作业设计应考虑合理的作业量，避免过多的作业带来的学习压力。作业内容应根据学生的年龄特点和学习能力来确定，注重培养学生的自主学习能力和探究精神。不同年级、不同学生的学习能力各不相同，因此应根据学生的实际情况来确定作业的数量和难度。作业的时间也要恰到好处，不能过长或过短。合理的作业时间安排能够帮助学生更好地掌握知识，避免焦虑和疲劳情绪的产生。重复性过高的作业容易使学生失去学习的动力和兴趣，从而降低学习效果。因此，教师可以选择更有挑战性和启发性的作业题目，注重培养学生的创造性思维和解决问题的能力。例如，可以通过设计开放性的问题或情境，在作业中鼓励学生发挥自己的想象力，提高他们的思辨能力和表达能力。语文作业设计应注重培养学生的综合语文能力，而非简单地识记和模仿。作业题目可以设计一些开放性的问题，鼓励学生进行思考、归纳总结和创作。

二、实现小学语文大单元作业设计的路径

（一）设计多样化的作业形式

教师应不拘泥于传统的书面作业形式，引入口头表达、绘画、模仿表演、小组合作等多种形式。以人教版五年级上册第一单元“我爱读书”主题为例，教师可以结合大单元设计理念安排经典诗文阅读作业，通过多样化作业设计培养他们的阅读兴趣。教师可以选取经典且适合五年级学生阅读的诗歌和文言文，如《静夜思》《白雪歌送武判官归京》等。教师可以提前预习并挑选出与“我爱读书”主题相关的诗歌和文言文，确保内容能够引发学生的兴趣和思考。除传统的书面作业外，可以设计创意性的作业形式，如配乐、绘画等。比如，可以让学生选择自己最喜欢的诗句，并根据诗句绘制相关的图片，再用配乐进行表演。这样的设计可以激发学生的创造力，并增加他们对诗歌和文言文的理解和关注度。通过以上的作业设计方案，可以培养学生阅读经典诗文的兴趣与能力。通过多样化的作业形式和任务设置，学生可以更好地理解、欣赏和感受经典诗文的魅力，提高自己的阅读水平和文学素养。

（二）考虑学生的实际情况

在作业设计过程中，要充分考虑学生的年龄特点、学习能力和兴趣爱好。在进行小学语文大单元作业设计时，教师应该根据学生的实际情况设置适当的作业量和难度。这样做不仅可以避免学生负担过重，还能够激发学生的学习兴趣，并帮助他们巩固和应用所学知识。对于高年级的学生来说，他们的学习能力和独立思考能力已经有所提高。在设置作业时，可以采用一些拓展性的题目，鼓励他们进行自主研究和创作。比如，给予学生一个开放性的主题，让他们自行搜集相关资料并进行写作或口头表达，培养他们的独立思考和创造能力。教师在进行小学语文大单元作业设计时，还应注重作业的巩固性和应用性。作业内容要紧密联系

教材中的知识点，通过练习巩固所学的知识，同时，也要引导学生将所学的知识应用到实际生活中，培养他们的实际运用能力。这样，才能真正实现优化作业设计的目标，提高学生的学习效果和综合能力。

（三）定期评估反馈语文作业

教师应及时对学生完成的作业进行评估和反馈，以帮助他们发现自己的问题，弥补不足之处，并激励他们进一步提高。评估过程可以采用多种方式，如口头评价、写作评价、同学评价等。以人教版五年级下册第七单元“作者笔下的人”大单元作业设计为例，教师需要评估反馈学生作业情况，采取多样化评价方式帮助学生提高写作能力。教师可以对学生的作文进行详细的批改和评分，在作文上标注出学生的亮点和不足之处，包括语言表达、逻辑清晰度、文法运用等方面的问题。同时，可以给出具体的建议和指导，指出如何改进和提高。教师可以组织学生进行小组或全班讨论，让学生相互展示自己的写作成果，并提供反馈和建议。通过互动交流，可以帮助学生发现自身的问题，并从同学的意见中获取启发，明确改进方向。除了教师的评价，还可以让学生之间相互评价对方的作品。教师可以提供评价指标和方法，引导学生在互相尊重和友好的氛围中完成评价。这种评价方式有助于学生更加客观地认识自己的优点和不足，并从他人的评价中获取反馈和建议。教师还可以鼓励学生进行自我评价，让他们对自己的作文进行审视和评价。学生可以思考自己的写作意图、语言表达的流畅度、文章结构的合理性等方面，并给出针对性的改进措施。这样的评价方式能够培养学生的自我意识和批判性思维，提高他们对自身写作能力的认知。这些多样化的评价方式可以帮助教师全面了解学生的写作水平和问题所在。同时，也能让学生得到具体的反馈和指导，从而有针对性地改进和提高自己的写作能力。教师应根据学生的特点和需求选择适合的评价方式，并及时反馈给学生，帮助他们进一步发展和成长。在评价的过程中，教师要注意给予鼓励和肯定，让学生保持积极的学习态度和动力，不断追求进步和突破。

三、结论

综上所述，在当前教育改革的背景下，“双减”政策对于语文作业设计提出了新的要求。通过优化语文作业的设计，符合“双减”政策的要求，可以提高学生的语文素养和学习效果。为了实现这一 目标，教师需要坚持减负，减重复、机械性的理念，并在实践中积极探索适合学生发展需求的作业设计路径。通过未来的研究工作，可以进一步提升语文作业的质量，促进学生全面发展和教育质量的提高。

（2023 年 11 月发表在《双语教育研究》）

阅读教学中的个性化评价

《义务教育语文课程标准》对阅读教学提出了全新的理念，“阅读是学生的个性化行为。阅读教学应引导学生钻研文本，在主动积极的思维和情感活动中，加深理解和体验，有所感悟和思考，受到情感熏陶，获得思想启迪，享受审美乐趣。”

个性化阅读教学，以实现师生的个性化可持续发展为目的，提倡学生自主阅读，平等合作，发展个性，着力在目标、方式、过程等方面实现个性化，让学生在课堂上充分展现个性魅力。笔者观摩了大量课堂，对阅读教学中如何实施个性化评价进行了研究、思索，特提出以下几点看法。

一、多元评价拒绝唯一标准，充分关注学生生命的个性化

在语文课堂教学中，学生作为阅读的主体，必定会带着自己原有的知识、经验以及独特的感悟参与课堂交流，从而使语文课堂教学呈现出生成性和丰富性的特点。

记得有这样一个教学案例，在小学低年级课堂上，一位年轻教师教学《狐狸和乌鸦》，教师引导学生绘声绘色地朗读、表演，最后要求学生对课文中的狐狸和乌鸦的言行进行评价，“在你们的眼里狐狸是怎样的？乌鸦又是怎样的？”学生们纷纷指责狐狸狡猾、卑鄙，为了骗取乌鸦的肉不择手段。最后有位男生的发言出人意料：“老师，我觉得狐狸很聪明，遇事善于动脑筋，而乌鸦太虚荣了，别人才夸奖她两句，她就沉不住气了。”这位学生与众不同的见解，显示出其难能可贵的阅读个性。遗憾的是，这位年轻教师却是这样评价道：“你的想法是够奇特的，但狐狸终究是通过非法的手段才取得成功的，因此是不可取的。”教师这种欠缺包容、支持的评价常常会使学生因独特的阅读个性而陷入困境。

因此，教师的评价必须个性化，拒绝“唯一标准”，鼓励学生畅所欲言，充分发表自己的观点。在讨论交流中，教师要仔细聆听，对于精彩的发言决不吝啬赞许与鼓励，同时应努力淡化学生之间的相互比较，引导学生看到他人之长，学会较为客观地评价自己的理解，并能以宽容的心态评价他人的阅读能力及表现。在实施评价时，要努力营造轻松和谐的课堂氛围，鼓励学生个性化解读，自由表达，使其获得愉悦的心理体验，感受到思维劳动本身的乐趣。

二、延时评价给学生留足思考的余地、想象的空间

在阅读教学中对于评价时间、尺度的把握是很重要的，即兴的评价固然能够及时和学生个体进行交流，但是缺乏深思熟虑的评价也容易产生草率、片面的问题，容易挫伤学生的自尊心，更重要的是会在其他学生心中形成思维定式，从而抑制大部分学生的思维。

在课堂教学中，我们常常见到有教师为了充分调动学生思维的积极性，对于第一位学生的发言赞赏有加，“你真是太聪明了，比老师想得还要好……”然而随着教师的这一声评价，所有学生的思维活动戛然而止，因为所谓的标准答案已经产生了。此时学生往往为了得到教师最好的评价，会努力去迎合教师的答案。而且在课堂实践中，我们也常常看到这样的现象：一个问题提出，一两个学生答到了点子上，教师就认为大家全都理解了，以个别优等生的思维替代全体学生的思维，这势必会让大部分学生养成思维的惰性。

这个时候延缓评价，才是明智的决定，能起到调动学生学习积极性、呵护学生个性发展的作用。因此在语文课堂教学中，教师对学生讨论交流的话题，不应立即给予肯定或是否定的评价，而应以鼓励的语言，给更多学生的想象力腾出“驰骋的空间”，让学生畅所欲言，充分表达。只有这样，学生的思维才能得到更有效的训练。也只有这样，学生才能真正成为教育的主体，成为获取知识的主动参与者。

三、发展性评价珍视学生独特的感受，使其个性得到张扬

语文课堂不仅传播知识、培养能力，更传递着人的情感。学生对课文的感悟有着极大的个体性、差异性。教师应珍视学生的独特感受，给学生以充分的心灵自由。学生只要能在自己原有的水平上有所发展，就可以得到良好的评价，这样的课堂会更有生命力。对于那些语言能力、理解能力发展较缓慢或性格较为内向的学生，当其发言受阻、感到困窘的时候，教师和同学应给予热情的鼓励和帮助，允许其“再想想”“慢点儿说”，使之有勇气展现独特思维。

只有经过这样长期的训练，学生的言语表达能力才能得到锻炼，阅读理解能力才能得到提高，学生的思维才会更加活跃，个性才会得到张扬。

四、相互评价创造民主的氛围，激起智慧的火花

实施个性化评价，要让每位学生真实地展示学习的原生态，体现学习的过程。必要时教师要闪到一旁，认真倾听学生的交流。在交流中，学生之间的各种想法会自由碰撞，激起智慧的火花。当学生对他人的结论提出异议时，教师更应与学生共同切磋，引导学生做进一步思考，充分展示学生的真实学情。

如情智课堂的领军人物孙双金就非常善于创设民主课堂，并能敏锐地捕捉到学生的思维冲突点，激起学生智慧的火花。孙老师上的《二泉映月》曾让学生热泪盈眶，给我们留下了深刻的印象。这堂课成功的关键就在于教师引导学生发现课文中的矛盾冲突：一个中秋之夜，小阿炳随师父到二泉边赏月，师父问他听到什么，他说除了水声什么也没有听到。师父说，你还小，等你长大了，就能听到许多奇妙的声音。阿炳长大之后，双目失明。又是一个中秋之夜，他来到二泉边，却听到了叹息、哭泣、倾诉、呐喊，唯独没有听到奇妙的声音。“是阿炳的师父说错了吗？”带着这个问题，学生展开了讨论并走进了阿炳的精神世界。为什么阿炳没有听到奇妙的声音，反而听到的是叹息、哭泣、倾诉、呐喊呢？有学

生说，因为双目失明后，阿炳再也看不到世界上所有的东西了，他心里一定很难过，所以他会叹息；有学生说，阿炳有着悲惨的遭遇，然而在那样一个社会，没有人理会他，因此他会伤心地哭泣；还有学生说，尽管命运对阿炳极其不公，但他没有被苦难打倒，因为他还在用颤抖的手演奏他挚爱的音乐；也有学生说，他之所以没有被悲惨的命运击垮是因为他热爱音乐，他是为音乐而生的。

通过学生七嘴八舌的发言，不难看出同学们已经理解了阿炳人性中最光明的东西——跟命运抗争、扼住命运的喉咙去创造世间最美妙的音乐。这个案例中教师一直鼓励学生畅所欲言，直到学生的发散思维达到水到渠成的时候，才适当给予点拨，给予评价，从而达到画龙点睛的效果。

总之，个性化评价倡导更多赞许、包容，是学生发展阅读能力、张扬良好阅读个性的有力保障。在个性化阅读教学中实现评价个性化，能够以评价促发展，点燃学生的阅读热情。而评价方式的多元化，能促使学生与文本深度对话，给学生提供个性化解读、自由表达的机会。教师巧妙灵活地运用多种评价手段，能促进学生全面、和谐、持续地发展，让其体验收获、体验自信。

（2014 年发表在《教学月刊．小学版／语文》）

长文短教——以《画杨桃》教学为例

“长文短教”是一种从提高课堂效率出发，克服面面俱到的弊端，紧紧围绕教学目标，充分利用教材，简化教学过程，致力于学生语文素养整体提升的教学方式。它的关键在于精准把握教学目标，找准教学切入点，用适当的教学方法，实现学生、教师、文本及编者四者之间平等对话。那么如何实现小学语文低段精读课文长文短教呢？

下面以统编版二年级下册第五单元《画杨桃》为例，本单元围绕“办法”这个主题编排了《寓言二则》《画杨桃》《小马过河》三篇课文。有古代寓言故事，也有现代学生生活故事和童话故事；有人物，也有动物。每个故事都寄寓了深刻的道理。《画杨桃》这个故事取材儿童的真实生活，贴近儿童心理，内容鲜活有趣，语言生动活泼。学生阅读课文，既能发展语言能力，又能受到启发和教育。教学时，笔者紧扣本单元训练目标“根据课文内容，谈谈简单看法；引导学生理解故事中对话的语气”，展开“长文短教”教学尝试。

一、创设情景复习旧知归类识字

教学伊始，笔者引导学生回顾旧知识，谈谈学习《寓言二则》的收获和体会，然后再围绕“收获”，顺理成章过渡到本课《画杨桃》上。随后，笔者创设“水果派对”识字读词情境，开展字词教学，并突出重点。本课需认读的字中以平翘舌音居多，可归类认读，如“室、审、晌”声母都是 sh。强调“诲”字是四声，不能误读为三声。多音字“倒”，可先指导学生在“倒不如”中读 dào，再联系生活实际，适当拓展词语。同时适当引导学生总结规律，比如，一般表示上下颠倒，方向相反或者意思转折时，读 dào；表示立着的东西横躺下来时，读 dǎo。

鼓励学生运用学过的识字方法识记字形，了解字义。

本着“字不离词，词不离句，句不离篇”的原则，也为了更好地节约教学时间，将大部分的字词放入文中进行随文识字，通过“解字义再组词”的方式，拓展课后“读一读 记一记”的几个词，从而落实字词学习。

二、借助插图关键信息整体感知

借助插图和关键信息，了解课文内容是培养学生概括能力的一种重要方法。这一方法在整个二年级都有所涉及，如二上第六单元《大禹治水》课后习题“根据句子的提示讲一讲大禹治水的故事”，再如二下第六课《千人糕》课后习题“借助插图说说米糕的制作过程”。

《画杨桃》这篇课文中，我们也可以借助插图和关键信息来概括课文内容。首先，我们来找一下关键信息。课文中出现了很多人物，包括“我”、老师、同学们，其中“我”是主要的叙述者。在“我”的叙述中，我们了解到老师在图画课上要求我们画杨桃，“我”根据自己看到的，把杨桃画成五角星的样子，遭到大家的嘲笑，后来在老师的启发下，同学们真切地感悟到从不同的角度看杨桃，结果的确不一样。而老师则通过自己的言行，教导我们在看问题时要实事求是，要站在不同的角度去看一看，想一想，不可盲目作出评价。

我们再来看一下插图。插图上画的是“我”坐在课桌旁画画，老师和同学们围在桌子前观察画面。这幅插图可以帮助学生更好地理解课文中描述的场景和人物关系。

同时，在整体感知环节，教师还可以准备杨桃或杨桃模型以及图片等资料，引导学生从正面、侧面观察，亲身体验观察的角度不同，看到的结果也就不一样，通过建立支架，帮助学生直观地理解，从而更好感知文章主要内容。

三、直击重点对话片段读出语气

本课的人物对话较多，细致描写了人物的语言、动作、神情，能准确展现出人物内心世界。如老师的神态由严肃到和颜悦色，老师的话语通俗易懂，让人体会到老师的和蔼可亲、循循善诱。

教学中，老师重点指导学生借助标点，人物神态、动作等进行朗读训练。如“我”的画交出去的时候，几个同学“哈哈大笑”，嘲笑“我”。“杨桃是这个样子的吗？”这句话，要带着反问、指责的语气朗读。再如“好——笑！”句中的破折号表示语气延长，要引导学生故意拖长语音，嘲笑“我”。

这篇课文中人物对话文字不长，但很多地方省略了说话人和说话时的动作、神态，要想掌握对话的语气有一定难度。教学时，教师可通过引导学生联系上下文，在反复朗读和自己添加提示语的基础上，走进人物内心世界，体会人物说话时的心情，读好对话的语气。如下面这段对话：

“现在你看看那杨桃，像你平时看到的杨桃吗？”（老师提高嗓门大声地说）。

“不……像。”（同学们吞吞吐吐地回答）。

“那么，像什么呢？”（老师继续急切地追问）。

“像……五……五角星。”（同学们结结巴巴地说）。

四、结合生活经验独立思考表达

课文结尾处老师说，“大家发现了吗？看的角度不同，杨桃的样子也就不一样。当我们看见别人把杨桃画成五角星的时候，不要忙着发笑，要看看人家是从什么角度看的。”这句话是理解全文的难点。因此，教学的后半段，应回归到单元教学重点中去——“根据课文内容，谈谈简单看法”。

教学时，执教者要像文中老师一样，循循善诱，引导学生从“画杨桃”这件事中谈收获与启发。教师可从下列角度进行引导：一是从不同角度看杨桃，样子是不一样的；二是要学会换位思考，站在别人的角度看问题，也许别人想的、说的、做的都是正确的，我们不能随便嘲笑别人……

同时，老师可以继续引导学生联系自己的生活实际，思考自己在日常生活中是否也曾经有过类似的经历，结合自己的生活实际谈收获和体会。同时还可引导学生联系课外古诗词，如苏轼的《题西林壁》“横看成岭侧成峰，远近高低各不同”等诗句以及学过的相关课文进行拓展理解，发散学生思维，落实单元训练目标。

总之，要实现长文短教，需要教师在教学过程中明确教学目标、紧抓教学重点、优化教学方法、精心设计教学过程以及适当拓展延伸。只有这样，才能帮助学生更好地掌握知识和技能，提高教学质量和效果，从而达到全面提升学生语文核心素养。

（2024 年 1 月发表在《湖北教育》）

点燃孩子的写作热情

对于学生习作，叶圣陶先生指出："要写出诚实的话，非由衷之言不发，非真情实感不写。" 2022版《义务教育语文课程标准》也提出"懂得写作是为了自我表达和与人交流。"因此我们应鼓励学生说真话，说实话，说心里话。由此说明，小学生习作须秉持"珍视个人的独特感受""我手写我心"的主旨，作为教师要引导学生热爱生活，关注生活。只有贴近学生生活实际的习作，孩子们才易于动笔，乐于表达。

让习作成为儿童抒发个性情感的最自由的天地，让他们通过习作把自己生活中、学习中的喜怒哀乐、酸甜苦辣真切自然地表达出来。

（一）

我曾经教过一个学生"小胖墩"，聪明可爱，平常能说会道，可是每当写作文就犯难了，抓耳挠腮，愁眉不展。

问其原因，了解到他每次写作文，最大的问题是不知道该写什么——"巧妇难为无米之炊"。

我告诉他写作文其实一点都不难，理论上讲"会说话就会写作文"，只要留心观察，善于积累习作素材，生活中并不起眼的事物，微不足道的小事，一样可以妙笔生花。

"小胖墩"听了我的话似懂非懂，但从他的眼神中看到了希望。从那天起，他坚持每天记录所见所闻，所思所想，哪怕只写一句话，我都会大张旗鼓地表扬。

（二）

有一次，"小胖墩"坐公交车，身上没有带钱，别人帮他垫付了一元钱，他很感激，及时写下了一篇作文《一元钱》，内容真实，写出了真情实感，后来被推荐发表在小学生作文杂志上了。

这次成功的体验，大大激发了他的写作热情。爸妈到外地做生意，他在学校住读，把对父母的思念化作文字，写下了“我坐在斜阳的余晖里，想起了妈妈温暖的怀抱”的句子，令人感动。

当得知在钓鱼岛附近海域日本扣我国渔船，关押渔民事件，他写下了《心愿》“我希望自己以后做一名士兵，保卫祖国……”

我们班像“小胖墩”这样由恐惧、排斥到接受，甚至爱上写作的例子，比比皆是。

（三）

我的习作教学目标是“力求让每一个孩子，都能在原有写作水平基础上得到提高”。为了激发同学们的写作热情，我们班成立了多个习作兴趣小组。除了认真落实好单元习作外，还在全班开展了“接力作文”活动，即五人成立一个习作小组，每天轮换，每周进行一次评比，评出优秀习作小组和个人。我还鼓励那些擅长写作的同学，参与班级纪实小说《我们班的那些事儿》的创作，并在班级博客中连载，同时还创办了班级习作专刊，定期出版，给孩子们提供交流与展示的平台。这些活动，让孩子们尝到了写作的甜头，享受到了写作的快乐。

只要我们点燃了孩子们的写作热情，永远用赏识的态度对待他们，让童心自由飞翔，让真情自然流淌，我们会发现孩子们会渐渐爱上写作。

童言文心，真我少年

2023 年 12 月，本人有幸参加第 39 届楚才写作大会的评审工作。此次我评改的是小学三四年级的第一个题目：该起床了 / 该睡觉了。总的来说，这个题目非常贴近学生的生活，其背后也隐含着命题者对千千万万普通家庭酸甜苦辣育儿过程的关照。因为在日常的生活场景中，这两句话也常常成为父母在家中的口头禅，孩子们对此感触也很深，因此他们有话可说，更容易情动而辞发。

首先谈一下关于习作的内容与主题。在评审的过程中，我特别关注孩子们如何通过作文表达真实情感。很多孩子非常鲜活地再现了生活场景。比如，有的孩子真实再现了自己放学回家，完成作业的场景，甚至不惜自曝故意拖延时间，逃避作业，晚上偷偷摸摸看书。总之，很多孩子都有晚上不肯睡觉，早上不想起床的经历。将近一半的孩子都能重点描写自己围绕“起床”和“睡觉”这两个话题，与家长斗智斗勇的场面，大量细节和真实场景的塑造，让人身临其境，感同身受。更难能可贵的是，有很多孩子最后能落脚到“对自己、对时间的规划”，“对父母的理解”，更有甚者能上升到“对亲情的感悟”，表达出真情实感。

再谈关于习作语言的表达与运用。在语言的表达运用上，我比较倾向于简洁而生动的表达方式，过于复杂的句子结构或难懂的词汇对小学生来说并不合适，因此我们应该鼓励孩子不要过分追求华丽的辞藻，进而提倡孩子们用自己的话来表达感受，保持真实和自然。同时，也要注意培养孩子们对语言的敏感性和审美能力，让他们学会如何用恰当而生动的语言来表达自己的思想和情感。

最后谈关于习作的创意与原创性。三四年级的孩子正值九、十岁“嫌死狗”的年龄，但我们不得不承认，这个年龄段的孩子通常充满想象力和创造力。我发现那些最吸引人的作品往往是出于孩子自己的独特想法，而不是成人世界的复制品。例如，有些孩子从宠物的视角来写“该起床了”，既新颖又富有趣味性；有些孩子真实还原了上初三、高三的哥哥姐姐睡觉、起床的场景，在作文中表现哥哥姐姐面对升学的压力，深感现实的无奈，同时站在自己的视角，表现对哥哥姐姐的关心与同情，这样的作文立意和构思常常给人感觉耳目一新。未来社会呼吁创新人才的培养，因此我们应鼓励孩子尽可能发挥自己的想象，创作出独一无二的作品。评审过程中，我深感创新思维和多样化的表达对于孩子写作的重要性。我们应鼓励孩子走出传统思维的框架，尝试不同的写作风格和表达方式。例如，可以通过编写童话或者故事串联等多种方式来展开主题，这样不仅能够激发孩子的创造力，也能增加作文的趣味性和吸引力。

总的来说，作为评审，我不仅从孩子的作品中感受到了无限的可能，也对如何更好地引导和激发孩子的写作潜能有了更深的认识。这次楚才杯作文竞赛不仅是对孩子们写作能力的一次考验，也是对他们创造力和想象力的一次展示。我认为未来在指导孩子的写作时，应更多关注他们的思维发展和个性表达。鼓励孩子勇于表达自己的想法，即使这些想法可能与众不同。未来，我希望能看到更多富有创造性、紧扣主题、情感真挚的作品，这不仅是对孩子的期待，也是对我们教育方法和引导能力的一种挑战。

（2024 年 1 月 2 日发表在《楚才报》）

爱上阅读的N个理由

阅读是读者利用语言获取信息、了解世界、发展思维、获得审美经验和知识的活动。

阅读是理解、吸收、欣赏、评价和探索文本的思维过程，因此阅读也是一种高阶思维。

记得有一首歌，开头是这样唱的，“莫名我就喜欢你，深深地爱上你，没有理由，没有原因……”爱上阅读，需要理由吗？回答是肯定的。阅读是一个主动的过程，由读者根据不同的目的进行调控，以陶冶情操，提高修养。阅读可以改变思想，获得知识，也可能会改变命运。

古往今来，读书人寒窗苦读的例子不胜枚举。囊萤映雪的故事可谓家喻户晓，“车胤恭勤不倦，博学多通。家贫不常得油，夏月则练囊盛数十萤火以照书。”“孙康家贫，常映雪读书。”唐李密贫寒，乘牛挂书于角上，边行边读书，终成大器。三国吕蒙虽为一武将，受吴主孙权点化，遂文武兼修，留下手不释卷的佳话。至圣孔子晚年读《周易》，因翻动次数过多，竟使穿竹简的皮带断了好几次。孔子一生大部分时间周游列国，随身携带的物品主要是书，因此催生了一句歇后语“孔夫子搬家——尽是书（输）”。

习近平总书记在二十大报告中明确提出要“深化全民阅读活动”，可见推广全民阅读已经被纳入教育强国战略高度。

“要把开展读书活动作为一件大事来抓，引导学生爱读书、读好书、善读书。”这是教育部党组书记、部长怀进鹏在安排2023年全国教育工作会议时所重点指出的。教育部部长掷地有声地提出要把读书活动作为一件大事来抓，为学校推进阅读工作提供动力和保障。

新华社北京2022年4月23日电，第十九次全国国民阅读调查结果当天在京发布。调查显示，2021年我国成年国民包括书报刊和数字出版物在内的各种媒介的综合阅读率为 86.6%，人均纸质图书阅读量为 4.76 本，人均电子阅读量为 3.30 本，较上年增长 0.3 个百分点。值得一提的是，调查还显示，2021 年我国 0 ～ 17 周岁未成年人图书阅读率为 83.9%，人均图书阅读量为 10.93 本。未成年人阅读情况持续向好。

《人民教育出版社》小学语文教材总编温儒敏先生讲，统编版语文教材是“专治”不读书的，意思是这套教材回归“读书为本”，重视拓展阅读面，学习不同类型的阅读方法。值得一提的是，小学统编版教材每个单元都设置了“快乐读书吧”引导学生读童话、故事、小说等书；初中设置了“名著导读”，三年要求读 12 本名著，另外还提供自主选择阅读的 24 本名著书目。

为何我们要如此重视“整本书阅读”？一是让学生相对完整地接触一些经典原著，给人生发展“打底子”；二是有意针对网络阅读带来的“碎片化”“浅阅读”倾向，让学生回归完整健全的阅读，培养良好的阅读习惯；三是“读书养性”，用“整本书阅读”来“磨性子”，培育毅力，涵养心智，祛除浮躁。

但无论如何，教材的容量毕竟有限，我们一定要让学生从教材和课堂教学拓展出去，扩大读书面和阅读量，而推动师生阅读活动语文教师责无旁贷。并且我们要颠覆过去“课外阅读，课外落实”的观念，因为往往课外落实，最后都会变成一句空话，根本无法落实。作为语文教师要有意识将课外阅读引入课内，把阅读课排进课表，引导学生读“大部头”的书，读整本书。同时班级内要开展好书推介，名著导读，读书分享等多种形式的读书交流活动，落实并推进中小学生课外阅读。

“让校园的每一个角落都氤氲着书香的气息，每一位师生都在书香的浸润下成长。”创建“书香校园”一直是华师一光谷汤逊湖学校长期以来的办学愿景之一。

为积极落实“双减”政策，努力提高课后服务水平，我校坚持打造多元开放的课程，全力构建以“格物致知”为旨归的“源”之“致知课程”体系。

根据师生阅读需求，我校在原有藏书室、阅览室的基础上，又在教学楼设置了两处书吧，安装了三台电子阅读机，先后修建了“慧源书城”“问源书阁”，拓展阅读空间近千平方米，把阅读课真正纳入课表，形成特色校本课程。

同时学校各年级均成立了多个阅读写作社团，把阅读课程延伸到课后服务中。学校为了培养更多的阅读爱好者和写作人才，先后与《中国少年报》《帅作文》合作，在学校设立记者站，成为“楚才写作教育基地学校”，并定期邀请儿童文学作家、诗人等“名家进校园”，为全校师生带来了充满灵动诗意的课堂和讲座。

我校依托每年一次的传统活动“爱源读书节”，开展丰富多彩的读书活动。在第三届“爱源读书节”活动中，小学部四千余名师生依托“朗读亭”平台开展诵读大赛，点赞和关注达到几十万人次，获得很好的社会反响；排演的经典诵读作品《吟春月，颂英烈》收到了武汉广播电台的录播邀请，并参与了《家在武汉欢动世界——武汉中外青少年艺术电视大赛》的录制，节目在武汉电视台三套顺利播出，获得好评。

2021 年 4 月 23 日，世界读书节到来之际，我校被东湖高新区工委授予“十大阅读基地”称号，师生阅读活动收获了丰硕的成果，极大地丰富了师生的精神生活，并引领师生阅读成长。

本人作为一位从教二十余年的语文教师，一直坚持认为学习语文必须要在读书上下功夫，只要让孩子们爱上了阅读，没有学不好语文的。

因此，每当有家长向我请教学好语文的妙招时，我都会告诉他们，想学好语文没有捷径可循，唯有把孩子引到“好读书，读好书”的正道上来，家长可以多陪孩子一起逛逛书店，和孩子一起共读一本书，给孩子讲一讲古今中外名人好学的故事，让他们感受中国博大精深的文化底蕴，激发他们阅读的兴趣。

来到华师一光谷汤逊湖学校后，本人连续几年都承担了六年级各班每周一节的阅读课，为阅读的推广与落实尽绵薄之力。

最近，我布置了一篇随笔《爱上阅读的 N 个理由》，得到了同学们的积极响应，现摘录几段，与诸君共赏。

在生命中也许有很多帮助我们的人，有给我们提供衣食的父母，有教给我们知识的师长，也有为我们两肋插刀的朋友……但最重要的，也终将陪伴我一生的伙伴是书籍。

阅读可以开阔我们的眼界，让我们穿越时空，感受不一样的生活。阅读可以提高写作能力。“博观而约取，厚积而薄发”，多读书，我们的写作水平就会在不知不觉中得到提高。阅读可以提高表达能力，在阅读中，脑海里总会不经意记住一些优美的词句，这样表达时就可以派上用场。

——606 班 余奕冉

读书让我大饱眼福。读书时，我的脑海经常会浮现各种画面，令人垂涎的美食，仿佛香气已扑鼻而来，让人忍不住要流口水；美丽如诗的风景，仿佛自己已置身于山水之间，让人忍不住诗兴大发；形形色色的卡通人物，仿佛自己已化身其中的一员，与他们同呼吸，共命运……

——606 班 彭汖涞

万千书卷里，有诗和远方，也有三餐四季，悲欢离愁。步履再匆匆，生活再繁忙，也不妨挤出一些时间捧卷而读。今天似乎事事皆可快餐化，可要想以书为梯，看到更广阔的世界，静心阅读是唯一出路。

书读多了，容颜自然改变，许多时候自己可能认为看过的书籍都成了过眼云烟，不复记忆，其实他们并没有远走，而是潜藏在你的气质中，谈吐上，胸襟里，当然也可能显露在生活中，为你的生活增光添彩。

多读书并非为了雄辩和驳斥，而是在碰到问题的时候，自己可以多一些思考和权衡，少一些盲从和轻信。

严歌苓讲过：“读书不仅是为了让人获得世俗意义上的功成名就，而是为了让人的精神世界得以充实和丰富起来。”读书可以增长知识，脱离平庸。

——607 班 廖歆瑞

学校本是一个最好的读书场所，曾几何时，教育的功利已将读书的殿堂异化成了照本宣科，大量刷题，反复考试的名利场。既让教育走进了死胡同，又让最该多读书、爱读书、读好书、善读书的孩子失去了很多阅读机会，错过了最佳读书季节，湮没了他们应有的生命光彩和幸福。

如今，教育部提出“把开展读书活动作为一件大事来抓”，令我们这些基础教育工作者备受鼓舞，营造书香校园，让浓郁的书香在校园弥漫荡漾，愿每一位教师都成为全民阅读的积极推动者，愿每一个孩子都在书香的沐浴下健康、快乐地成长。

唤醒儿童的“诗心”

中国是一个有着悠久历史的国度，在五千年沧海桑田，斗转星移中留下了光辉灿烂的文化，而诗歌是文学殿堂皇冠中最璀璨的明珠，从《诗经》“关关雎鸠，在河之洲，窈窕淑女，君子好逑”，到宋代秦观“自在飞花轻似梦，无边丝雨细如愁”，再到五四新文化运动新体诗中“最是那一低头的温柔，像一朵水莲花不胜凉风的娇羞”，历代文人墨客留下了浩如烟海的诗歌作品。

诗歌是一种抒情言志的文学体裁，它沉淀的是语言的精华、智慧的结晶、思想的花朵、情绪的珍珠。难怪，宋代严沧浪《诗话》云：“诗者，吟咏性情也。”

我为孩子们的第一本诗集作序

童年是一首歌，旋律中跳动着快乐的音符；童年是一幅画，画卷中描绘着多彩的岁月；童年是一首诗，字里行间充满了梦想与坚持。

儿童是天生的诗人，童年的生活多姿多彩，如诗如画。有时我们会仰望苍穹，那闪着诱人光芒的北斗星给了我们无尽的想象；有时我们会久久回味，只为了朋友的一句温暖的话语；有时我们会疯狂呐喊，只因运动场上飞奔的身影……

童年的诗，让我们敞开心扉去畅谈理想，启迪一个又一个懵懂幼稚的心灵。

孩子们，作为你们的老师，我感到特别的自豪！通过你们还略显稚嫩的笔触，我能触摸到你们无邪的童心，感受到你们横溢的才华。在你们的诗里我能读到四季的更迭，缤纷的校园，童年的趣事，能够感受你们的喜怒哀乐和血浓于水的亲情……

终有一天，你们会长大，当你们再次读起小伙伴们的作品，你一定会从内心露出会心的笑容，童年的故事会一幕幕重现在你的脑海，你会发现逝去的仅仅只是时光，留下的是甜蜜的回忆……

写在执教现代诗歌《想象》之后

记得那是一次常规视导课，区教研员要下校听课，学校安排我上迎检课，按照正常教学进度，我正好上到六年级上册第六单元的第一篇课文《想象》(鄂教版)。

这是一首现代诗，诗人通过丰富的想象和联想，用自然清新的语言，和谐优美的韵律，表达了纯真的理想。

说实在的，在初读这首诗后，我心里一点底也没有，虽说当时自己已经从教十余年，可在现代诗歌的教学上，依然知之甚少，没有太多经验。

同事们也都劝我换篇课文，可我心想，作为一名成熟的语文教师，应该不惧怕任何课型，权且把这首现代诗教学当作对自己的一次挑战吧！

确定课题后，我首先上网收集资料，借鉴同仁们所积累的现代诗歌教学的经验。虽说并没有找到太多现成资料，但我读到了这样一段文字“儿童时期是形象思维发展的最佳时期，爱想象是儿童的天性。儿童诗的教学可以极大地丰富孩子的想象力，培养孩子敏锐的观察力和创造力。”读到这里，我对上好这首现代诗歌课的勇气大增。

通过再三研读文本，我厘清了教学思路。决定首先通过对比了解现代诗与古诗的异同入手，让学生对现代诗有一个初步的认识。现节选开课导入部分实录如下：

师：你们知道诗歌最早起源于哪个国家吗？

生：中国

师：说得不错，你是怎么知道的呢？

生：猜的！（众笑）

师：你们知道我国现存最早的一部记载诗的典籍吗？

生 1：是不是《诗经》啊！

生 2：我还知道《诗经》写于春秋战国时期，距今天已经有两千多年了！

师：大家刚才说得都不错，通过刚才的交流，我们知道了中国是诗的国度，诗起源于先秦，盛于唐朝。但我们刚才说的都是古体诗，在 1919 年五四新文化运动以后，出现了新诗又称为？

生齐：现代诗

师：你们能说说古诗与现代诗的区别吗？

生 1：古诗有严格的格律字数一般都有限制，而现代形式自由没有字数限制。

生 2：古诗一般都为五言，七言，四句或八句，而现代诗讲究分节。

生 3：古诗一般讲究押韵，而现代诗不做硬性要求。

在引导学生完成对课文的整体感知后，我继续提问，“请同学们想想诗中写了哪些奇特的想象，请用笔划出关键词。”

通过交流，学生找到了这些关键词语：天空、云彩、风、阳光、四季、大人、微笑、国境线、战争、炮声、和平鸽、橄榄枝。我即刻板书这些词语，引导学生发现这些词语的规律，进行分类。

自然生活：天空、云彩、风、阳光、四季。

人类生活：大人、微笑、国境线、战争、炮声、和平鸽、橄榄枝。

由此理清课文思路，前三节是写想象中的自然生活。第四五节写的是人们的生活，表达了诗人向往自由和平的美好心愿。最后一节写出了想象中的世界。

理清诗的结构后，我通过抓关键词，指导学生分层次、有感情地朗读课文，操作步骤如下：学生自由练读——指名试读——示范指导——再有感情朗读。

为了更好熏染氛围，在教师示范朗读中，我配上了理查德 . 克莱德曼演奏的优美乐曲《星空》，我入情入境地示范朗诵，赢得了孩子们的掌声，也得到听课教师的好评。

通过对第一部分的反复研读，学生体会到了诗人对“湛蓝的天空”“美丽的云彩”“轻柔的风”“七色的阳光”和四季大胆而美好的想象，感受诗人想象的新奇，从中理解诗人对人类生存环境的担忧。同时也让学生明白，诗人想象的意象不是凭空臆想，而是以知识、生活的积累为基础的。

随着教学的层层深入，通过指导学生有感情朗读，对语言文字的反复玩味，同学们体会到诗人所描绘《想象》的事物都是平平常常的，朗读的节奏也应该是缓慢的，如细流、如涟漪，但就是这些平淡无奇的事物却带给了我们丰富的想象，让我们的心灵随着诗歌在遥远的天空中漫游。

孩子们创作的诗歌给了我惊喜

情到浓处，同学们的创作欲望和表达欲望被充分调动起来了，大家纷纷拿起手中的笔，仿照文中的写法，抓住身边看似平常的事物，展开大胆丰富的想象，寄托美好的愿望，给了我很多惊喜。一个孩子这样写道：

想　象

我们可以用手中的魔笔，
描绘出一个鸟语花香四季如春的美好世界，
任我们美好的想象，
在这蔚蓝的天空中尽情地翱翔；
任我们的想象，
在这一望无际的原野上尽情地飞奔。

白云在蓝天里行走，
阳光追随云朵的脚步，
像美丽的颜料在空中自由涂抹。

看，白云脸上染上了红晕。
冰的确应该一个劲儿地冷，
冷成一块耀眼的钻石，

它虽不能像云彩那样被我们呼来唤去，

但只要我们用温暖将它贴近，

它会立马变成少女腮边的泪滴。

读到这些稚嫩的童诗，我的心灵为之一怔，回想自己在走过年少轻狂的时代后，就再也没敢提笔写诗。现在同学们诗的灵感竟像流星雨一样撒落，的确出乎我的意料之外。我未曾想到，给孩子们一粒种子，他们却给我带来整个春天。

由此，我也坚信儿童天生就是诗人，我们所要做的就是——唤醒儿童的“诗心”。

打破常规　走向高效

开学后的某一天，我走进五年级某班语文课堂随堂听课，一位年轻的老师正在带领学生学习《古诗三首》第二课时。课堂伊始，老师组织学生复习背诵第一课时的学习内容——《四时田园杂兴》(其三十一)，接着解诗题，继而带领学生逐句学习诗句的意思，体会诗句蕴含的儿童情趣，最后引导学生概括主题，积累背诵，其间穿插引导学生有感情朗读。学生课堂比较活跃，教师情绪饱满，组织引导得法。整节课上得中规中矩，看似也没有太大的毛病，对于初涉讲台的新老师来说已是难能可贵。

“外行看热闹，内行看门道”，仔细思量，那些看似没有毛病的课，其实还是有很大提升空间的。笔者略谈观课感受，并提供几条教学建议，供大家参考。

第一，备课要深入起来

凡事“预则立，不预则废”，备课是提高教育教学质量的重要保证。备课是教学常规中的起始环节。对谁教，教什么，怎样教？事先都要周密考虑，精心设计，同时要做到目中有人，胸中有书，言之有物，教学有法。任何一堂成功的课，无不凝结着教师备课的心血。多一份课前准备，就多一份把握，少一份遗憾。反之如果自己没有好好吃透教材，奉行“拿来主义”，别人的教案，别人的课件，不假思索，不作修改，拿来就用。试问大家，好用吗？答案是否定的，自己不独立备课，教学目标不明，教学重难点不分，教学方法不适切，只能跟着别人的课件走教学流程，浅尝辄止，隔靴搔痒，看似什么都讲了，但是什么都没有讲透，这样的课堂说它有效都难，更别谈高效了。

第二，教学方法要灵活起来

洛克说过“任何东西都不能像良好的方法那样，给学生指明道路，帮助他前进。”学习方法的重要性可见一斑。“教学有法，亦无定法”，以部编版五下第一单元第一课《古诗三首》为例，一节课教一首，三节课完成，看起来无可厚非。

可是大家想过没有，三年级我们这样教可以，四年级我们也经常这样教，但是五年级、六年级我们还这样教，合适吗？随着学生年级的提高，学生的思维水平、理解能力、鉴赏水平和自学能力都有了一定的提升。教学参考书的建议：高年级古诗教学可以尝试将三首古诗整合起来，引导学生发现它们的相同与不同之处，更好地感受古诗描绘的画面和其中的趣味。教学时，可用“童年”话题导入，先让学生自主朗读三首古诗，在读通、读顺的基础上，运用多种方法理解诗句；再帮助学生想象诗句描绘的画面，借助插图体会其中的童真童趣。

第三，大语文观要真正树立起来

我们的学生从一年级就开始学习古诗，如今已经到五年级了，如果仅仅停留在解诗题、知诗人、明诗意、悟诗情这几个常规目标的落实上，是远远不够的。对于高年级的学生而言，对比阅读，归纳总结，举一反三，触类旁通很重要。

以本节课为例，教学中老师忽视了诗人的介绍。其实杨万里是个值得挖掘的诗人，他与陆游、范成大、尤茂并称南宋“四大中兴诗人”，尤其擅长写儿童诗，也留下了不少的佳作。如《舟过安仁》《宿新市徐公店》《闲居初夏午睡起》等。如果在导入的时候，从介绍杨万里入手，顺带复习他写的其他儿童诗，既能打破常规，同时能复习旧知识，激起学生强烈的求知欲。

当然也可以在本课教学结束之时，引导学生回忆，除了《古诗三首》外，大家还积累过哪些写儿童童真、童趣的诗？比如白居易的“小娃撑小艇，偷采白莲回。”胡令能的“蓬头稚子学垂纶，侧坐莓苔草映深。”袁枚的“牧童骑黄牛，歌声振林樾。”

语文的外延就是生活，生活有多宽广，语文就有多深邃；生活有多丰富，语文就有多精彩……

绝不能仅仅停留在就教材教课文，弄懂这一首诗上。

第四，单元语文训练要素的训练要更加重视起来

本单元的阅读语文要素是“体会文章的思想感情”。以“童年往事”为主题，编排四篇课文《古诗三首》《祖父的园子》《月是故乡明》《梅花魂》，要求教师依

托课文引导学生走进不同年代，不同人物的童年生活，品味他们对童年的深刻记忆，体会其中浓浓的情意，并关注自己正在经历的童年生活。

在前一阶段的学习中，我们已经引导学生学习过三种体会文章思想感情的方法，即抓关键语句，初步体会课文表达的思想感情；初步了解课文借助具体事物抒发感情的方法；体会作者描写的场景、细节中蕴含的感情等语文要素。本单元四篇课文，向我们呈现了不同的表达思想感情的方法。如《祖父的园子》是将感情蕴含在园中的花朵、虫子、鸟儿等具体的事物中；《月是故乡明》用典型的事例和直抒胸臆的语句直接表达了作者强烈的思乡之情；《梅花魂》通过一些事例、细节表现外祖父对祖国的思念之情。

那么《古诗三首》中如何引导学生体会诗歌要表达的思想感情呢？笔者认为还是通过抓关键字词体会儿童的童真童趣。如《四时田园杂兴》中通过“未解”“也”“学”等关键语句体会乡村儿童的天真可爱，表达作者对儿童的喜爱与赞赏。《稚子弄冰》中抓“脱晓冰”体会儿童取冰时的欣喜，抓“穿银钲”体会儿童穿丝的小心，抓“敲玉磬”体会儿童敲冰时的得意。《村晚》通过“横牛背”“信口吹”体会牧童的调皮天真和悠闲自得。

第五，教学细节要更加关注起来

其一，锤炼教学语言。课堂教学不仅是传递知识的过程，而且是师生情感交融，思想共鸣的过程，而主要的载体是教师的语言。教学实践证明，一堂课上得是否成功，很大程度上取决于教师的语言是否精炼。尤其是语文教师更要锤炼自己的教学语言。教师的教学语言必须做到规范性（符合语法、合乎逻辑、语句简练、没有语病、杜绝口头禅）、启发性（由表及里，对知识点进行归纳总结，能引起学生的思考）和文学性（语言生动活泼、富有文采，给人美的享受和熏陶）。

其二，精心布置学习任务。新课程改革后，教师要转变教学观念，课堂的成效，不是取决于教师“讲”得好不好，而是取决于学生“学”得好不好。一节课课堂教学时间有限，教师一定要精心设计学习任务，指引学生自己主动去思考、去探索、去习得、去运用。概而言之，胸中自有丘壑——设计学习任务要有全局观；有的放矢更高效——设计学习任务要有目标感；百花齐放才是春——设计学习任务要有设计感。很显然以这堂课中老师布置学生当堂画“钲”“磬”实在有些不妥。

其三，重视板书设计。板书的作用是不言而喻的。概括来说有如下几点：

能体现教学意图，突出教学重点；显示教学思路，有利于巩固记忆；表达形象直观，加深学生印象；深化学习内容，增强学习时间；节省教学时间，提高教学效果……

由此说板书设计是一项不可或缺的教学环节，我们万万不可忽视。

有人说，“教学是一项缺憾的艺术！”没有谁敢说自己的课无懈可击，堪称完美。我们也无意吹毛求疵，鸡蛋里面挑骨头，套用白岩松在《幸福吗》一书中对幸福的理解——幸福就像“百分之百”的黄金，没有绝对的抵达，但可以无限靠近。其实我们在追求“高效课堂”的道路上，也是这个理，虽然很难做到绝对的抵达，但我们可以近一些，再近一些。

写在执教《秋天的怀念》后

《秋天的怀念》是原鄂教版五年级语文上册的课文，作者史铁生，北京人，当代著名作家。此文是他写作生涯里，怀念母亲题材的数篇文章中最经典的一篇。文章鲜活地再现了母亲去世之前，对他关心爱护的诸多细节，讴歌了伟大的母爱。同时也引起了每一个人的思考——“人生到底怎样活，才是好好儿活？”

我曾几次执教过这篇课文，每一次都会被深深地打动，感动于那伟大的母爱，震撼于史铁生“好好儿活”的生命体悟。

此次接到任务，要在全区五年级教材教法培训会上，展示一节示范课，我再次选择了《秋天的怀念》。为了全面达成教学目标，完整呈现教学内容，我原本打算一节课上完。但通过备课和试教后发现，如此情深意长，有“嚼劲”的文章，一节课全部拉完是不可能的。

高效课堂并不意味着走马观花，也不意味着只搭“花架子”，学生学习积极性高，参与面广，收获多的课堂才真正高效，所以上课一定要“务实”。于是，我调整了教学思路，压减了教学内容，努力体现“一课一得”。

开课前五分钟，我和孩子们进行了简短的沟通交流，就正式进入教学。首先从课题的玩味涵泳开始，我选取了《合欢树》中的精彩片段范读，很好地创设了情境，接着检查生字词掌握情况，整体感知课文。

接着，迅速进入精读赏析环节，我始终围绕一个核心问题贯穿始终，母亲是怎样关心儿子的，母亲的哪些言行让你感动？

同学们带着这个问题，游走于文本，反复玩味，并且在品读中渗透学习方法：一读，画句子；二读，标重点词语；三读，谈体会。在交流反馈环节学生们发言踊跃，都能够抓住重点的词句，畅所欲言谈感受。

例如，学生会谈到“母亲扑过来……好好儿活……”这句，能抓住写母亲动作的词“扑”“抓”“忍”来谈体会。这时，我顺势追问：“母亲为什么要“扑”下去，母亲紧紧“抓”住的只是儿子的手吗，母亲“忍”住的又是什么呢？”通过这几个追问能更好地引导学生体会母亲痛苦的心情及对儿子那份深沉的母爱。

通过讨论交流，学生体会出母亲“忍”的三层含义：一忍，忍住了儿子的脾气；二忍，忍住了自己的病痛；三忍，忍住了儿子的病给自己的打击。再通过补充资料，让学生感受到母亲肝癌的痛苦，让学生体验了“扑”的力量；看到了“抓”的不仅是手，在儿子面前只有“悄悄地”“偷偷地”，更加深入感受到母亲“忍”中饱含复杂的情感。这样，母亲的坚强与慈爱的伟大形象不仅永远活在儿子的心里，更永远活在每一个读者的心中。

通过问题的呈现，引导学生逐步体会到，母亲的“忍”是为了“让儿子好好儿活呀！”一波波情感体验，学生们不仅能体会到深沉的伟大的母爱，还在不知不觉中把文章主题由讴歌母爱，升华到“好好儿活”这个层次，为最后感受“好好活”做足铺垫。

在教学中，我还设计了这样的小练笔：天已是深秋，我又独自坐在屋里，看着窗外的树叶唰唰啦啦地飘落，此时此刻，“我”会想些什么呢？课件上萧瑟的深秋图景，配上悲伤的音乐，学生们很快就被带进情境之中，更好地体会到史铁生的心情，同时为学生们体会母爱及感悟“好好活”又一次做了铺垫。

就这样，学生们在40分钟里真正走进课文，实实在在地认读了生字词，有感情地朗读了文本，扎扎实实地进行了语言文字训练，真真切切地感受到了母亲对儿子的爱，走进作者内心与其对话了，真正地被感人的细节打动了……

“教学是一项有缺憾的艺术”，当然，这节课中也还存在诸多不足。

1. 课堂引导学生不够。教师只有全方位，深入解读文本，在课堂中才能更好地驾驭课堂，引领学生达成教学目标。本节课教学中，在体会母爱时，学生能抓住关键词句谈自己的感受，发言非常精彩，但老师的引导和点拨没有及时到位。

2. 课堂牵引痕迹较重。新课程理念提倡自主、合作、探究，课堂上孩子们才是学习的主人。很遗憾的是，老师在四十分钟的课堂教学中占据了主导，学生始终被教师抛出的一个又一个问题所牵引，整个课堂时间安排过于紧凑，没有给学生留下自读自悟，小组讨论的时间。

3. 课堂细节关注不够。课堂上小到一个字的读音、笔顺，教师应力求做到正确规范，给孩子们做榜样，这才是一个成熟的语文教师应该做到的。自我反思这堂课中教师的语言过于随意，书写也不够规范，还有很大提升空间。

又是一个菊花怒放的时节，谨以此文，纪念已经离开我们六年的史铁生，也献给天下所有的母亲。

（此文根据 2016 年 10 月教后记修改）

树立三种意识，精准把握教学目标

世界说大也大，说小也小。近日，本人有幸受邀赴上海参加 2023“浦东之春”语文教学高峰论坛活动（第十三届），再次见到了小学语文特级教师、上海静安区教育学院小学语文教研员李伟忠老师。

上次见到李老师是在 2023 年 3 月 4 日武汉市经开外校的礼堂里，他执教三年级课文《海底世界》。那节课中，李老师紧紧围绕单元要素，设计了三个核心任务。整堂课“教学环节简单，教学语言朴实，训练扎实有效”，给我留下了深刻的印象。当看到本次活动中，又安排了李伟忠老师的课，我满怀期待。

5 月 13 日下午，李老师准时来到活动现场，执教示范课《方帽子店》。这是统编版三年级下册第八单元的一篇略读课文，主要讲述了“一家方帽子店从来只做方帽子，一直拒绝改变。一群孩子对既不实用又不舒服的方帽子提出疑问，并大胆创新，设计出各式各样又舒服又漂亮的帽子走进人们的生活，并逐渐被人们接受，最后方帽子慢慢变成了古董。”故事告诉我们：不能因循守旧，要敢于创新，勇于接受新的事物。

教学中，李老师保持一贯的教学风格，紧扣年段语文要素，直击目标，分清主次，抓大放小，完美实现一课一得。

围绕教学目标，李老师这次依然抓住重点，设计了三个核心任务，并巧妙创设情境，建立教学支架，带领学生挑战闯关。

挑战一：探秘古董。自由读课文，想一想方帽子店是怎样成为古董的，提取信息填一填。

1	2	3	4	5
只做方帽子 只戴方帽子		儿子戴圆帽 许多式样		成为古董

挑战二：整理信息。①认真读第 5 ～ 10 自然段。②圈出或画出关键信息。③按照故事的顺序整理这些信息。

挑战三：复述故事。选择你意想不到的一个内容，整理关键信息，借助这些信息将所选的故事复述给同桌听，并明确提出复述要求。①用自己的话讲。②按照顺序说。③重要情节不遗漏。

最后是“围炉煮课”环节，主持人徐俊老师还是沿袭本次论坛一贯的风格，真刀实枪，直接发问：“李老师，您巧妙设置挑战闯关环节，重点训练了学生的‘复述能力’，走得的确非常扎实，但在引导学生说‘故事中的哪些内容是你最意想不到的’，似乎只是蜻蜓点水，点到为止，这是出于怎样的考虑？”

李伟忠老师淡然一笑，指出这个单元阅读和写作的双线目标是“了解故事的主要内容，复述故事；根据提示，展开想象，尝试编童话故事。”本文是本单元的第一篇略读课文，“复述课文”这个目标是渗透在本单元的多篇课文之中的，因此本课只要求学生能复述“故事中哪些部分内容是你最意想不到的”即可，也就是说，没有必要拔高要求复述全文，只有这样才能实现“长文短教”。

对于这一点，我是非常认同的。正如师傅于永正老师提倡的简简单单教语文，扎扎实实求发展，“教学目标要简约，教学内容要简单，教学过程要简洁，教学方式要简练，作业设计要简化”，如果教学任务设置太多太杂，想抓得太多，反而什么都抓不到。

由于长期教小学高年级的缘故，这篇课文，我也是第一次接触，听完李伟忠老师授课说课，自己也有一点思考，现用文字呈现，一家之言，仅供大家参考。

这篇课文是一篇略读课文，一般要求一个课时完成，但这篇课文虽然内容通俗易懂，但篇幅较长（超过 1000 字），那么如何处理教材，实现长文短教呢？

我认为解读教材、设计教学应该树立三种意识，即读者意识、作者意识和编者意识。

首先说读者意识。我这里所讲的读者意识，特指学生阅读文本的感受。对于第一个问题“说说课文中的哪些部分内容是你最意想不到的？”

我们可以来预设一下孩子们的发言。

预设 1“我们想不到小孩子们竟然能够自己做出各式各样的帽子？”

预设 2“我们想不到竟然连店主的儿子也戴上了圆帽子？”

预设 3“我们想不到经营了这么久的方帽子店，最后变成了古董。”

……

个人觉得，本文既然是一篇略读课文，就应该放手让学生默读课文，自己找出课文中“意想不到的地方”，鼓励学生畅所欲言，大胆提出自己的看法。新课标中也指出“要珍视学生独特的阅读体验”，教师不可越俎代庖，大操大办，牵着学生的鼻子走。

再说说作者意识。课文采用对比的手法来表现新旧事物的不同以及更替的原因。如“方帽子与圆帽子的对比；大人与小孩对待方帽子、圆帽子态度的对比；方帽子店与新帽子店的对比……”

为了强调不同，作者在写方帽子店主与儿子争执的那段话中竟用了六个感叹号，表明了双方态度的激烈对立。

正如统编版语文教材审查委员会资深编委陈振老师所言，故事类文章结构一般都有“起因、发展、高潮、结局”，这个有趣的故事也可以通过这样的结构梳理出课文的内容。

结合以上观点，我建议运用学习单，以完成表格的方式，梳理出课文的内容，让学生初步感受到文章的写法，达到一石二鸟的效果。

故事内容	店主（人们）的观点及看法	孩子们的观点及看法
故事的起因	我们从来只做方帽子，只有方帽子才是好帽子	又奇怪，又不舒服，对方帽子的使用提出疑问
故事的发展	因为一直以来都是这样的	用纸做出各式各样的美观又实用的帽子
故事的高潮	方帽子店主发现自己的儿子也戴着圆帽子	儿子不理他，拾起圆帽子戴在头上，一溜烟跑了
故事的结局	方帽子店拒绝改变，最后慢慢地成为古董	设计了各种式样的帽子，开了新的帽子店，慢慢被人们所接受

最后说说编者意识。想必大家一定都关注到，课文前面的那一段非常重要的阅读提示：“默读课文，说说故事中的哪部分内容是你最意想不到的，再用自己的话复述这个部分。”编者把这篇课文设为略读课文，教学中须做到“抓大放小，长文短教”是毋庸置疑的；编者把这篇课文放到这个单元，因此，教学中我们必须紧紧抓住“聚焦核心，学习复述”这个重点。

但我认为语文教学毕竟是一门综合性、实践性学科。叶圣陶先生讲“教材无非是个例子，我们就是要通过这个例子让学生能够举一反三，最终内化形成学生的语文学科素养。”

中唐时期韩愈提出“文以明道”，宋代理学家周敦颐正式提出“文以载道”，作者写这篇课文还是想告诉我们，“时代是发展的，一切事物都处在变化之中，如果一味因循守旧，必然会在历史的大潮中淘汰！”这也与新时代发展理念“与时俱进”的观点一致，但我们的教育对象毕竟只是三年级学生，他们的知识尚且匮乏，阅历尚浅，因此我们也没有必要挖掘太深，但对文章的主旨也不可弃之不顾。

我认为，可以设计两个教学小环节，引导学生初步感受课文主旨。

第一，教学中可引导学生对文中的两个对立面，方帽子店主和孩子们进行评价。帅提问：“读完这个故事你想对方帽子店主说些什么？”“谁来夸一夸这些想出许多帽子样式的孩子们？”

第二，结课时，可引导学生说一说由这个故事想到了现实中的哪些人和事，也可推荐学生拓展阅读《谁动了我的奶酪》。这个故事讲的是“两个小矮人和两只小老鼠，一直都在黑暗的迷宫中寻找食物。有一天他们发现了堆满奶酪的 C 站，于是四个小伙伴每天都到 C 站吃奶酪。两只小老鼠率先发现了奶酪每天都在减少，于是开始了新的探寻，而两个小矮人一直沉浸在丰富的食物中，根本就没有意识到奶酪正在一天天减少。因此当奶酪全部吃完的时候，两只小老鼠表现淡然，立刻行动寻找新的奶酪；反观两个小矮人，当发现奶酪全部吃完后，异常吃惊，暴躁不安，不愿意接受食物没有的现实，面对外面迷宫的黑暗则害怕退缩，停滞不前，所以一直都没有行动。”

“教学有法，教无定法，贵在得法。”教学虽有一定的方法、原理、规律，但没有固定的、死板的方法。

我认为，作为教师一定要树立读者意识、作者意识、编者意识，根据新课标的理念，结合单元训练目标，以及学生认知规律、年段特点、学生学情等综合因素，精准把握教学目标，精心设计教学方法，才能达到课堂的精彩演绎。

第三辑

读书与写作

——过一种诗意的教育生活

读书和写作，是语文教师专业发展的双翼，也是当代语文教师的必备素养。作为语文教师，我们只有走读书与写作相结合的道路，才能真正实现自己的专业成长，从而走向卓越，走向成功。

初为人师之体验

1998年7月，我从师范学校毕业，分配到江夏区流芳街茅店小学任教。茅店小学是一所村办学校（由茅店、郑桥、周店三村合办），当时规模比较大，在校生接近千人，号称江夏区最大的村办小学。

当时茅店小学尚未并入 东湖高新区，偏居一隅，交通不太便利，要想购买生活必需品，需要步行（骑车）去流芳街或中南政法大学一带采买。学校没有食堂，年轻老师往往三个、五个搭伙做饭，虽条件艰苦，但也其乐融融。在茅店小学的那段日子，我常和学生打成一片，课堂上是师生关系，课下是伙伴、是朋友，同时也得到许多老师的帮助，记得有罗桂琼老师，舒帮见老师，陈德菊老师，舒艳琴老师……也经常到时任校长的李仕林老师家蹭饭吃。

一年后，我被抽调到流芳街中心小学任教。回顾上班第一年，在茅店小学度过的那段日子虽然忙碌、琐碎，但充实快乐，至今令人回味。

近日，无意翻出了1999年7月1日写的见习工作期工作总结，特用文字记录下来，以兹纪念。

自我1998年7月参加工作，分配到武汉市江夏区茅店小学任教，至今已经整整一年了。在这一年的见习期里，我收获颇丰，学到了许多以前在学校念书时无法学到的东西，也真正认识到教育事业是一项多么崇高的职业，同时也第一次品尝到工作中的酸甜苦辣。现将这一年的工作总结如下：

1998年9月，我怀着一颗对教育事业无限热爱的火热之心，来到流芳街一所美丽的村小——茅店小学，开启了我的教学生涯。在校领导的关心下，我整理好行装，迅速安顿下来，随后立即投身到本职工作中，根据学校的安排，我担任五年级语文教师兼班主任。

我暗暗下定决心，工作第一年必须要站稳讲台，努力得到大家的认可。因此，如何搞好语文学科教学，就成为首先要解决的问题。我的师傅罗桂琼老师告诉我，“要上好课，就得深究教材，认真备好课，并且要不断提高自己的课堂教学艺术，尽量使自己的课堂语言做到形象、生动、易懂。”

为了达到上述要求，我经常钻研教材，推敲教法，精心设计教学环节到深夜。为了更好提高教艺，我积极阅读教育理论书籍，时常到学校阅览室借阅语文学科相关的杂志，及时做些笔记，写下自己的心得体会，并积极向报纸杂志投稿。1999 年 4 月 19 日，我写的一篇校园新闻稿《流芳街有一支业余教工乐队》在《江夏报》上发表，给了我莫大的鼓舞。

在摸索了一段时间后，我发现语文教学博大精深，有些东西仅靠读书、翻阅杂志是搞不懂的，必须亲自实践才能掌握。

于是我又拜了第二个师傅——有着二十多年教龄的资深语文教师陈德菊。每当我遇到问题，百思不得其解的时候，都会找陈老师求教，她从不厌烦，哪怕再忙也会停下手中的工作，耐心解答。

就这样，在老师们的热心帮助以及自己的刻苦努力下，我的课堂教学水平有了较为明显的提高。陈德菊老师在我的见习期鉴定中写道，“该教师能够根据各年级的语文训练目标来确定教学重难点，准确把握教学，并能针对学生的接受能力和认知水平，灵活机动地设计教法学法。”这样的评价，让我备受鼓舞。

1999 年 6 月，流芳街教育办公室领导下校教学视导，我被选中，主讲的公开课《可爱的草塘》，得到了教办政工员舒帮明老师的高度认可，流芳教办根据此次视导活动采写的新闻稿《严格要求，把好“四关” 积极培养，放手使用 流芳教办加强见习教师管理》在 1999 年 6 月 5 日《江夏报》上刊出，领导和陪同听课教师的肯定以及通讯报道中的溢美之词，让我心潮澎湃，一种为教育而献身的想法也油然而生。

课堂教学固然重要，培优补差工作也不能忽视，它是直接提高学生学业成绩的重要手段。我接手的这个班级，学生基础差，底子薄，我意识到要想靠每周几节语文课，就想把学生学业成绩轻轻松松搞上来是很难的，可我又不愿意通过占用学生其他副课时间来抓成绩。看来只有利用早晚及周末的时间来补课。为了搞好教学，我曾连续十几周利用周六上午义务为部分学生补课，受到校领导及学生家长的好评。

“一分耕耘，一分收获”，通过一年的努力，我带的班各项学业指标已经跃居同年级之首。

一个好教师，既要教好书，又要育好人。班主任是班级的组织者，教育的管理者，是学生健康成长的引路人。刚接手这个班，我发现这个班的孩子普遍年龄偏大，自制力差，课堂纪律不好，他们似乎完全不把我这个年轻的毛头小伙儿放在眼里。

针对这一情况，我首先千方百计了解学情，摸清每位同学的性格特点，充分了解每个孩子的基本情况，拉近与学生的距离。接着，通过观察了解每个学生的实际能力，迅速组建了一个充满正气、执行力强的班干部队伍，制定了一套行之有效的班级管理制度，并严格执行。同时，我能做到”勤动脚，勤动嘴”，对于班级日常事务，事无巨细都亲自过问，与学生泡在一起，打成一片。对后进生更是关爱有加，他们犯了错误，通常会就事论事，晓之以理，动之以情，耐心教育，并尽量寻找他们身上的闪光点，增强他们学习的兴趣与信心。

针对班级出现的不好苗头，我会适时召开班会，发现问题，分析问题，群策群力解决问题。并且注重加强班级凝聚力，建立良好的舆论导向，发挥集体的力量。

为了争取家长的支持，发挥家校协同育人的效果，一年来，我先后开展了二十余次家访，足迹遍布十几个村小组，深受家长们的好评。

为了使学生能学有所长，全面发展。我组织学生积极参加校内外各项活动，如秋天带学生“徒步汤逊湖畔开展野炊”，春天组织学生到郊外开展“寻春踏青放风筝比赛”，深受孩子们的喜欢。

一年来，班主任工作也取得一定的成绩。在学校的德育常规管理量化评比中，班级学生表现优异，夺得数面流动红旗，我所带的班级也被评为“学校优秀班集体”，我本人被评为“校优秀班主任”，并作为代表参加了流芳街优秀班主任总结表彰大会。

在读书期间，我曾任学校管乐队单簧管首席，这次凑巧又有几个同是校管乐队成员的同届校友分配到茅店小学，东山小学等几所邻近学校。为了丰富教职工的业余生活，同时也让我们这群年轻人的音乐特长不至于荒废，在流芳街教办领导的大力支持下，我和李悬、秦盛荣等几位同事一起创建了流芳街教工管乐队，我们常常利用晚上的时间来排练曲目。目前这支乐队已经能担任小型演奏任务。

每当学校有大型活动，我都会积极参与，组织学生排练。1999 年流芳街教育系统“庆元旦”文艺汇演，我和部分教师及学生合演的小品“九九回归话澳门”获得小学组二等奖。

回顾自己参加工作的一年，我的出勤表上是全勤，从未因任何理由请一天假、缺一节课，同时能够坚决服从学校的工作安排，认真完成学校布置的各项工作任务。“人无完人，金无足赤”，自我反省，本人也还存在一些缺点，如经验不足、方法不当，工作也存在一定的疏漏，还有待改进。

总而言之，今年是我迈出教育工作的第一步，在今后漫长的教育之路上，我会不断努力，拼搏进取，使自己的工作更出色，争取成为一名优秀的人民教师。

（写于 1999 年 7 月 1 日）

我和教科研有个约会

“人生就像一场修行，只有起点，没有终点……”我曾在自己的QQ签名上写过这样一句话。我要用这句话告诫自己，作为教师必须树立终身学习的观念，一辈子在教育修行这条路上行走。每一次观摩，每一次研讨，都让我受益匪浅。当我走过更远的路，看过更多的风景后，我更深刻地认识到自身的不足，也领悟到唯有不断学习，不断超越自己，才有能力继续追梦。

2015年7月12日，我有幸成为东湖高新区卓越教师后备班成员。至今还记得开班仪式上，时任教育局长杨志霞语重心长对我们说：“希望你们能在现有工作岗位上奋发有为，成为我区教师中的佼佼者，也希望我区本土培养的第一名特级教师能从你们中产生。”几年来，我们在研修的路上，留下了许多美好的回忆。忘不了宜昌之行与省级卓越教师的高端对话；忘不了那场别开生面的读书分享会；忘不了在省体育运动中心生龙活虎，激情澎湃的户外拓展；也忘不了走进江夏张春霞名师工作室那场接地气的现场观课、评课……

对于“卓越”的企盼，一度让我倍感压力，一直在苦苦寻找自己的突破口。习近平总书记提出各行各业要大力推崇工匠精神，对于教师而言，工匠精神就是认认真真搞教学，扎扎实实做研究。于是我投身于研究行列，从一个“教书匠”努力朝着一个“研究型”教师方向转变，开始了我的课题研究之旅。

2012年3月，我参与“十二五”省级重点课题“健康课堂研究”，并担任该项目子课题的常务负责人。通过四年的研究，本课题积累了大量研究成果，《大家教育周刊》曾开辟专版对课题研究进行了报道。

2012年9月，我开始接手学校国家级“十二五”规划课题“小学生学科能力研究”，并担任该课题常务负责人，次年7月份出版的《湖北教育》开辟了专版介绍我校课题研究成果。做课题使我受益良多，使我有机会先后赴江苏临港、广东佛山、广东惠州等地多所学校学习交流。

2015年11月24日，我应邀赴广东省惠州市大亚湾参加由教育部华中师范大学基础教育课程研究中心主办的“海峡两岸能力生根计划”深度教学研讨暨中美课堂交流观摩活动，在此次活动中，我做了“小学生学科能力发展研究”课题研究汇报，获得很好的反响。

2015年12月，学校“小学生学科发展研究”课题顺利结题，成为我区“十二五”期间结题的首个国家级规划课题。好消息接踵而来，2016年学校承办的省重点课题“健康课堂”子课题顺利结题，并被评为省课题组先进单位，我个人也被评为省课题先进个人。

参与学校课题研究，让我开始用审视的观点思考教学中的问题，我逐步树立了“问题即课题，教学即研究”的意识。在担任学校教师发展中心主任期间，我带领全校老师依托备课组、教研组开展课题研究，整个学校研究风气高涨。2016年10月，我申报的武汉市第三批个人课题《基于鄂教版教材的小学高段读写结合研究》正式获批，并于2018年4月顺利结题。

一个潜心于业务的教师，也一定是一个爱读书，勤写作的人。闲暇之余，我喜欢读书写文章，做点微课题，几年下来也积累了一点成果。三十余篇论文、案例分别在省、市、区级获奖，在《人民教育》《教学月刊》《新课程研究》《湖北教育》《大家教育周刊》《家长报》《现代少年报》《帅作文》等报纸杂志上发表文章二十余篇，撰写的论文入选“名师工程”系列《做会研究的教师》一书。2014年10月，因发表教学案例，还有幸成为《小学作文创新教学·新作文》封面人物。

一个致力于研究的教师，是无论如何也不能离开三尺讲台的。通过多年的教学实践，我正在形成“务实而不失灵动，大气而不失严谨”的教学风格，课堂清新自然，也不乏幽默和智慧。在课堂教学上我也取得了一点小小的成绩，2011年前后两次获得武汉市优质课竞赛一等奖……

2016年4月，在学校执教示范课《傻二哥》，得到了全国小学语文的泰斗人物，华中师范大学教授杨再隋老先生的肯定；2016年9月，在全区教材教法培训会上执教《秋天的怀念》获得好评。

有一句汪国真的诗，我一直非常喜欢——“对于事业，我从不去想能否取得成功，既然选择了远方，便只顾风雨兼程。”在追求卓越的道路上，我还刚起步，鲜花和掌声在远方，我们永远在路上！

（2018 年 11 月发表在《湖北教育》）

我的公众号教育写作之路——缘起与坚持

最近，熟识的朋友碰见我，常常关切地问："你这段时间好高产呀，你哪有那么多时间来写公众号这些文章。"说实话，写文章确实是件很烧脑的事！小时候写不出作文的时候，常念"作文作文，作得头疼"。而且，我真的也很不擅长写作，坐在电脑前两个小时也挤不出一个字的时候也有。自 2023 年 2 月 10 日开通个人公众号《望岳的教育情思》至今，已经四个月又 20 天，细数了一下，目前公众号上已经发布原创文章 59 篇，离自己定的第一阶段目标——每周 3 篇，连续坚持 20 周，累计发布 60 篇文章的目标，仅剩最后一篇了。一定要写点文字纪念一下！

缘　起

习近平总书记讲"一个人遇到好老师是人生的幸运，一个学校拥有好老师是学校的光荣，一个民族源源不断涌现出一批又一批好老师则是民族的希望。"2021 年 9 月，我从武汉市光谷第二小学调任武汉市光谷汤逊湖学校。我来的第一年小学部有 72 个教学班，3700 余名学生；第二年增加到 87 个教学班，4600 余名学生；今年九月份，预计净增 800 名学生，学生数将达到 5400 人以上，小学部教师将接近 300 名。办学体量如此巨大，要想学校各项工作安全平稳，要想教学质量稳步提升，教师培养和发展工作首当其冲。为加快教师培养力度，学校实施了教师素养提升"六个一"提升工程（阅读一本书、撰写一篇文章、设计一项作业、展示一页书法作品、推介一种教法学法、分享一次观课心得），促进教师专业素养全面提升。每月定时打卡，每月常规检查，每月汇总表彰，每月展示宣传。从读、写、思、研、行等角度全方位提升教师的基本素养。推行了一段时间，基层管理干部们反馈，老师们其他五项任务尚可完成，唯独对"每月写一篇文章"的要求犯难，正所谓"三天不念口生，三天不练手生"，老师们长期不动笔，确实不知道写什么，也不知道怎么写……

论语中讲“己所不欲，勿施于人”。学校领头人汪新华校长为了勉励老师们多思考、勤动笔，自己做到身体力行，坚持写近期关注，每周少则一篇，多则三篇，篇幅短小精悍（不超过一张 A4 纸张），内容务实高效（有学习方法的分享，有对近期重要工作的提醒，有对老师的勉励和提醒等）。汪校长常语重心长地对我们说：“学校摊子大了，一校两区，四个学部，近 7000 名学生，420 余名老师，那种传统的‘事必躬行，耳提面命’式的管理模式已经不太适合了，必须打破常规，有所突破！”“教育管理要走向教育治理，能用结构解决的不用制度，能用制度解决的不用会议，能用会议解决的不用个人命令。”

作为校长要用思想、用文字去影响人。汪校长的话给了我很大的启发，我也准备尝试这么做，坚持写一些分享教育的小故事，谈一谈自己对教育、对语文学科教学的理解。

坚　　持

心动不如行动，那就开始写吧！宏愿立了，大话说了，坚持才是最难的。人在坚持不下去的时候，总是需要一些精神的鼓励。一次，又到发文时间了，可文章还没有着落，愁煞我也！人就是这么怪，往往在最焦虑、最忙碌的时候，反而会挥霍自己可怜的那么一点时间。

那天，我也没有免俗——既然没有写作灵感，就先刷刷手机吧！正刷得欢，一条信息来了，一个朋友发来一篇推文《罗振宇 2023“时间的朋友”跨年演讲》。相信很多读者对那个“罗胖”并不陌生。他曾信誓旦旦地说过要连续开 20 场跨年演讲。2022 年 12 月 31 日晚上八点半，他在深圳龙华的一个书城开启跨年演讲第 8 场。那天晚上他给我们准备了 22 个故事，讲到第四个故事《60 秒与 10 年》我震惊了。

他说 10 年前，他开始干一件事，每天早上在“罗辑思维”微信公众号上发一段 60 秒的语音。他说要坚持做 10 年，最终完成了。60 秒语音的文稿，一共是

3652条，合起来有100多万字。有人很好奇，为什么还有零有整的呢？10年啊！中间有两个闰年，这么一想，10年还真的是一段漫长的时间。他说，“就在10天前，2022年的12月21日，他终于毕业了，这每天60秒的行为艺术终于结束了。”罗振宇戏称自己所做的是“行为艺术”，但在我看来这是一件非常“伟大”的事情。要知道，10年间，他被问得最多的问题是，“一段逻辑完整的话，你是怎么做到正好60秒说完的？”他的回答是，“说起来都是泪，其实没有任何技术含量，就是反复录，一直录，直到正好60秒。不许加速，不许剪辑，因为那么做，很多人都能听出来。最多的一次，我录了50多遍。”

还有很多人问，10年，那么长的时间，有没有选题写不出来的时候？当然有呀，尤其是最开始的三个月。记得有一天，深夜三点，还有三个多小时就要发语音了，他坐在那里就是想不出来要说什么，那种痛苦，至今记忆犹新。但是，坚持下来了，后来就好一些了！痛苦痛苦着，也就习惯了。他说更重要的是，他学会了一件事“和这60秒共存”，把每天发60秒语音当成每天必须睡觉，必须吃饭这些平常事一样看待。

就像有这么一个洞，让自己想千方百计把它填上，这很重要。这10年的每天60秒，就是3652个洞，自己要努力填上。于是，每天的生活，无论是读书、会客、听课，甚至是吃饭，都要努力寻找这60秒的素材。因此，他花在这60秒上的时间，可不是每天的60秒，而是这10年间的每一分，每一秒。

这个故事给了我很深的启发，每次新的文章刚发布，我就想到罗振宇先生说过的那个“洞”，我必须在48小时内找到写作的素材，努力填补这个“洞”。王阳明讲“持志如心痛”，心里有一个做事的志向，就像心里有个痛处，时时刻刻要提醒他的存在，要心动，也要行动，更要有下定决心坚持下去的勇气。

四个月来，我“每周三篇”的三个“洞”也始终向世人张开，需要我搜肠刮肚去填满它，需要我用全部的精力去完成它。就像“罗胖”最后说的“不要被困难定义，带着希望说实话，带着实践讲道理，带着痛处来坚持。”

（2023年7月3日）

新进教师专业发展之我见

本人曾多次受邀给新进教师做入职培训，因此常常思考“新进教师到底需要怎样的指导与帮助？”但凡一个人进入一个新的环境，都需要时间来适应，首先要做的是熟悉环境，了解工作性质，尽快胜任现岗位。

因此，对于一名新进教师，我认为最要紧的事，是能够早日站稳三尺讲台，建立起自己的专业自信。但是，还是有很多新进教师，一走上工作岗位就遭遇了“兵荒马乱”的情况，面对突如其来的“神兽”手足无措，那么危机之中，如何“开好局”？

努力提升课堂教学实操能力

众所周知，人是第一生产力，一所学校只有招聘到高素质的老师，把他们培养好，使用好，才能促进学校健康快速发展。

目前，我区（武汉市东湖新技术开发区）教育事业处于蓬勃发展期，近年来每年招聘教师数达到 500 人以上，招聘工作从三月持续到七月。因为工作的缘故，本人也曾参与新进教师招聘工作，很多具有正规大学本科学历，甚至还有许多是名校研究生的应往届毕业生，在最后的面试环节栽了跟头。

按理说，他们学科知识扎实，青春靓丽，充满热情，是完全可以胜任小学教师这个岗位的。但是一试讲，就会发现大多数应聘者抓不住教学重难点，更有甚者根本不知道该讲什么（教学目标不明），也不知道如何去讲（教学方法欠缺），整个试讲环节显得混乱无序……

而这批“从千军万马过独木桥”中冲杀出来的正式入职新进教师，虽然已经是众多应聘者中的佼佼者了，但他们中的大多数课堂实操能力确实还有待加强。

以教学常规为例，备课要做到目标准确、重点突出，设计教学流程要清晰，选择的教学方法手段要适宜，在教学中还应充分预设学生学情以及回答，并适当地回应和评价学生……

当然，这些能力不可能一蹴而就，一招一式都得慢慢去摸索、去消化，最后达到融会贯通。因此，对于新进教师而言，首当其冲的就是要提高课堂教学实操能力。

在积极主动中寻求专业发展

李嘉诚的“鸡蛋理论”非常精彩，引起过很多人的共鸣，即“鸡蛋，从外部打破是食物，从内部打破是生命。”

此理论也同样适用于新教师的发展，“任何外因只是条件，内因才是根本”，就像那句“你永远都叫不醒一个装睡的人”，因此我们要帮助新进教师尽快建立起“教师专业发展的主动意识”。

教师专业发展主动意识是一种在专业技能的基础上发展起来的对工作极其热爱和投入的品质。具有专业发展主动意识的人，对工作有一种近乎疯狂的热爱，他们在工作的时候常常能达到一种忘我的境界。

对于新进教师而言，必须得在其入职之初，就在他们的心里埋下一粒专业发展的美好种子。

一、首先夯实专业基础，建立专业自信

年轻教师不能只在学科专业和课堂教学上精进，还要意识到自己应该作为学生成长的领路人和陪伴者，意识到和家长沟通、合作也属于自己的专业范畴。因此年轻教师也要在引领和陪伴学生成长、与家长沟通合作上，加强学习，建立专业自信。

二、其次向经验丰富的教师借力，虚心求教，积累间接经验

“高手在民间”，“三人行，必有我师焉”，只要你留心，一定会发现你身边有些优秀老师，他们在管理学生、课堂教学与家长沟通等方面，有一些成熟的做法，甚至总结提升了很多具有普遍实践价值的沟通策略和技巧。年轻老师如果盲目自信或者不善于主动学习，指望一切都靠自己来摸索，必然会走很多不必要的弯路，甚至被碰得“头破血流”，非但不利于自己的专业成长，还影响自己在学生及家长心目中的形象，得不偿失。因此，我告诫年轻老师一定要积极主动地拜师学艺，既可以增进同事友谊，又能得到同伴的支持与引领，何乐而不为呢？

总之，只要你踏入教师这个行列，你就要记住四个字“学无止境”，作为新教师更要多看，多听，多问，多学，多思，多做。

学校应为新进教师发展助力

对学校而言，庞大的新进教师群体当下可能是学校的一块短板，但如果把这个群体培养好，他们会迅速成为学校强有力的后备军，只有青年教师整体水平提高了，学校才有不竭发展的动力。因此对于新进教师的发展，学校要有所作为，且大有可为。

第一，精心设计入职培训，为新进教师量身打造培养方案

以我校（华师一附中光谷汤逊湖学校）为例，每年九月份学校都会举行隆重的“青蓝工程——师徒结对”启动仪式，签订师徒协议书，师徒互赠礼物，并郑重承诺，相互学习，共同提高。同时教师发展中心还聘请学校行政及骨干教师，为新进教师量身打造了不同的专题讲座，内容涉及教学常规，德育管理，教育信息化等诸多方面，旨在通过这样的互动，促使新进教师更快成长。

第二，重视新进教师的跟踪指导与培训，帮助其站稳讲台

出于这个考虑，我校一直非常重视新进教师的跟踪指导。开学第二周，即组

织学校行政以及学科骨干教师，对全校四十余名新进教师进行全方位随堂听课，并及时向老师们反馈听课意见，并形成书面评课意见。对于第一轮听课存在较大问题的老师，后期安排开展跟踪听课。

十月初，学校全面启动新进教师汇报课听课制度。跟岗行政、师傅、备课组长以及同年级、同学科教师全部参加听课。主要目的有两个：一是检验新进教师一个月来取得的进步；二是帮助教师建立起专业的自信。

对学校而言，第二个目的尤为重要。因此，为保证汇报课质量，要求新进教师的教学设计至少提前两天提交师傅以及跟岗行政指导。听课结束后认真组织评课，并且评选出一批进步明显的新进教师，让她们在工作上找到成就感，建立起专业的自信。

“抽笋拔节，破茧成蝶”的过程一定不容易，新进教师走上新的工作岗位一定不会轻松，但是没有付出，就不会有收获。对他们而言，教学生涯还刚刚起步，要想尽快成长起来，唯有学习、学习、再学习。

老子在《道德经》中有云：“合抱之木，生于毫末；九层之台，起于累土；千里之行，始于足下。”现将这句话，送给所有的新进教师，也送给每一个对自己专业有所追求的年轻老师们，愿你们早日建立起专业的自信，在漫长的教育人生中，鲜花在远方，掌声在背后，而我们永远在路上。

教师专业成长三部曲

教育的兴衰，事关国家民族的希望与未来，而教师的素质在很大程度上直接影响教育质量，没有一支具有现代化思想、知识、方法武装起来的教师队伍，实现教育的理想与目标只能是一句空谈。因此，教师专业化发展迫在眉睫。

那么教师的成长与发展究竟有没有规律可循？如果有，那又是怎样一种规律呢？众多专家和学者通过广泛的研究，发现教师的成长与发展其实是有规律可循的，大致要经历准备期、发展期、实践期、创造期。笔者常年工作在教学第一线，在教师专业成长的途径和方法上也有一点浅显的认识，概括起来大致有以下三点：

一、坚持学习，形成专业思想

几乎所有的特级教师都有一个共同的优点——善于学习。他们充满智慧和灵气的课堂，正是得益于他们广博的知识积累和深厚的文化底蕴。而不少教师写论文时总感到无话可说，有时好不容易拼凑出来一篇文章也是干巴巴的，究其原因就是平时学习不足，缺少经验与知识的积累。

“要给学生一碗水，教师要有一桶水”，这一桶水从哪里来？很重要的一个途径就是学习。教师作为现代教育者，理应养成不断学习的良好习惯，其中有计划地阅读书籍，逐步形成自己的教学思想，无疑是教师专业化发展的第一步。教师的专业成长需要理论的支撑，缺乏理论支撑的实践是盲目的实践。因此，教师可以根据自身的需要，选读一些教育理论经典书籍，如苏霍姆林斯基《给教师的建议》、杜威的《民主与教育》、卢梭的《爱弥儿》等。

通过读书加深自身底蕴，提高自身学养，让自己浸润在文化的滋养里。同时，在读书、看报时，要特别关注那些与教育、教学相关的文章，好的思想、观点、做法要及时做一些记录，有启发性的文章可以把它剪下来做成剪报收藏好，并且在有空的时候经常翻出来看看，以使自己经常受到激励和启迪。

让读书成为一种习惯，让读书为教学奠基。要严格要求自己，每天必读书一到两小时，坚持写读书笔记。不断地学习和总结课堂教学实践，进行研究反思，努力写出高质量的教学论文，争取在校内外各级分享会上交流或刊物上发表。

读书学习是教师专业成长的“加油站”“充电桩”，广大教师只有不断地学习，充分为自己“充电”“蓄能”“吸氧”“补钙”，源源不断地接受源头活水的补给，才能形成自己的专业思想，进而驶入教师专业发展的快车道。

二、刻苦钻研，提升专业能力

专业能力是教师在教育教学活动过程中，运用一定的专业知识和经验，顺利完成教学任务的活动方式和本领。教师的专业能力是教师综合素质最突出的外在表现，也是评价教师专业性的核心因素。

教师的专业能力主要包括：教学设计能力、教育教学交往能力、组织调控课堂能力、教育研究能力等。对于一位年轻的老师来说，如果真想把课上好，形成一定的专业能力，充分发挥自身内驱力，主动发展刻苦钻研才是硬道理。

首先，要多钻研教材和了解学生。课前应充分分析学生学情，确定恰当的教学目标，选择适合的教学模式与教学方法，精准预测课堂情形变化等。作为教学者，对教材一定要烂熟于心，对学生一定要了然于心，只有这样在教学中才能有的放矢，提高课堂的效率。

其次，要多反思教学中出现的各种问题。问题即课题，教学即研究。教学中出现的各种问题，只要认真思考研究，就可以成为我们的课题。以语文学科为例，如何指导学生朗读，怎样提高学生背诵的积极性，怎样帮助学生养成积累语言的习惯，怎样让学生自主阅读等。诸如此类问题，只有深入思考研究，积极采取相应措施，才能有效转化为我们的教学经验，提升教学能力。

三、大胆尝试，发展专业自我

教师专业自我，就是教师在职业生活中创造并体现符合自己志趣、能力与个性的独特教育教学生活方式，以及形成的知识、观念、价值体系与教学风格的总和。教师专业自我的形成，一定是自己大胆尝试、勇于创新的结果。

1. 上公开课

“我们就是在听公开课的过程中成长的，也是在上公开课的过程中成长的。”“公开课是老师成长的推进器。”“公开课对每一位青年教师来说都是一个考验。”

——这是来自教学第一线的声音。

因此，公开课在教师的专业发展中有着举足轻重的作用。公开课一般都要经历多轮的磨炼，这个过程是教师深度思考、反复琢磨、集思广益、不断改进的过程，它给教师带来的专业体验和行为跟进是常态课所无法比拟的。当教师不辞辛劳地打造公开课的时候，公开课也毫无疑问地打造了教师。经过公开课的打磨，教师对如何把握教材，如何把握学情，如何设计课堂的每一个环节就会变得十分清晰。上完课以后，教师也可以从评课老师那里得到积极的反馈，发现自己的优点与不足，并为后期的改进指明了方向。

从实际来看，公开课确实也锻炼和打造了不少教学名师，上过公开课的教师一般都有这样的体会：辛苦，但收获多多，累并快乐着！

可以说，公开课大幅缩短教师的成长周期，是教师专业成长的催化剂，是成就名师不可或缺的经历。

2. 课题研究

一线教师开展课题研究，通过做课题发现问题并解决问题，也就是通过研究的方式来解决学校发展、课堂教学、教师成长等各方面的问题和困惑。实际上也是要求教师在更高的水平层次上展开教学活动，即从强化日常教学中蕴含的科研成分着手，以科研的思路去重新审视教学过程，发现问题，思考问题，解决问题，形成解决问题的策略，并通过教学实践使其得到验证与完善，从而使教学工作逐步向最优化方向发展，同时也使自身的素质和能力得到提升。

以语文学科为例，我校要求各备课组根据各年段的教学重点、难点，确立小专题研究，低年级加强“识字、写字以及写话写句子”的研究，中高年级要围绕“在主题阅读中生成习作智慧的研究”进行。深化教学改革，不搞花架子，做到“真实、有效”，并围绕小专题，继续开展组内“说—授—评”活动，每人每学期上一节研讨课。通过这些行之有效的活动，参与教师的个人研究能力和专业素养都能得到提高。

3. 自我反思

教师完成一个教学任务后，应及时分析总结活动中的得失，重新认识并作出评价，肯定成绩，找出存在问题，分析具体原因，并及时优化改进教学。

自我反思不是胡思乱想，而是在理论支撑下，高度自觉地对自己的教学实践进行回顾与审查。教学反思的内容涉及教学工作的方方面面，可根据教学的实际情况，择其一二进行小结，或批注点评，或连缀成篇。

叶澜教授说：“一个教师写一辈子教案，不一定成为名师；如果一个教师写三年反思，有可能成为名师。”

美国学者波斯纳认为：“没有反思的经验是狭隘的经验，至多只能成为肤浅的知识。如果教师仅满足于获得的经验而不对经验进行深入的思考，那么他的教学水平的发展将大受限制，甚至有所滑坡。”为此，波斯纳提出了一个教师成长的公式：教师成长 = 经验 + 反思。

我们对世界的认识总是从感性逐步上升到理性的。只有理性的认识才能科学地指导实践。换句话说：教师的专业化成长的过程，也就是“教学——反思——再教学——再反思”的不断升华的过程。

总之，教师是课程的实施者，教师专业水平的优劣直接影响到课程改革的成败。每个教师都要根据自身情况，不断学习，刻苦钻研，大胆实践，形成专业思想，提升专业能力，发展专业自我，让自己在新课程与素质教育的引领下，成为新世纪具有专业精神和专业能力的优秀教师。

（2017 年 11 月发表在《大家教育周刊》）

我们为什么要读书写作

笔者曾有幸聆听全国知名班主任、湖南省班主任研究学会副理事长、教育部“中小学班主任国家级专项培训计划”授课教师郑学志的讲座，培训的主题是关于“教育写作”。

郑学志被誉为“全国班主任民间领袖”，更是一位写作好手。他曾在《中国教育报》《人民日报》《班主任》等刊物发表了数百篇文章，是《班主任之友》等多家媒体的专栏作者，先后出版了《班主任工作招招鲜》《班主任工作新视角》《呵护心灵》《爱的建议》《与学生家长过招》《做一个会偷懒的班主任》等25部教育教学专著，作品销量达40多万册，在全国班主任工作领域产生了极大影响。

郑学志既是一名优秀的老师，也是一名敢为人先的探索者，他善于研究，长于总结，他的成功是与教育写作密不可分的。

阅读与写作本来应该是教师再寻常不过的生活。可是，为什么在今天的学校里，能坚持阅读、写作的教师却凤毛麟角呢？大家可以扪心自问，你身边能够坚持每月读一本书，每月写一篇文章的老师有多少？

我曾向很多老师请教过这个问题，大家给出的答案是：在中小学的校园里，教师的教学工作普遍都很繁重，形式主义严重，小学老师（尤其是班主任）永远有开不完的会，迎接不完的检查，还有各种繁杂的班级事务，回到家还要妥善处理好家庭琐事，每天完成这些工作已经是身心疲惫了，为什么还要自讨苦吃，抽出时间去读写？

殊不知，不读书不写作，就意味着我们无法获取新知，只能靠啃老本。

在这个知识大爆炸的年代，教育正发生着日新月异的变化，不主动更新自己头脑中的知识就会被社会淘汰。

江苏省语文特级教师、苏州一中教师杨斌老师认为“教师的教育书写，是专业发展的需要，教师这一职业性质决定了我们必须不断学习不断反思，在学习和反思中，求得教育素质的提升和发展。”

苏霍姆林斯基也曾说过，“如果你想成为学生爱戴的教师，那你就要像怕火一样惧怕精神的僵化。”

所以，我理解教师要读书写作的真正意义就在这里——避免精神的僵化。

教学工作不仅仅是简单的知识传递，还是一种精神交往，作为一个有思想的教师，要立足于教育这片神圣的土地，敢于发声，乐于发声，善于发声，因为在教育这片神圣的土地上，每位教师都有发声的权利，更要有发声的热情。

从现在开始，让我们每一个人都拿起笔来，记录我们的诗意生活，教育随笔感悟、班级管理故事、师路心语倾诉、教学反思随感……

“胸无点墨心常怯，腹有诗书气自华。”最后，愿每一位教师都成为热爱读书，热爱写作的教育人。

一线教师为何要做教科研

教育需要呼唤工匠精神。师者，当怀一颗匠心。对于教师，匠心就是一颗纯粹的教育心，并一以贯之。一个教师如果在教育的职场上不甘于平庸和寂寞，不甘于埋没自己的智慧和才华而想有所作为，就必须投身于研究行列，从一个“教书匠”转变为一个“研究型”的教师。那么研究的魅力在哪里，研究对教师到底有什么重要意义呢？

一、有研究才有快乐

苏霍姆林斯基说：“如果你想让教师的劳动能够给教师带来乐趣，使天天上课不至于变成一种单调乏味的义务，那你就应当引导每一位教师走上从事教育科研这条幸福的道路上来。”

人生最枯燥、最无聊、最厌倦的莫过于每天做简单的重复性劳动，做教师时间长了，最让人受不了的便是日复一日地“重复着昨天的故事”，每天家庭、学校两点一线的奔波，课堂上每天对着学生面无表情的脸和教室里的三尺讲台、一块黑板、几根粉笔；每天忙于备课、上课、批改作业、辅导学生、处理琐碎事务……没完没了，毫无新意，这种程式化的工作谁不厌倦？那么，教师怎样才能摆脱简单的机械重复性劳动，去寻找教育教学中的乐趣呢？

我的观点是把教学和科研结合起来，以教研促科研，以科研带教研，用课题来带动学习，用任务来驱动研究……

这也是目前中小学促进教师专业成长的一种好方法。

二、有研究才有效率

特级教师魏书生的教书经历令人惊讶，他担任中学校长与书记，并兼任两个班的班主任，承担两个班的语文教学，一年平均外出开会达4个月之久，却从不请人代上一节课。他在学期之初即进行期末考试，一学期的教材他用30多课时就讲完了。他不批作业，但他的学生升学成绩却能比重点中学学生平均高出7、8分……

面对这一切，人们不禁要问：魏书生究竟依靠什么获得教学的成功？

我认真研究了魏书生一系列教学经验后，不难发现这样一个事实，那就是高效率地管理班级，建立自动运转的班级管理系统，这是魏书生教学成功的一个重要因素。

我们甚至可以这样说，魏书生的成功离不开学生的自主管理，没有成功的班级管理机制的建立，就没有他今天的教学奇迹。

三、有研究才有风格

人的个性是独具魅力的。因为人最精彩的东西，如人的风格和创造性就藏在个性里边。在大力提倡培养个性化学生的今天，我们太需要个性化的老师了。但个性化的老师从哪里来呢？如今有主见、有思想、有个性的优秀教师凤毛麟角，不能不说许多教师只会“埋头拉车，从不抬头看路”，只知一味辛勤工作，不注重思考研究有密切的关系。

我曾在一本书上看到过这样一个故事。有人曾问三个砌砖工人：“你们在做什么？”第一个工人说：“砌砖。”第二个工人说：“我正在赚工资。”第三个工人却说：“我正在建造世界上最具特色的房子。”

简短的回答，使每个人的工作态度跃然纸上：第一个人是为工作而工作；第二个人是为赚钱而工作；第三个工人则是为了创造而工作。结局可想而知，前两个人一生都是普普通通的砌砖工人，而第三个人则成了有名的建筑师。

做一个有思想的教师

——读肖川《成为有思想的教师》有感

最近我有幸拜读了肖川博士的著作《成为有思想的教师》，它是《名师工程》系列丛书中的一本。这本书有着鲜明的主题，从教育的细节和教育实际情况出发，有针对性地解决问题，让教师在阅读中学有所知、读有所获。

该书以现代教育思想为指导，从创新教学实践视角，就当前教育教学的几个重大问题，对教师自身的素质及修养等方面进行了卓有见地的论述，提出教师应具备教育思想、教育智慧、教育品格、教育精神，应努力做一个有思想的教师。

肖川在书中强调了教师思想的重要性。他认为，一个优秀的教师首先要有自己的教育思想和理念，能够独立思考，不盲目跟从。

有这样一句话说得好，“人因思想而伟大”，的确，在思想的原野上，既需要参天的巨树，也需要无名的小草。思想家有思考的使命，普通人也有思考的权力。不必苛求自己成为思想家，但至少你应该是一个独立思考者。对教师这一职业而言，教师的思想是教育的灵魂，它决定了教师的教学方法和教育态度。有思想的教师能够更好地理解学生，关注学生的成长，同时也能够不断提升自己的教育水平。

同时，我深深地体会到要做有思想的教师，首先要乐于接受思想。而接受思想最简单的方法是阅读书籍，尤其是大师的书籍。让阅读成为每位教师的习惯，成为与别人进行心灵碰撞的自由领地，成为自己不断进步的阶梯。反之，没有博览群书的教师，只能就教材讲教材，就内容讲内容，就试题讲试题，课堂会因此而单调乏味，死气沉沉。没有阅读，就难有深层次的思考，从而失去源头活水。

要成为有思想的教师，关键是要在反思中进步。从自己的教育教学实践中得出有效的经验和反面教训，从经验中总结出规律性的东西，将经验抽象成理论。不积小流，无以成江海，不积跬步，无以至千里。作为教师应当学会反思，注意积累一点一滴的经验，不断地工作，不断地总结，不断地发展，使自己逐步向创新型教师迈进。

要做有思想的教师，我们应该做到：乐于学习，博览群书；善于思考，崇尚创新；敢于怀疑，追求真理。因此，一个有思想的教师，必须有不断学习新知的能力，必须有科学求真的意识，必须有怀疑批判的精神，必须有反省深思的品质。一个有思想的教师，必须是一个站得高，望得远的人，是一个辨得清方向的人，是一个有独立判断力的人，是一个“不跪着教书”的人。

过去人们总是说：“要给学生一碗水，教师要有一桶水”。这种想法对现在而言，已经非常陈旧。现在的教师，应该成为一个帮助学生挖掘泉源的人。我们要教给学生方法，调动学生的力量，挖掘出取之不尽、用之不竭的知识之泉。我们不能让学生成为复制知识的机器，要使学习新知识成为学生的主体能力，还要引导学生运用知识对客观事物进行改造和创新。学生有巨大的潜力，只要发挥出来，任何一个人都可以成就一番惊天动地的伟业，都可以成为爱因斯坦和牛顿。

我想，我们作为一名教育工作者，必须要有智慧的头脑，使自己的教学充满智慧，不断思考、实践、产生更大的智慧，才能培养出有智慧的学生，我们要为之不断努力。

总之，《成为有思想的教师》是一部值得每一位教师深入阅读的著作。它不仅有助于我们提升自己的教育水平和专业素养，更能激发我们对教育事业的热情和追求。

教育应该让阳光洒满大地，让心灵沐浴在思想圣洁的光辉中，自由地舞蹈、跳跃，让美好永驻人间。让我们每个人都努力做一个有思想的教师吧！

《给教师的101条建议》读后感

在教育的世界里，每一个教师都应该成为探索者，在教育的海洋里航行，寻找最适合学生成长的路。最近我读了《给教师的101条建议》，作者是美国教师岗前培训项目负责人安奈特。她用非常朴素的语言，讲述了一些我们每天都经历的事情，道出了许多我们恍然大悟却又曾经迷茫的道理，让人有种茅塞顿开的感觉。相信无论你是新教师还是从事多年教学的资深教师，都能或多或少获得启迪和灵感。

这部作品是作者对教育工作的深刻洞察和丰富经验的总结，没有华丽的辞藻，没有泛泛而谈的教育理论，呈现的都是能够经实践检验而又行之有效的实用技巧。书中每谈一个问题都辅有简明具体的事例，给我们的每一条建议都配有延展阅读，给我们亲切可信之感。读这本书感觉不像在阅读书籍，而是像与一位耐心、睿智的长者聊天，她的丰厚学识、她的思想、她的智慧正慢慢地滋养着我心灵。

在“关于课堂管理”这一章，安奈特给我们的第十条建议是“善于捕捉学生的举动”。一首短短的小诗极其真实地表现出一个孩子的内心世界：老师说我是她见过的世界上最乖的孩子。有时候，我也是个坏小孩，会说脏话，做坏事。也不能每次都完成作业，还踩着点进教室。可老师还是觉得我特别乖，所以只要她在，我就真的很乖，一次又一次。在她的课上，我比以前更努力。

安奈特说，我们都长着一只“后眼”，这只眼在一里外的地方都能发现学生在捣乱，这是老师的一门技巧。但更重要的技巧是学会使用这只“后眼”来观察哪个孩子表现得很乖，并对他的行为予以鼓励和赞扬。学生渴望我们的关注，会不遗余力地来争取他们想要的东西。一旦他们意识到乖一点就能得到你的关注，就会自觉自愿地乖起来。

其实在我们的教学中，这样的情况并不少见，只是我们没有足够的耐心用这只“后眼”去发现孩子的好行为，更多地关注了孩子的淘气行为。正因为这样，在我们的教学中，让批评代替了鼓励和赞扬，老师认为坏孩子永远都是坏孩子，学生认为自己反正也就是老师说的那样。读了安奈特的这条建议，我才发现，是我们自己不给自己愉快的心情，是我们错过了转变学生的机会。

当我读到“关于课程指导”这一章时，牢牢记住了安奈特给我们的第四十条建议，那就是“寓教于乐”。一直以来，我们认为教和学都应该是严肃的事情。上课时表情肃穆，课堂气氛紧张，学生烦不胜烦。安奈特说，严肃地对待教学和严肃地进行教学是完全不同的两码事。

由此我想到，孩子们看动画片总是百看不厌，而对于我们的课堂却总是萎靡不振。究其原因，动画片的制作迎合了孩子们的年龄特点，有夸张的动作和表情，有绚丽的色彩，有孩子们喜爱的故事情节。而我们的课堂，却是那么的拘谨、呆板，要求学生坐姿端正、发言举手，知识呈现的形式大多是老师的讲解，少了学生发现的乐趣。所以，放轻松一些，让课堂多一些激情，多一些趣味，如果能将知识设计到一定的情境中去，学生会更加喜欢学习，我们则因为学生的表现而更喜欢讲课，各得其乐。

好的书籍让人看了爱不释手、倍感亲切，《给教师的 101 条建议》就是这样的一本好书，这本书为我们提供了最好的学习和实践机会。这本书带着她特有的魅力，让我们发现：原来教师的生活可以如此精彩，教育的方式可以如此多姿！

“纸上得来终觉浅，绝知此事要躬行”让我们按照安奈儿的建议，努力去实践吧！因为每个学生都应该拥有一个有能力、有爱心的老师，孩子是我们的未来，作为教师，我们每天在雕琢未来。

读《窗边的小豆豆》有感

十多年前，我看这本书时，书名是《窗边的小姑娘》，书中的主人公叫冬冬，而现在改成了小豆豆。这本书是从日本翻译过来的，冬冬与豆豆的音相似，但豆豆突出了小，也更形象些。本书的作者是日本著名作家黑柳彻子，著名电视节目主持人，联合国儿童基金会亲善大使。《窗边的小豆豆》是作者的自传体小说，讲述了一位叫小豆豆的孩子被一所小学退学后，来到巴学园这所学校的经历和成长故事，内容真实自然，可读性强且情感充沛，真挚感人。

《窗边的小豆豆》不仅是一部儿童文学作品，更是一部能引发教育工作者深思的教育经典。作为教师，读完这本书，我深感其中蕴含的教育理念和实践方法，对于我们教育工作有着极大的启示和指导意义。

首先，我被小林校长的教育理念深深打动。他相信每一个孩子都是独特的，应该得到尊重和关注。他提倡自由教育和个性化教育，认为孩子应该在自由的环境中成长，发挥自己的潜能。他非常关心学生的健康成长，注重对学生从小进行饮食均衡的教育，如校长老师要求学生带到学校吃的菜里要有山里的和海里的东西。这是用孩子的语言，让孩子接受健康的知识。这种理念与现代教育理念高度契合，提醒我们要一切从学生的健康出发，关注学生的个性差异，尊重学生的选择和兴趣，促进学生的全面发展。

其次，小林校长的教育实践也给我带来了很大的启示。他善于倾听学生的声音，鼓励学生表达自己的想法和感受。如小豆豆入学的第一天，校长认真地听了小豆豆的四个小时“演讲”，没有一点儿显示出不耐烦，或打呵欠什么的。对于喜欢表现自己的小豆豆，这样的学校怎么能让她不喜欢呢？他关注学生的心理健康，通过关爱和理解帮助学生克服困难，建立自信。这种教育实践让我意识到，作为教师，我们不仅要传授知识，更要关注学生的内心世界，成为他们成长路上的引导者和支持者。

在阅读过程中，我常常被书中的故事所吸引，尤其是小豆豆在巴学园的成长经历。她从一个被视为“问题学生”的孩子，逐渐变成了一个自信、勇敢、有爱心的人。这个过程让我看到了教育的力量，也让我更加坚信教育的目的是培养具有健全人格和精神独立的人才。

在巴学园里，孩子们没有被束缚在固定的课程和教材中，而是按照自己的兴趣和节奏学习。这样的教育模式有助于培养学生的自主学习能力和创造力。这让我思考如何在我的课堂上引入更多的灵活性和开放性，让学生在探索和实践中学习知识，激发他们的创新精神。学校让学生在兴趣中学知识，教师将所学的课程列出，让孩子们选择自己感兴趣的内容先学，到最后学习完所有列出的内容，完成学习内容后，让孩子们走出校园去散步，这是特殊的散步，在散步中让学生与自然亲密接触，接触人文，不但让学生学到更多有用的知识，而且让学生学会在社会、自然生活中学习知识。

想想我们今天的不少小学，连春秋季实践活动都以安全为由给取消了，规定的是“十不准”“十不能”。这样，孩子与“饲料鸡”的生长环境有什么差别？

此外，《窗边的小豆豆》还让我意识到要成为一名优秀的教师，需要具备耐心、细心和责任心。小林校长用他的行动给我们示范，他的每一个细节都透露着对学生的关爱和关注。

巴乐园让孩子尝试错误，在错中吸取教训，容忍学生错误的举动也让我非常欣赏。小豆豆钱包丢了，她认为是被马桶冲进了粪坑，于是自己去掏粪坑。将粪便弄到粪坑的周围。校长发现了，没有去责备她，而是让她自行其是，但交代要将掏出的东西送回原来的地方。又如小豆豆跳入了灰浆、跳入了粪池，这些都是些令人不安的事，但是孩子尝试了，也就认识了自己所做的事究竟是对的，还是错的。孩子会做些成人认为的傻事，比如小豆豆与自家的小狗做起了谁像狼的游戏，结果自己的耳朵被小狗咬得快掉下来了。但她首先想的不是自己的疼痛，而是担心小狗会被自己的爸妈责备，一个孩子设身处地为他人着想的善良之心就这样被悄然激活，渐渐得到培养。

作为教师，我们应该像小林校长一样，用心去理解学生，用爱去温暖学生，用责任去引导学生。

最后，《窗边的小豆豆》让我深刻认识到教育的真正意义不在于传授知识，而在于培养学生的品格、情操和创造力。作为教师，我们要时刻保持一颗学习的心，不断更新自己的教育理念和方法，为培养具有全面素质的人才而不懈努力。让我们共同努力，为每一个孩子的成长之路点亮明灯。

请多多跷起你的大拇指

——读于永正《教海漫记》有感

近日，我拜读了于永正老师的《教海漫记》，开卷竟不忍释手。这本书是于老师几十年教育经验的集萃，是于老师教学生涯的记录，也是于老师内心情感的真实袒露。书中的每篇文章篇幅虽然不长，但都有一个中心，几十篇文章又贯穿在一个大中心中。内容平实，文笔流畅，像是一位老教师跟你娓娓谈心，又像是讲故事。许多生动的实例，不少幽默的话语，让人忍俊不禁。一口气读完，大有相见恨晚之感。

于老师的字里行间，无不体现着他对教育的执着，对学生的热爱。他在书中反复强调了“用心”对待学生的重要性。他深知，每一个学生都是一个独立的个体，他们有着自己的思想、情感和梦。而作为教育工作者，我们的任务不仅仅是传授知识，更要关注学生的内心世界，要用爱和耐心去引导他们健康成长。

我很欣赏于老师的“跷起大拇指”的做法，因为教育的魅力也就在这些小的细节上。于老师在书中写道：“上中学的时候，我的语文老师在他的一篇作文的后面批了这样的两句话‘有老舍风格，此文可以试投《中国青年报》。’就为了这两句话，我把作文在怀里揣了两天。”如果老师写上四五句，他非把作文揣烂了不可。虽然后来他也把作文投寄过去，直到今天也没发表，但那句话却启发了他对作文的兴趣，激励了他一辈子。

这本书中还有这样一则小故事，说的是有个叫张斌的小朋友，作文成绩不好，有一次，张斌终于写出了一篇比较通顺的文章，于老师想写上几句鼓励的话语，可他考虑到二年级的小朋友思维靠的是形象，于是就把话变成了一幅画，他在作文本上画了一只跷起的大拇指，并在旁边写了一个“棒”字，没想到就这样一个小小的举动，让张斌来了劲，从此，他的作文都写得很认真。

于老师的教学生涯中从不吝啬表扬，像春不吝啬他的风，不吝啬他的雨。他用表扬扬起了学生理想的帆，并把它鼓得满满的，不容半点松弛。

是啊！在实际的教育教学中，表扬和鼓励确实能给孩子以动力，表扬和鼓励是伟大的教育法宝。因小时候成功了某件事情而受到表扬和鼓励，使其立下志向并最终成为专家学者的，不乏其人。所以，我们作为教师，也应该为孩子的成功而感到高兴，也应为他的努力而跷起大拇指。特别是低年级的孩子，他们更需要老师的表扬。尤其是一年级的孩子，他们刚刚踏进学校这个大门，一切都是那么的陌生，甚至什么也不会，不知道上课的时候该干什么、不该干什么，于是就需要老师从零开始，一点一点地引导他们。在引导的过程中，你会发现表扬对于教育这些低年级的孩子来说真是一件法宝。

此外，《教海漫记》还让我明白了教育的艺术性和创造性。教育不是简单的知识灌输，而需要我们用心去发掘每一个学生的潜能，激发他们的创造力。我们要鼓励学生敢于尝试、敢于犯错，让他们在失败中成长、在挑战中进步。同时，我们还要善于发现学生的兴趣和特长，为他们提供个性化的教育方案，让他们在擅长的领域里尽情地展现自我。

于老师在书中分享了自己丰富的教学经验和巧妙的做法，这些都是值得我们深入学习和借鉴的。作为教育工作者要时刻保持一颗学习的心，不断地学习新的教育理念和方法，提升自己的教育水平，更好地为学生服务。

读完《教海漫记》，我受益匪浅。这本书不仅给了我很多启示和灵感，更让我明白了教育的真谛。在未来的教育工作中，我将牢记于永正老师的教诲，用心去对待每一个学生，用爱和耐心去引导他们健康成长。相信他们一定能够在未来的道路上走得更远、更稳。

以教育之眼看《八角笼中》

2023年有部电影《八角笼中》正在热播，票房已经突破22亿。这是一部由王宝强自导自演的现实题材作品，故事跌宕起伏，震撼人心！该电影热播的背后，留给我们怎样的启示呢？

人生的道路从来都不是只有坦途，有时你别无选择

电影讲述了一个从偏远农村走出的格斗新星向腾辉（王宝强饰演），他苦练本领，在一次重大的比赛中夺冠，但奖牌却被无情剥夺。只因被黑心教练陷害，骗吃了违禁药。他一怒之下，将教练打成重伤，最后虽然真相大白，他却因故意伤人被判入狱。大好前程，毁于一旦。母亲也受不了此打击，变得痴呆疯癫。于是，向腾辉发誓这辈子再也不碰格斗。出狱后，向腾辉本只想好好做一个沙场老板，但因为一次夜间出车，遇到一群拦路打劫的半大孩子。这群孩子有些是失去双亲的大陇山孤儿，有的是因为家里太穷无路可走，有的甚至是因为父母吸毒根本顾不上他们……看到这些孩子的境况，向腾辉的内心起了波澜。无独有偶，当地一小老板，靠贩卖莼汁粉牟利，适逢北京申奥成功，他预感将来中国的体育事业必定有很大的发展，于是主动找到向腾辉希望他能利用冠军的身份，开办一个格斗俱乐部，并支付了启动资金。这让原本发誓再也不碰格斗的向腾辉有了新的想法。这群孩子被恩波格斗俱乐部收养之后，他们不再流浪，他们也不再拦路抢劫，告别了家乡的洋芋，也告别了营养不良，他们在俱乐部吃上了白米饭，吃上了糖醋排骨，睡上了软软的床，孩子们终于有了一个家……孩子们在俱乐部里学习文化知识，练习综合格斗，还偶尔参加一些商业演出，这些孩子们在格斗中找到了自信和快乐，也让生活本没有出路的他们，看到了一丝通向未来的曙光。

人们呀！请你不要总是站在道德的制高点看问题

正当向腾辉准备倾注全部心血，大展拳脚，把这些无人照料的孩子培养成才之时，一段关于“格斗孤儿”的视频出现在网上。随着往日的表演视频陆续被爆出，这些“残忍、血腥”的画面刺激了不明真相人们的神经。很多人认为俱乐部利用孩子们牟利，并对他们进行虐待和剥削。一夜之间，舆论开始发酵。主人公的生活、孩子们的前途都陷入人们以善良为名编织的大网中，让他们难以挣脱，重回泥沼。关于未来，他们的出路又将在哪……

在警方和教育部门的强行干预下，这些孩子被强行送回了家乡，接受法定的义务教育。但是，令人意想不到的是，这些孩子们却表示不愿意回家，更想留在俱乐部里继续学习格斗。

真相永远不会缺席，人心所向才是硬道理。这部电影其实也是王宝强以及很多出身贫寒孩子的人生写照，他们中有人凭借自己的努力改变了自己的命运，当然还有更多的人，连这个改变命运的机会都没有。剧中的苏木就是其中的一个幸运儿。

事实证明，通往成功的路永远不止一条

电影《八角笼中》苏木的原型，正是恩波俱乐部被誉为“藏族雄鹰”的苏木达尔基，他是中国藏族第一个签约 UFC 的选手，从恩波俱乐部打向世界，也是恩波俱乐部成年组的队长。

苏木达尔基于 1996 年出生在四川省阿坝州黑水县，是家中独子。父母务农，家里穷到连牛都没有一头，他自诩家中的收入仅够活着。

2010 年，14 岁的苏木达尔基第一次来到恩波俱乐部，仅穿了一身衣服，没有带任何行李，恩波第一时间便带着他和新来的孩子们去品牌店购置衣物。在他和其他孩子们的眼里，恩波是爸爸一样的存在。自此，他在恩波俱乐部有了自己

的一张床，他的第一个反应，便是能一直住在这里就好了。这样的心态，也被王宝强捕捉到，并写进了《八角笼中》的剧情："这里的床好软，要是能一直在这儿就好了。"有软软的床睡，有帅气的新衣服，有肉吃，有学上，有比赛打，这就是苏木梦寐以求的神仙日子。

苏木 14 岁启蒙散打，19 岁开始转练 MMA 综合格斗，22 岁正式签约加入终极格斗冠军赛（UFC）。2016 年，苏木达尔基开始职业 MMA 综合格斗生涯。2017 年 1 月，苏木夺得武林笼中对蝇量级金腰带……在 2018 年，苏木达尔基一场比赛光是出场费就有 1 万美金，已经是一家人数年努力才能获得的收入。除了出场费，还会有获胜奖金和赞助分成等其他收入，这是十几岁的他，曾经想都不敢想的生活。

在苏木看来，学习和打拳对于他来说，打拳才是那个真正属于自己的出路。这些大山里走出来的贫困孩子，本如野草般卑微，却又是那样不屈不挠，顽强地与命运抗争，找到了自己的出路。

小人物如何在纷繁复杂社会夹缝中求生存

在这个故事中，大山的贫困孕育了任命运摆弄的孩子，资本的逐利造就了皆为利往的商人，自媒体时代流量至上，催生了放弃真实与客观的媒体……向腾辉为让俱乐部支撑下去，让孩子们有口饭吃，他不得不找夜总会老板接一些商业格斗表演；为了给孩子们注册学籍，他低三下四去求私立学校校长，被道貌岸然的校长索捐 200 万；苏木和马虎两位爱徒打进"乾坤决"后，被黑心俱乐部老板用卑劣手段威逼利诱，只得解散俱乐部，转让队员。

然而，向腾辉所做的一切努力，都敌不过资本、媒体、舆论三者任何一方的突袭，更何况是三者突然同时袭来。而这也是现实生活中，小人物所面临的困境"一切的小心翼翼，都敌不过时代滚滚洪流的裹挟。"

随着俱乐部被解散，苏木因状态不好被逼吃药，被毒打致残；马虎打抱不平被开除，被迫“重操旧业”，一切似乎又回到了原点。马虎在被捕前对向腾辉说出的那段话，更是发人深省，“我们大山里的孩子就像是打水漂的那块石头，很多时候拼了命往外走，最后的结果也是像石头般沉入水里，这就是我们的命。”幸运的是，故事情节很曲折，但结局很美好。电影的最后，真相得到还原，黑心俱乐部老板得到严惩，苏木重返拳坛，冠军争夺战中，在体格明显劣势下，绝地反击赢得了冠军，站在了人生的巅峰。他用自己的努力，改变了自己的命运，改变了一家人的命运。

在这部电影中，底层出身的王宝强也在现实中与孩子们共情。电影、现实与王宝强三者形成了一个闭环，从困苦中一步步走出来的王宝强，再望向那些大山里的孩子，就像看到了曾经的自己。他将他们真实的遭遇以电影的形式，呈现给了这个物质充裕而精神匮乏的时代。

因此，这部电影又不仅仅是在讲述孩子们的故事，也曲折投射了王宝强自己成长励志的故事。想当年，他自己也是历尽千辛万苦，由一个底层农民工蜕变成一线当红明星的，他本身就是靠自己努力改变命运的杰出代表。总之，这部电影反映出来的现实问题，背后蕴含的教育意义，值得我们每一个人好好思考。

我命由我不由天

近期我读完赵建著的《马云传》，颇有感受，不吐不快。

马云其貌不扬，却是各大媒体争相追捧的"明星"人物；他个子不高，却是中国互联网界的"小巨人"；他三次高考，数学两次几乎收获"鸭蛋"，却没有妨碍他成为中国最精明的商人之一；他被称为"骗子""疯子""狂人"，可国际巨富却削尖脑袋，争相成为他创建的阿里巴巴的股东。

他被称为"创业教父""互联网界的拿破仑""草根英雄"，他在国内外各地演讲，都曾引起人们的强烈反响，他是《赢在中国》中得到掌声最多，最受欢迎的评委……

细数着马云头上的种种光环，脑海中立刻能够浮现一个全面的、立体的、鲜活的人物形象。

"深凹的颧骨，扭曲的头发，淘气的漏齿笑，5 英尺高，100 磅重的顽童模样。这个长相怪异的人有拿破仑一样的身材，同时也有拿破仑一样伟大的志向。"

——摘自美国《福布斯》杂志

马云绝对算得上是一位从平凡人家横空出世的英雄。不知为何，突然想起前些年热播的影片《哪吒之魔童降生》中的一句经典台词"我命由我不由天"。在我看来，马云就是一个永不放弃，绝不向命运低头的人。

求学篇：可以不是最优秀的学生，但不能没有自己的优势

1964 年 9 月 10 日，马云出生在杭州西子湖畔一个非常普通的家庭，家中三个孩子。他的父亲是戏剧协会的负责人，母亲在杭州一家钟表厂上班。

“我从小是一个傻孩子，大愚若智，其实很笨，脑子这么小，只能一个一个想问题，如果谁连续提三个问题，我就消化不了。”马云曾经这样评价小时候的自己。

的确，马云从小功课不算好，尤其是数学，初中升高中的时候，由于成绩不佳，他甚至考了两次，其中一次数学只得了 31 分。

所以，很多孩子的落后只是暂时的，每一个人的命运都不应该早早被定义。

古今中外，很多杰出人士，在幼年和少年时代并未表现出多高的智力水平。比如牛顿小时候成绩就很差；爱因斯坦曾被老师认为是智障者；达尔文在日记中写道：“不仅教师，连家长都认为我是平庸无奇的儿童，智力比一般人低下。”诸如此类的例子不胜枚举。可是，这些人最终都取得了巨大的成功。

马云在数学方面缺乏天赋，成绩极差，但英语却出奇的好，而这个特长对马云的人生有着决定性的影响。

英语好，他才能考上杭州师范大学外语系，才能成为当年 500 名毕业生中的佼佼者，毕业后留校任教英语，才能创办海博翻译，才有机会去美国，才有机会接触网络，也才有了后来的阿里巴巴。英语好，才能让他多年后，在面对 BBC 等世界各大媒体采访时应对自如，在各地演讲时侃侃而谈。

为什么数学奇差无比的马云英语却学得很优秀呢？

据马云自己回忆，在读中学时，受到一位教地理的女老师的影响。这位老师的教学方式非常有吸引力，她的课让人如沐春风，她经常给同学们讲一些自己的经历和故事。马云和其他同学都很崇拜这位地理老师。

有一次上课，这位老师讲了一件事，使马云受益终身，甚至可以说改变了马云的一生。

老师说，有一次她在西湖边上，几个外国人问她关于中国地理的问题，她英文很好，自然对答如流。老师总结说，你们要学好地理，不然他们问你的时候，你会给中国人丢脸。不曾想到，这句话竟然成了马云学习英语的最大动力。

那节地理课上完后，马云请求父母为自己买个收音机，每天坚持听英文广播。

那一年的马云，刚满 12 岁，当时改革开放如火如荼，杭州作为旅游胜地和投资宝地，自然吸引了大量外国人，借着这个有利条件，马云一有机会就在街上逮住外国人练习英语。

马云学英语其实也没有特别的技巧，归纳起来很简单，就是多听多讲。

马云的英语口语就这样一天天流利起来。马云就是借着一种“厚脸皮”精神，借着不怕出丑的大无畏精神，不仅练就了一口流利纯正的英语口语，还结识了很多外国朋友，这也为后来与世界各国商业巨头流畅沟通，洽谈业务打下了良好的基础。

马云最喜欢看的书是金庸的武侠小说。金庸小说中的主人翁郭靖、杨过、张无忌、令狐冲、胡斐……不管出生好坏，几乎每个人都历经过各种磨难，甚至遭受过死亡考验，而最后都能克服重重困难，成为顶天立地的大英雄。这些侠义故事对马云的成长有着巨大的影响。

也许正是由于出身平凡、相貌一般、智力水平不高的先天条件，使得马云在一种劣势环境中成长，让他有了一种更加强烈的突破欲望，逆风飞扬，最终笑傲九天。

成长篇：每一段经历，都是成功道路上的必经之环

大学四年，马云发挥了他从小就练就的本领，不怕挫折，永不放弃，凭着优秀的口才和良好的人际关系，不费吹灰之力就当选为学生会主席，后来还再接再厉登上了杭州市学联主席的位置。就这样，曾经调皮捣蛋的“差生”蜕变成了一名优秀的大学生。马云自己总结说，“一个人一定要有理想考上大学，一定要有理想在大学里待 4 年。在大学，一个人最需要学习的其实不是知识，而是学习能力。”马云曾坦言，自己上大学最大的收获就是学会了如何学习。

1988 年，24 岁的马云毕业了，被分配到杭州电子科技大学任教。当时学校领导也很看重这个小个子，因此用激将法劝他：“你能不能在这所学校教 6 年书？”

马云当即允诺：“可以！”就这样，马云开启了他的教师生涯。

当然，马云也并不满足于一辈子在学校度过，他既不像现在那些有“抱负”的老师那样“身在曹营心在汉”，也不像那些“热爱”学校的老师，整天无所事事、浑浑噩噩。既然做了老师，他立志让自己成为一名优秀的老师。

马云所教授的课程是英语，他的上课方式不但精彩，而且总是能够以轻松愉快的方式让学生们都投入学习中来。他的课深受学生们喜爱，实际效果也很好，即使是基础极差的补习班学生，经过他细心地调教，也居然能说一口流利的英语口语。

既然做了老师，马云就让自己沉静了下来，真正爱上这个职业。他并不让他的学生读死书，死做试卷，因为在马云眼里，只会做试卷是没有能力的表现。马云在学校教书的 6 年，让自己成为一名真正的老师，他特殊的人格魅力也吸引了许多人到他身边，这可以说是他教学生涯的意外收获。阿里巴巴最初跟他创业的 18 个元老，有几个就是他的学生。

可以说，马云在大学毕业后选择做老师，是为了遵守一个承诺，但不得不说，这段难忘的教师经历，也让他受益匪浅，他练就了一张“铁嘴”，不仅能够说服人、鼓动人，甚至能改变人；在他巨大的感召力下，一群有志青年追随他，和他一起创业，继而享受阿里巴巴的红利，走上人生的巅峰……

创业篇：不甘平庸，选择了就会坚持到底

马云从来就是一个激情四射而又躁动不安的人。虽然为了承诺，他愿意接受平静的校园生活，但内心深处，他还是充满了幻想。

1994 年，国内兴起下海热潮，马云充分利用自己的英语特长和朋友一起创办了“海博翻译社”。

第二年，马云满 30 岁，到了而立之年，这一年他因为教学成绩突出，被评为“杭州十大杰出青年教师”。同时，他所供职的杭州电子科技大学校长对他许诺，将来让他当学校驻外办事处主任。可就在大家都认为他在学校发展前途一片

光明的时候，马云却做出一个惊天动地的决定，毅然辞掉高校教师的铁饭碗——“下海”了。

马云在创业的道路上并不顺利。1995年，马云第一次去美国，被骗，随身的行李全没了，被无情地抛弃在美国机场候机厅。这经历真有点像阿里巴巴遭遇四十大盗。美国骗子商人没能要了马云的性命，却让他无意中发现了藏宝的山洞。这次美国之行，马云首次接触网络，就有了初步创业的打算。马云从美国飞回杭州后，下飞机的当晚，他就迫不及待地把24个朋友邀到家里，随后即成立了中国第一家互联网商业公司—— 中国黄页。

“从第一天开始做互联网，我就被人家当作是骗子，到后来当成疯子，到今天别人把我当狂人，我已经根本不在乎别人怎么看我了。在今天这个社会中，你是不是真正在做有意义的事情，这个很重要。”走到今天，马云如是说。

马云一开始之所以被很多人当成骗子，多是因为误解和猜忌造成的，毕竟在中国黄页的草创时期，马云及其团队所兜售的实际上是一种在国内还看不到的商品。马云顶着“骗子”的帽子，却常常是被骗的对象。事实上，在那个时期，骗马云的不仅有商人，还有企业、机构甚至媒体。在一个诚信面临危机的年代，被骗几乎是每个企业家的宿命，是其必经的磨难。

“男人的胸怀是委屈撑大的”，正是在经过了残酷的商战磨砺，互联网寒冬危机，以及突如其来的非典危机，马云带着阿里巴巴团队上下一致，共渡难关，最终成就互联网的奇迹和神话。

1997年马云率其团队加入中国外经贸部，负责开发其官方站点及中国产品网上交易市场。

1999年开始创办阿里巴巴网站，开拓电子商务应用，尤其是B2B业务。

2003年马云在杭州的公寓中，创办独立的第三方电子交易平台淘宝网，目前在中国市场位居第一。

2004年，推出在线支付系统支付宝。2005年和全球最大门户网站雅虎战略合作，兼并其在华所有资产，阿里巴巴因此成为中国最大的互联网公司。

个人篇：一个人的才华与他的容貌往往成反比

马云是一个其貌不扬的人，他说过，“一个人的才华与他的容貌往往成反比。”作为阿里巴巴帝国的王者，他很多行为在常人看来，都是近乎不可理喻的“疯”。第一疯，30 岁做出一个疯狂的决定，毅然辞掉高校教师的“铁饭碗”，投身到自己完全不懂的互联网。第二疯，最初创立阿里巴巴的时候，在家中像个巫师一样疯狂地振臂高呼。第三疯，2000 年底，软银总裁孙正义决定向阿里巴巴投资 3000 万美元，马云通过长时间的思考，做出了出乎所有人意料的决定，只接受软银 2000 万美元投资。第四疯，2003 年 5 月，淘宝在“非典”中问世，马云向行业老大 eBay 发起了正面挑战。

网络上一直流传着一句话，“光脚的永远不怕穿鞋的”，在“疯子”和“骗子”的称号外，马云还有着“狂人”的名号。

2004 年，马云在上海接受媒体采访时，抛出了对实力雄厚的 eBay 易趣颇具挑衅性的言论：“我再给它一个月的时间，到时候淘宝就针对 eBay 致命弱点发动反击。”

在阿里巴巴首轮战胜 eBay 易趣后，马云又称：“游戏即将结束，同 eBay 的竞争已经提不起我的兴趣。”

在谈到阿里巴巴的发展战略时，马云说：“我们打败了 eBay，收购雅虎（中国业务），阻击 Google。这非常有趣，竞争就是为了娱乐。”

2004 年马云获评“CCTV 年度十大经济人物”，也就在这个颁奖晚会上，抱着大奖发表感言的马云一语惊人：“我就是戴上望远镜也找不到对手！”

2007 年马云又添狂妄筹码。当年 11 月 6 日，阿里巴巴旗下 B2B 业务在香港联交所挂牌上市，融资 15 亿美元，创下了中国互联网公司融资规模之最，一跃成为中国互联网首个市值超过 200 亿美元的公司。

的确，看了以上的种种言辞，马云的确很容易给人留下一个“狂”的印象。其实这些都是表象，所谓的“狂妄”言辞，只是马云提升企业竞争力的手段和催动员工激情的“兴奋剂”。在其所谓“狂妄”的背后，马云内心的冷静、自醒一直伴随其间，与其狂言形成鲜明的对照。

马云也曾在公司上市后的新闻发布会上发自肺腑地说：“以前我就说过上市不过是加油站，加油之后更好地上路。阿里巴巴是个要持续发展 102 年的公司，现在公司只有 8 岁，还有 94 年的路要走，员工平均年龄也只有 27 岁，从这个意义上说我们还是孩子，还是小公司。”

在面对年轻人尤其是年轻的创业者时，马云更是谦虚到了极点，他是这样忠告年轻的创业者的：“我是个很笨的人，算，算不过人家；说，说不过人家，但是我创业成功了。我想，连我都能够创业成功，那我相信 80% 的年轻人创业都会取得成功。这其中有多种因素，眼光、境界、智慧、勇气、谋略都是很重要的因素。但是，有时候，意志、韧劲、抗挫能力，永不放弃的精神才是最重要的。”

关于如何在创业中坚持下来，马云这样说道：“今天很残酷，明天更残酷，后天很美好。但是绝大多数人死在了明天晚上，只有真正的英雄才能见到后天的太阳。”

马云，就是这样一位英雄，不怨天，不尤人，从来只会用行动去书写自己的命运。

夜读《曾国藩》

（一）风化

曾国藩讲，“文求气昌，字求气贯”。文气不昌，虽道理充分，其文不足称；字气不贯，虽笔笔有法，其字不足观。带兵亦然，军营中最重一个“气”字。作为统领者，应时时在军中培植新气、勇气，涤除暮气、惰气。

推此及彼，学校管理亦然，校园最重也是一个“风”字。如“学风”“教风”“校风”，三者相互作用，彼此交集，“学风浓”“教风端”，则“校风正”。三者之中“教风”为要。故治理学校，当抓“教风”为先。应在教师中大力倡导学习之风、革新之风，消除不思进取，躺平懒惰之风。

学校治理应“奖勤罚懒，优质优酬”，正如曾国藩说：“天下古今之庸人，皆以一惰字致败。”以勤治惰，以勤治庸，不管是修身自律，还是为人处世，“一勤天下无难事。”

（二）外交

曾国藩根据“咸丰十年八月洋人入京，未伤毁我宗庙社稷。”推断洋人要的不是江山而是利益。

在攻剿“发逆”（注：清廷对太平天国的蔑称）方面是一致的，故主张应“不宜忘其大，而怨其小者”。

主张对洋人要存有戒心，“洋人本性贪劣，诛求无度”，因为自古以来借外人之力办事者，事成后遗患甚多，不可不引起注意。

曾国藩总结出与洋人打交道的四句箴言：“言忠信，行笃敬，会防不会剿，先疏后亲。”

即与洋人打交道，要用诚信之心与之相处，刚开始时不宜跟他们亲密，如果你主动套近乎，表示出有求于他，必然会引起他们的轻视。

曾国藩当年的外交思想，时至今日，也并不过时。

（三）管理

曾国藩在安庆设宴，为得意门生李鸿章践行，那时李鸿章即将率新募 5000 淮军入沪，曾向老师求指点为官之道。曾国藩讲："督抚之职，一在求人，一在治事。"

"求人有四类，求之之道有三端。求人之四类，曰官，曰绅，曰绿营之兵，曰招募之勇。求之之道三端为访查、教化、督责。"

访查。"访"就像猛禽寻找食物，又如商人求财一般；"查"是指既然物色到人才，就应该"辨其贤否，察其真伪"。

教化。"教"者，诲人以善而导之；"化"者，率之以亲身。也就是说，你一旦发现并认定了人才就要影响他，教导他，培养他，并且能够做到亲身带领团队。

督责。就像"商鞅立木之法，孙子斩美人之意"，所谓千金在前，猛虎在后。意在告诉我们，要严格法度，立规矩，树制度，言必行，行必果，赏罚分明。

"治事也有四类，治之之道也有三端。治事之四类曰兵事、曰饷事，曰吏事，曰交际之事。其治之之道三端，曰剖析，曰简要，曰综核。"

剖析。是指每一事来，先从多个方面认真剖析。

简要。是指事情虽然千头万绪，但紧要的地方总不过几处，要学会抓大放小。

综核。是指所做之事，日有所记，月有小结，年有考核。

由此想到学校管理，看起来错综复杂，其实也只有"治人，治事"而已，曾国藩的管理方法，值得我们学习借鉴。

（四）读书

曾国藩生平最爱读《史》《汉》《庄》《韩》四书。他与长子纪泽曾有过一段对话，谈到读书之要诀。

“读书没有诀窍，就在熟读深思，但要说没有一点诀窍，也不是。”曾国藩认为读书的诀窍在“‘看、读、写、作’四字，四字紧密配合，每日不可缺一。”

看，指的是默观，即默读。

读，指的是高声朗诵。有些书，不高声朗诵不能得其雄伟之概，比如说李白、杜甫、韩愈、苏东坡的诗，韩愈、欧阳修、曾巩、王安石的文章，不高声诵读很难感受到其中雄伟的气概。

同时他还打了个比方，一个富贵人家善于积累财富，看书就像是在外面做买卖，能够收获颇丰，而读书就像是在家慎守，不轻易花费钱财。

写，就是抄写。对于写得好的文、句和章节，不但看、读、还要抄它一遍，记得就更牢了。

作，就是作文。即写作，可作诗文，可作律赋等。且宜早不宜迟，最好在二三十岁前立定规模，只因少年无须怕丑，且可四方求师，等岁月蹉跎，年纪大了，束缚与日俱增，更难有作为。

曾国藩讲朱子教人读书，曾说过八个字即“虚心涵泳，切己体察”。

“虚心”很好理解，即“不存成见，虚怀若谷”。

“涵泳”二字要领悟颇有一番难度。“涵”，好比春天的雨水滋润花朵，过小则难透，过大则离批；也像是清渠灌溉稻田一般，过小则禾苗枯槁，过大则造成洪涝。而“泳”者，则好比鱼儿喜欢在水里游，人也喜欢用清水洗脚一般。喜欢读书的人，应该把书当成水，把自己当作稻谷，花朵，鱼儿，濯足，全身心浸润……切己体察，就是将自身置进书本，去体验观察。即我们所说的读书要全身心投入，入静，入境，方能有所彻悟。

余以为，曾国藩归纳的读书方法，对当今语文学科学习也大有裨益。

生命的意义在于变化

——《不老泉》读后感

说来惭愧，我作为一名小学语文老师，所看童书屈指可数。但就在前年，我参加了一个线上小学语文课堂观摩活动，有幸听到江苏特级教师张学青上的一节课外阅读推广课，她介绍的正是《不老泉》，我立即被这个精彩而又离奇的故事深深吸引，现在回想起原因来，固然与张老师精妙的设计以及纯熟的教艺不可分，但更重要的是这本书引起了我对人生意义的思考，说实话，已经很久没有一本书能如此打动我的心了！

正如《芝加哥太阳报》评价的那样“作者轻巧地举起沉重的议题，让这本小说就像塔克一家一样，永恒不朽。”每个人都向往美好的生活，可是死亡是无法回避的，不管你是达官贵人，还是贩夫走卒；无论你是腰缠万贯，抑或一文不名，生活中许多事情都无法做到绝对公平，唯有每个人都无法回避的死亡，彰显了造物主对芸芸众生的一视同仁。

美国独立战争期间，塔克带着他的妻子和两个儿子赶着马车向东海岸进发，来到一个大森林，误喝了不老泉，一系列的奇异的事情发生了，他们的身体不会再受到任何伤害，生命的年轮永远停留在当初他们喝下泉水的那一刻。

我想，读到这里，很多人都会认为不老泉带给他们一家的是福音，长生不死不正是许多人梦寐以求的吗？可是继续读下去，才发现长生不死的这一家人过得并不快乐，人们视他们为异类，认为他们中了魔法。为了保守这个秘密，塔克一家人只得在村人的白眼和朋友的唾弃中背井离乡，塔克大儿子的妻子甚至认为“他把灵魂出卖给了魔鬼，于是带着两个孩子离开了”，最后落了个妻离子散，颠沛流离，原本幸福快乐的一家人被迫分离，约定十年相聚一次。

读到这里我又不禁为这家人感到惋惜，原本他们以为日子会这样一天一天平静地过去。87 年后的一天，温妮的出现让他们担心的事终于发生了，温妮发现了这口泉水，为了阻止温妮喝，梅和他的两个儿子只得把她“绑架”，于是不老泉的秘密被一一揭开。然而穿黄西装的陌生人出现，又使这个故事变得更加惊险，扣人心弦……

那么，纳塔莉·巴比特到底想通过这个故事告诉我们什么呢？终于在第十二章“湖上谈话”中我们找到了答案。是的，任何东西都好比轮子，但它们从没有一刻与上一刻相同，总是在成长、更新、前行，而且总是有新的东西在交替。这是万事万物运行、生生不息的自然法则。

参与这法则本是一种福气，只是这份福气，却跳过了塔克一家，使他们家退出这轮子。无怪乎塔克要说“如果我知道如何爬回转轮的话，我会马上爬回去。你要活着，就不能脱离死亡。因为死亡也是转轮的一部分，就在诞生的另一端，一个人不能只挑选他喜欢的那些，而不管其他部分。你要活着，就不能脱离死亡，我们家目前这种状况，不叫活着，只是一种存在，如同路旁的石块一样，是一种简单的存在。”为了让温妮明白这个道理，他举了自然界水循环的例子，“水会永远向前奔流，而我们狄家却在这条河流中被卡住，永远无法再前进。”

读到这里，我有个疑问，“揭示生活真谛的为什么是塔克，而不是梅或者迈尔斯、杰西呢？”仔细思量，终于明白了——四十岁的塔克生活阅历丰富，坚强勇敢，而且温和善良，他对这个从天而降的小姑娘关怀备至，宠爱有加。他采取了迂回的战术，用生动准确的比喻让温妮感受到他们一家的痛苦，并说明了不老泉的秘密被公布于众，会造成怎样的混乱局面。尽管此时温妮并没有作声，但在她的心中其实已经埋下了答案，于是才会有 17 岁的爽约，以及尾声中塔克一家人看到温妮的墓碑时的黯然神伤……

这样一个看起来离奇荒诞的故事，为何有这么大的魔力，吸引了千千万万的读者为它痴迷，因为它引起了我们每一个人对人生意义的追问？记得一个孩子曾问我：“老师，人为什么会死呢？既然人总是要死了，那么活着究竟又有什么意义呢？”当时我真的不知道该如何回答她。其实有这种想法的不单单是她，类似的想法也常常在我的脑海里浮现，想到自己终有一天也会离世，心里就会惆怅、伤感，甚至感到莫名的恐惧。

可是没有死哪有生呢？佛曰：“诸行无常，是生灭法。生灭灭已，寂灭为乐。”世事万物无常态、无常理，生生死死、朝朝暮暮、花开花谢是我们无法控制和左右的，就随他去吧！当我们认清了生死的本来面目，于是，智慧和慈悲，平静和淡然便会从每个人的心中油然生起，我们不再畏惧死亡。

当活着的时候，我们就应该珍惜生命，善待自己和他人，充满信心和毅力！当死亡来临时，我们将心怀宁静和喜悦！想到这里我也能理解为何庄子在妻子去世后，弟子前来凭吊，而他则“方箕踞鼓盆而歌”。在庄子看来生生死死，就像来来往往，就如同春夏秋冬四时的更替。

生并不是获得，死也并不是丧失，生并不比死具有更大的意义。正如司马迁所写“人固有一死，或重于泰山，或轻于鸿毛。”活着就该好好地活，活出自己的精彩，实现自己的人生价值，只有这样当我们终老时才不会蹉跎遗憾.

“八月的头一周高高地挂在整个夏季的顶端，也是这漫长一年的顶端，就像从转动中停息的摩天轮最高点的那个车厢。前面的日子从温和的春天缓缓爬升上来，后面的日子也会慢慢落入到凉爽的秋天里去。”

多么优美隽永、充满诗意的语言啊！生命何尝不像一个巨大的摩天轮，无时无刻不在运转。而我呢！已到不惑之年，自己生命的轮子似乎也正处在人生的顶端，年富力强、精力旺盛，如果不能抓住这人生中的美好时光，一定会抱憾终身！

朋友们，正因为我们知道终有一天每个人都将离去，所以我们才应该倍加珍惜活着的每一天，正因为我们知道明天的不确定，才期待明天会更好。

人生的意义在于体验，在于不断变化着的角色。曾几何时我们还是懵懂的儿童，可是我们还没有享受够美妙的童年，青年时代就已经悄悄溜走了。许多年后我们也会变得苍老佝偻，满头银发。但我们依然会笑对人生，因为我们知道生命之轮只有完整才是神圣的，生命的意义在于变化。

（2018 年 10 月 15 日）

朝着梦开始的方向

“人的一生中至少要有两次冲动，一次为奋不顾身的爱情，一次为说走就走的旅行。”

我无意考究这句话到底是谁说的，也不去揣摩语言的精准性，只是热爱这狂热而富有浪漫主义色彩的表达。确实，旅行的过程就如同人生全景的微缩，诗意而富有哲学，人生需要一场旅行。《牧羊少年奇幻之旅》就是这样一本书。

一本畅销奇书——《牧羊少年奇幻之旅》

这是一本奇书，风靡全球21年，畅销160多个国家，曾登上20多个国家畅销榜首，荣获33项国际大奖。它被亚马逊评为“几十年一遇，能够彻底改变一个人一生的书。”克林顿、普京、希拉克不约而同地进行了隆重推荐，金庸、曹文轩、大江健三郎等中外知名作家以及全球数百位知名人士倾情推荐！

我在想，一本书为何有如此大的魅力？

一位传奇作家——保罗・柯艾略

1947年，保罗・柯艾略出生在巴西里约热内卢，后因性情叛逆三次被送到精神病院，甚至被囚禁。就是这样一个人们认为不可救药的人，1986年从法国南部穿越比利牛斯山脉，抵达西班牙圣地亚哥朝圣，历时3月，徒步600公里。旅途中的种种见闻，让保罗・柯艾略决定把这段经历写下来，两年后，风靡全球的《牧羊少年奇幻之旅》问世。1987年出版小说《朝圣》后一发不可收，18部作品以68种文字，在全球160多个国家和地区出版发行，总销量超过一亿册。而《牧羊少年的奇幻之旅》是他众多作品中最著名的。

一幅抽象图画——牧羊人

我们无法分辨他的面目，手持一根长篙，后面紧跟着一群羊，远处是像金字塔般的群山，周围是无尽的沙漠，空旷、荒凉、辽阔无边。这是一个怎样的牧羊人，他要去向何方，在这场旅行中他又有怎样的奇遇，这到底是一个怎样的故事？

带着这么多的阅读期待，我迫不及待地翻开了第一页……

故事简介

一位名叫圣地亚哥的西班牙少年，放弃了父亲为他安排好的人生，攥着三枚古老的西班牙金币，买了一群羊，开始了自己的旅行。

在牧羊过程中，他收获了很多生活阅历，熟悉了自己的羊群，甚至爱上了一位商人的少女。可是他却一直重复做着同一个梦，他找到一个吉卜赛老妇人解梦，后来又遇到了撒冷之王，王化身为一个老人鼓励他去完成自己的天命。他告诉男孩，“在这个星球上，存在一个伟大的真理，不论你是谁，不论你做什么，当你渴望得到某种东西时，最终一定能够得到，因为这愿望来自宇宙的灵魂，整个宇宙会合力帮助你实现。”在他的诱导下，男孩最终卖掉了自己的羊群，暂时不再想那个商人的女儿，带上一小袋钱，只身前往非洲，可是仅仅在第一天，他所有的钱就被一个品德败坏的少年骗走。

圣地亚哥感到了绝望，但这种想法只在头脑里停留了片刻。随后他运用自己的勤劳和智慧，帮助一位濒临倒闭的水晶商人重新找回了昔日辉煌的生意，他也由此得到了一大笔佣金，得以重新上路。后来他又遇到一个奇怪的英国人，在英国人的指引下，终于在一个沙漠绿洲中找到了炼金术士。也在这片绿洲中，因为帮助部落的首领抵御了敌对士兵的入侵，受到了尊重，并找到了自己的爱情。

此时的他拥有权力、财富和爱情，原本以为他会留下，终了一生，但他还是选择了和炼金术士一起上路寻找宝藏。在途中遭遇了两次死的考验，都运用自己的智慧以及心灵的力量逐一化解，最后终于发现了宝藏。更让人觉得不可思议的是，宝藏其实就藏在当初出发的那个地方。

我的思考与感悟

故事情节跌宕起伏，充满哲理，能让人从中汲取智慧与力量，书中人物对待梦想的态度，或许就有你我的影子。

这篇作品充满象征意义，宝藏象征着理想；羊群象征着他有限的财产，让人留恋不舍抛弃；父亲的忠告以及商人的女儿象征着亲情、爱情，难以割舍。

人生需要一点冒险精神，尤其是青年时代，如果时机允许，去闯荡，去游历四方吧！谁没有在年幼时想过去远方追逐梦想呢？或许作者对于梦想解读是：结果并不重要，珍贵的是实现梦想的过程。所以，不要被眼前的迷雾所羁绊，继续为实现理想积蓄力量。有时，我们看待梦想过于痛苦和缥缈，也是由于将结果看得太重，忽略了因为梦想而获得的成长。正如本文开头那句话："当你想要某种东西时，整个宇宙会合力助你实现愿望。"在实现梦想的过程里，你将会更深刻地理解周边的事物，将它们纳入你的经验，转化为成长的动力。

生活中，多少人因为不愿意走出去舒适的圈子而选择隐忍、退缩？但故事中的圣地亚哥却遵从心的呼唤，一直朝着自己理想努力，他勤劳、友善、聪明、慷慨而不固执，尽管也有过迷茫、苦闷、徘徊，甚至伤心，面对一次次的失败，都没有放弃，因为他的这些宝贵品质如星星闪闪发光，照亮他前行的道路。

回想一下自己，年少时曾有那么多美好的理想，也曾激动得几夜睡不着觉总想有和别人不一样的活法，活出自己的精彩。工作二十余年来，在无情现实的摧残下，在平淡无奇的生活中，感觉自己棱角磨圆了，意志消磨了，曾经的理想离自己似乎越来越远了，在社会这个大染缸中沾染了太多的世俗，生活没有了方向，想到这里不禁让人头涔涔，泪潸潸了。读罢这本书，心中似乎又重新充满了力量……

一位哲人曾告诫过我们“不要只顾埋头拉车，还要懂得抬头看路。”是啊，当我们行走了一段路后，一定要抬起头好好看看，并问问自己正在走的，还是当初的那一条路吗？即便不是，哪怕是当初的方向也好。

《牧羊少年奇幻之旅》是一本回味无穷的好书，启示我们实现梦想要经历一个艰难的过程，需要勇气、智慧、执着并经受住考验。让我们重拾行装，再出发，像牧羊少年一样无拘无束，自由自在，向梦开始的方向继续前行吧……

（2015 年 3 月发表在《现代少年报》）

《曲终人在》读后感

近日得空，捧起久违的《人民文学》，开篇就是一部长篇小说《曲终人在》，作者周大新。本想随便翻翻，小说情节跌宕，令人不肯释卷。读罢，掩卷而思，心中有万千感慨，不吐不快！

《曲终人在》是周大新继长篇小说《预警》之后，又一部反映当下社会现实的力作。作品没有回避社会现实中的官场腐败问题，直面矛盾，深入思考。小说以仿真纪实的结构，虚构了26个被采访对象，以“非虚构”的方式，讲述了他们与欧阳万彤省长的交往或接触过程。

作者试图通过不同人物、不同身份的讲述，多侧面、多角度地“复活”已经死去的欧阳万彤省长。此故事有别以往的官场小说以环环相扣的精彩剧情吸引眼球，而以访谈录来还原事情的全部真相。访谈的对象有欧阳万彤的亲人、乡亲、挚友、陌生人甚至政敌，身份有企业家、保姆、司机、政府工作人员等。一切都是力求还原清河省省长、省委副书记欧阳万彤最真实的人生。

这些讲述犹如推土机般强大，塑造出一个立体的、难以撼动的、真实的欧阳万彤形象。

欧阳万彤，一位农民的儿子，原本只想做个让乡人艳羡的画匠抑或令乡人追捧的吹鼓手，不想却一步步走到了权力的高峰，当上了省长。

中间虽经历了几次宦海沉浮，但他仍然凭借自己雄才与正直屹立不倒。他执着坚毅，洁身自好，不为金钱美色所诱惑，令人佩服。

欧阳万彤享年六十九岁，正如圆山寺住持智贤法师所言“俗世上喜欢用时间，也就是用年岁来度量，以为这就是他的人生长度。其实不然，佛家是以做佛事的次数来度量的，古时的西域，人们比较人生，是看他一生步行的距离，步行九万里的，都算人生无憾了。”

欧阳万彤是一个清正廉洁的好官，为官一任，造福一方。让我们一起来回顾一下他的政绩吧！他上任县长第二年，就让西恭县的粮食产量跃居全省第一；当上市长后，他不为亲戚朋友谋私利，不惜冒着得罪上级，甚至受到死亡的威胁，处理污染企业，处理违纪干部；当上省长积极开展自我批评，在机关开创廉洁作风，每作出一项决策都必走三道程序：调研——专家论证——民意测验，对民心民意表现出真正的敬畏。这是何等的难能可贵！

这部小说，除了塑造欧阳万彤，还塑造了众多人物形象。

他的同乡魏昌山混入军界，身居高位，终因贪腐锒铛入狱，晚节不保；他的前妻林蔷薇，身为县长千金，屈身下嫁，难能可贵，但终因权欲被人拉下水。还有一个可恨之人简谦延，此人阴险狡猾，勾结权贵，殃民乱政，最后却没有被惩处，实在令人愤慨……

当读到“欧阳万彤为何在身居高位时突然提交辞职报告”这一情节，我百思不得其解。

直到最后，看到他与继女笑笑的一番对话才豁然开朗：“权力这个东西，从远处看，它的确很好，可以为拥有他的人带来荣耀，带来物质享受，带来精神快乐。但从近处看，它其实是一个充满危险的东西，是一个披着华丽外衣的妖，接触和拥有它的人若稍不小心，就可能被它伤害，被它戳痛，被它弄得生不如死。当然，离它远的人是看不清这点的……”

《曲终人在》是一部官场文学作品，它深入官场生态内部，讲做官和做人的关系，讲官场中的复杂人性和命运，为人们平时看到的反腐新闻补充深层次细节，为官场生态提供深层反思。

《曲终人在》为当下这个利令智昏、物欲横流、充满各种诱惑的时代注入了正能量，无论从形式还是内容，无论是表达还是思想内涵都可称作是一部伟大的作品，难怪受到“茅盾文学奖”的青睐！

收看《人民的名义》有感

曾经有部很火爆的电视剧《人民的名义》，该剧以检察官侯亮平的调查行动为叙事主线，讲述了当代检察官维护公平正义和法制，查办贪腐案件的故事。该剧于 2017 年 3 月开始在湖南卫视首播，据说当时刷新了近十年省级卫视收视的最高纪录，同时入选 2017 中国十大事件。

笔者本不是一个喜欢追捧潮流的人，平时没有时间，也没有精力看电视，更别提看电视连续剧了。在朋友的怂恿下，大概是 2017 年 4 月中旬的某一个周末，无意中点开"爱奇艺"看了几集，竟没想到，随后就一发不可收，每天再忙再累也要追两集剧。因此，早在上级部门建议每个党员都来收看该剧之前，我就已看完全剧，它给了我很多思考和启发。

《人民的名义》是一部高度写实的电视剧，剧中的诸多人物，都来源现实生活。该剧将中国当今社会的官场斗争、裙带关系、社会矛盾、干群关系刻画得淋漓尽致、入木三分。

整个故事情节跌宕起伏，扣人心弦；人物形象鲜明，个性十足，栩栩如生。剧中许多正面人物我都十分欣赏，我喜欢年轻检察官侯亮平的坚决果断，不畏强权；老检察长季昌明的两袖清风，一身正气；市委书记李达康的坚毅果敢，不徇私情；新任省委书记沙瑞金的睿智沉稳，明察秋毫……

在众多的人物形象中，我最欣赏的是市警察局长赵东来。究其原因，总结下来有如下几点。

坚持原则，不畏强权

说实话，东来局长在剧中看起来并不是一个关键人物，他不是"汉大帮"的人，也不是"秘书帮"的人，更不是"沙家帮"的人，他夹在省公安厅厅长祁同伟，市委书记李达康的双重领导之间，“侯爷王爷哪个都不好惹，哪个都不能得罪”。但他为人低调，顾全大局，小事打哈哈，两边都不得罪，但是面对原则问题，他是毫不客气的。

记得剧中有一个情节“当达康书记询问他自己妻子是否有问题时”，他直言不讳，劝其当断则断；当祁同伟事发后，他果断出击，布下天罗地网，让其无处可逃。

侠肝义胆，拔刀相助

面对中央下派，手持尚方宝剑的钦差大臣侯亮平，他不巴结；当李达康书记当着他的面夸赞侯亮平，他不嫉妒；他在陈海出车祸后，派人暗中保护病榻中的陈海；当他了解了侯亮平的为人后和其结成联盟，对案情信息互通有无，尤其是在侯亮平单刀赴会独闯山水庄园遇到危险的时候，他挺身而出，果断处置，救了“猴子”一命。

有情有义，侠骨柔情

没想到在拳击场上挥拳虎虎生风的铮铮铁汉，在对陆亦可的感情上竟如此的专一执着，绝对的“暖男”一枚，也不曾想到一个看似猛张飞的警察局长，会在读书会上来一段深情款款的表白。赵东来绝对可以称得上是一个接地气，有人情味的成熟男人。

赵东来局长在向陆亦可表白的时候，曾说自己两袖清风。说实话，作为一个省会城市的公安局局长，他可谓手握大权，愿意找他花钱办事，消钱免灾的人肯定不少，如果想敛财，对他而言绝对是轻而易举的事，可他不愿意这么干。

坚持操守，洁身自好，做一名纯粹的人民公仆，他用自己的实践行动践行着党性，维护着党风党纪，是我们学习的榜样。

人不可能一辈子当官，官员卸任后永远是人民。就像剧中陈岩石的那句台词："什么叫技高一筹，心里有老百姓，你就技高一筹。"

不知何故，由赵东来我突然想起了清代那个刚正不阿、嫉恶如仇的郑板桥。郑板桥一身正气，面对官场的尔虞我诈，乌烟瘴气，最后选择了退出！

临行前，百姓都来送行，他雇了三头毛驴，一头自己骑，一头让人骑着前边领路，一头驮行李。做县令长达十二年，却清廉如此，送行的人见了都很感动，依依不舍。为此，郑板桥向潍县的百姓赠画留念，画上题诗一首：乌纱掷去不为官，囊橐萧萧两袖寒。写取一枝清瘦竹，秋风江上作渔竿。

（2017 年 5 月 19 日凌晨）

第四辑

行走与思考

——向青草更青处漫溯

读万卷书，行万里路，作为一名教育人要把走出去看世界、长见识作为自己教育生活的又一目标。通过你的行走、你的眼睛、你的思考，把知识与情感带回到你的课堂当中，传播给学生，你的课堂便有了别样的生动。

寻访襄派教育名家，探索卓越发展之路

2023 年 8 月的襄阳，骄阳似火，烈日炎炎，但挡不住武汉东湖新技术开发区卓越教师（后备班）学员们的学习热情。大家背起行囊，从江城武汉出发，踏上了“寻访襄派教育家，探索卓越发展之路”的学习之旅。

此次培训日程紧凑，仅有三天，但培训安排精心合理。尤其值得一提的是，本次培训聘请的三位专家可谓满腹经纶，著作等身。

培训第一天下午，来自襄阳教科院的郭强副院长，做了一场题为《指向教学改进的中小学课题研究》的报告，引领我们走向一条从“问题——研讨——交流——成长”的课题研究之路。报告中郭院长对“如何选题，如何做文献综述，如何撰写开题报告，以及结题成果的推广”等方面做了细致的讲解，非常接地气，可谓干货满满。

第三天上午，中学语文正高级教师，武汉市教科院朱长华副院长为我们做了《名师成长生涯规划指导》，并具体以名师申报的条件“以申报材料撰写为例”进行了专业的指导，让我们这些准卓越教师醍醐灌顶，对自己的名师成长规划之路有了更加明晰的方向。

令我印象最为深刻的是第二天上午的培训，襄阳首批“襄派教育家”胡启胜校长，为我们做了《坚守执着的教育情怀，享受幸福的教育人生》的报告。两个多小时的报告中，胡校长结合自己 30 余年的成长经历，用一个个生动的案例，诠释了一个优秀教育专家的成长之路。

下面本人将用简短的文字记录胡启胜老师的成长故事，供大家借鉴。

入职——天道酬勤，崭露头角，做一名敬业爱岗，勇于创新的青年教师

胡启胜老师祖籍湖北武穴，大学本科毕业分配来到襄阳七中，是学校为数不多的大学本科生。他到校第一天即递交了入党申请书，表明自己献身党的教育事业的决心。

初入职即接手毕业班，成绩倒数第一，怎么办？

不急不躁，冷静思考。课堂是第一生产力，必须要向课堂 45 分钟要质量。那么如何让自己的课堂变得务实高效呢？

胡启胜找到了问题的关键——深耕课堂。他通过自主学习、请教同事、研究学生，努力让自己的课堂变得更加活泼、生动、有趣。他在教学中积极贯彻新课程理念，尝试开展启发式教学、分层教学、小组合作教学。

他积极做好家校合作，努力争取家长的支持；他团结每一位任课教师，坚持每天向老师了解孩子们的情况；他还坚持经常与学生交心谈心，努力成为孩子们的知心朋友。

进阶——发挥特长，深耕课堂从优秀教师成长为优秀教育管理者

“教而优则仕”，胡启胜老师因为表现优异，很快就先后被提拔为学校团委副书记、团委书记。

他不怕苦不怕累，充分发挥自身的书法、美术特长，投身宣传工作，办展室、版报，无私地为学校做贡献，为老师们做好服务。“好心人，天不负”，他的付出赢得了全体教职员工良好的口碑，也为后期走上领导岗位，打下了坚实的群众基础。

同时，胡启胜老师在担任学校中层领导期间，他能够做到“到位不越位，补

位不缺位”，积极主动为学校发展献计献策。

他在工作中以人为本，大胆创新。在担任团委书记工作期间，积极推出一些新的举措，比如推优入团、办团报，办青年教师夜校，积极组织青年教师交流教育教学经验、分享教育故事。同时为了丰富青年教师的业余活动，他还牵头组织开展了许多有声有色的活动，比如舞会、春游、秋游等，提高了学校教师团队的凝聚力和向心力。

他在分管学校信息化期间，大力发展信息技术。在他的建议下，学校率先铺设了校园网，建起了多媒体教室，通过几年的努力让学校信息化工作走在全市前列，他个人也曾被评为“湖北省电教专家成员”。

他在担任学校副校长期间，分管教师发展工作，针对学校教师发展现状创造性提出“跨世纪园丁工程”。那时的襄阳七中，虽是一所老校，但有影响力的名师比较少。他深知一所名校，不仅仅需要有胆识、有情怀的好校长，更需要一大批师德高尚，业务精湛的优秀教师团队。

在他的建议下，学校首批选定了 15 名有潜力的优秀青年教师重点打造，这批教师优先参加学习培训，优先参加比赛磨课。总之，学校创造一切条件，助力教师成长。

在短短两三年的时间里，培养效果明显，该校多名青年教师在各级赛课、比武中均大放异彩，取得多项第一名的好成绩。通过多年坚持开展“名师培养”计划，该校先后有 29 人次获得省市区骨干教师称号，6 人获评襄阳名师，4 人成长为湖北省特级教师。

为激活教师的专业发展热情，他进行了教师评价制度改革。帮助教师跨越三个成长阶段：成长期——高原期——发展期。征求老师的意见和建议，制定教师专业发展评价规则，严格打分，发挥分数指挥棒的作用，并将“优质课、教研活动、专业成果、教学质量测评等”教师工作纳入打分系统，积极推行干事创业文化。学校规定每位教师都要精准定位，拟定三年专业发展目标，并与学校签订合同，进行目标合同管理。

人们常说，“一个人可以走得很快，但一群人才走得更远。”因为人都是有惰性的，如果身边的人都非常努力的话，自己也不会懈怠，胡启胜校长深谙其道。他领衔的襄阳七中通过打造学习型团队，让每一个教师都能挑战自我，做最好的自己，做奔跑的自己，大大激发了老师们的专业发展激情。

据悉，学校有一名教师曾在全国核心期刊发表论文上百篇。学校通过大力宣传，表彰先进，带动后进，从而促进学校教师专业素质整体提升。

当了解到本期我区卓越后备班的很多成员，正在从事学校管理或即将走上学校管理岗位，胡校长以过来人的身份告诫大家，“当你成为管理者后，你接触的人就不一样了，这就意味着你有更多的机会接触名师、专家，你们要善于利用这个有利平台，努力发展自我。因为机会永远只会留给有准备的人，只有具备雄厚的实力，才能把握稍纵即逝的机遇。”

我们做教师不能太有功利心，比如为了评特级，为了评正高等。相反，每个人都应该努力做自己想做的事，把教育当兴趣、爱好、事业来做。正如《道德经》中所言“上善若水，水利万物而不争”，换位思考，有时我们抛弃功利之心，反而能有所成就。

成熟—— 大胆改革，勇于创新
探索一条教育改革特色创新之路

教育质量是学校发展的生命线。通过多年的努力，襄阳七中的教育质量得到大幅提升。但胡启胜校长又开始了新思考，缘何教学质量高了，社会影响力大了，但很多学生却越来越不喜欢校园生活了。

通过大量的调查，他找到了问题的根源——学校功利化现象突出，校园生活单调乏味，学生缺少认同感和归属感。

于是，胡启胜校长又开启了寻求教育改革发展之路。那段时间，他带着自己的管理团队，深入北上广深寻访名校；组织骨干教师赴浙江、江苏等地跟岗学习；

发展第二课堂，构建“成长课程”体系。

通过探索，襄阳七中确立了“为每个学生营造快乐成长的空间”的办学理念，构建“成长课程”体系。学校根据学生的需求，广泛开设兴趣小组，高薪聘请外教教口语，重点发展学生体育和文艺特长。同时开设选修课，与社团活动同步进行，这当时在襄阳确实开了先河。在此基础上，学校提出了“基于职业发展规划”的成长课程，即以社团活动为载体，理论与实践相结合，培养学生的自我认知与管理能力，唤醒学生职业生涯意识。

2016 年 12 月，全国第三届基础教育课程教学改革成果推广研究会，以聚焦“基于核心素养的学生成长课程建设与创新”为主题，对襄阳七中的“成长课程体系”进行了深入研讨，吸引了全国教育行政单位、教研系统、广大中小学校长、教师的广泛参加，取得良好的社会反响。

改革第一课堂，确立“四环一主”课堂教学模式

针对目前课堂的现状，课堂效率低，学生厌学情绪严重，学困生多，学生差异大，没有面向全体学生等现状。胡启胜带领学校管理团队探索实施“四环一主”健康课堂教学模式，即以学生为主体，落实“自主学习、合作探究、精讲点拨、有效训练”四个教学环节。

改革教师的备课方式。摒弃“课堂任务完不成，课后作业来弥补”的诟病。变“备教材”为“备学生、备方法、备活动、备作业、备反思”，变“备教案”为“备教学案”，根据集体备课教师们提出的学法指导意见加以综合后，由部分骨干教师执笔完成每堂课的“四环一主”教案、习题集的编写任务，并印成册发给学生。

改革教师的教学方式。根据教材、课堂、学情的不同进行详细二次备课，以审核、修订“四环一主”的教案和习题集。引导全体教师变“讲堂”为“学堂”，努力把时间、空间、机会还给学生。

改革学生的学习方式。以“小组合作建设”为主要推进方式，班级中以学习互助小组为基本学习单元。优化学习小组建设，本着同组异构，异组异构原则组

建，每班分成多个合作小组，每个小组都由三种类型学生组成，并冠以学生自己喜欢的名称，激发学生的学习动机。

回归——学而不厌，躬勤不怠 磨炼内功，专业素养提升的途径

关于自己的专业成长路径，胡启胜校长自己总结了如下三点。

第一，积极参加学习培训。胡校长介绍自己曾先后赴北师大、华东师大、台湾、澳门等地学习，学习期间，始终能够做到以空杯心态，如饥似渴地学习，请教专家、买书、查资料、写感悟……最疯狂的一次体验是在北师大图书馆登录知网免费下载了2000多篇文章，最后又花了一年多的时间全部读完，通过多读、多悟，广泛涉猎，积累了很多知识，也掌握了许多技巧方法。

第二，深入开展教育研究。作为学校的领头人要广泛涉猎，在教育的各个领域展开研究。如学校文化建设、课堂教学改革、课程建设、教师专业成长、国家教育政策、校本研修、学生成长及评价等领域进行学习和研究。同时做到“学思悟行”相结合，不仅要学习，更要有思考，要有解决问题的意识，同时还要勇于实践。

第三，读书积累热爱写作。胡启胜校长告诉我们，他订阅了100多个教育相关公众号，同时自己也开设了公众号，也时常写写教育类文章。他说自己的写作灵感往往与经历的教育生活息息相关。比如平常读书时会注重学习积累；深入一线听评课会注重总结归纳；参与讲座或沙龙会注重提炼总结，并及时将自己的思考和感悟记录下来，形成文字，并努力将读书、写作、做教育当成一种矢志不渝的乐趣。

《道德经》中云“道，可道，非常道。”这所谓永恒的、终极的道，就是世间的道理和规律，万事万物皆有规律可循。因此，名师的成长应该是有路径可循的，胡启胜老师将自己三十年的成长历程浓缩成12个字“热爱、执着、学习、实践、反思、升华”，值得我们每一个追求卓越的教育人深思。

解读深圳教育发展的密码

2023 年 7 月 18 日，我们东湖新技术开发区中小学校长参访团一行 70 余人，从九省通衢的江城武汉来到改革开放的最前沿，美丽的滨海城市——深圳，实地走访了三所网红学校，近距离聆听了五位专家的报告。

专家的报告犹在耳畔，雷斌主任引领我们探索校本研究的路径；左璜教授指导我们寻求核心素养落地的方法；詹华军教授给我们介绍了香港教育的特色；熊焰教授带领我们感受校长的管理智慧；王书斌书记让我们切身体会到文化对推动学校高质量发展的伟大意义。总之，这次参访让我们对深圳教育有了全新的认识。

一流的城市需要一流教育，一流教育成就一流城市。深圳从 43 年前的小渔村，发展到现在成为两千万人的国际大都市；深圳教育由过去的名不见经传，到现在的广东省首屈一指，在全国的教育版图中也占有一席之地。

那么，深圳经济和教育的发展密码是什么？

科教兴市与以人为本

相信大家都有这样的直觉，深圳的经济发展，离不开内地的支持，深圳教育的发展，也与内地各省优秀教育工作者“孔雀东南飞，八方云集”不无关系。

据悉 20 世纪 90 年代，深圳就创造性提出并践行“教育适度超前发展”战略，努力做到教育发展优先规划，教育投入优先安排，学校用地优先保障、教育人才优先引进、教师待遇优先落实等“五个优先”。在深圳工作的大学生享受教师工资翻番、教师申请住房加分等优惠政策。

爱才聚才，人尽其才，深圳“科教兴市，人才强市”战略开花结果，全国纷至沓来的优秀教育人才，助力深圳教育现代化建设驶入快车道。

前些天，有幸和来自江西的深圳松岗中学肖扬昆书记交流，他戏称“深圳教育是全国人民在帮着一起办，其中‘江湖人士居’多。”

何谓“江湖人士”，即从江西、湖北、湖南三地过来的优秀教育工作者最多。我们参访的三所学校中有两所学校校长都是外地引进人才。如福田区福苑小学党委书记、校长曾海玲来自湖北襄阳；福田区红岭实验小学党支部书记、执行校长臧秀霞来自山东……

最后一天给我们作报告的龙岗区南湾学校党总支书记王书斌就是一个典型的例子，王书斌来自江西，曾荣获“江西省青年岗位能手”和“江西省化学骨干教师”等荣誉。

2013 年王书斌来到深圳，任石芽岭学校校长，带领团队创建富有特色的石芽文化，将一所新学校打造成片区极具影响力的学校；2021 年轮岗到南湾学校任书记，打造“和乐”文化。他提出“文化润物无声，育人无痕，要努力把校园文化做成经典”；让每一位走进校园的人“进门有可看，坐下有可听，出门有可带”。

王书斌书记以“文化立校”为己任，在坚持文化兴校的同时，积极开展文化帮扶，文化辐射，取得了良好的社会效益。

改革创新与教育国际化

深圳作为中国改革开放的前沿城市，教育领域一直强调创新和实践。深圳教育以开放的思维和教育理念，积极探索教育改革的新路径，引入创新教育模式，如启发式教学、项目制学习等，不断拓展学生的思维，提升学生的实践能力。

党的十八大以来，基础教育改革进入深水区，传统的路径已经很难解决深层次的矛盾与问题。深圳不但先行先试，善行善试，相继入选全国首批中小学教育质量综合评价、全国青少年校园足球等改革实验区，持续推进民办教育分类、中小学校长职级制等改革，成为国内示范引领，人民群众的教育获得感越来越强。

以深圳大学为例，四十余年的发展实现了从引才引智到跨界融合。在2020年发布的软科学世界大学学术排名中，深圳大学世界排名为263。深圳大学在泰晤士高等教育等世界年轻大学排行榜中，均位居内地高校第二。一所建校才四十余年的大学是如何快速崛起的呢？博采众长，高起点建设是重要原因，1983年深圳就引进清华大学、北京大学、中国人民大学等知名高校对口援建深圳大学。

深圳作为国际化城市，教育在国际交流与合作方面也取得了显著成果。深圳积极引进国际先进的教育理念、教育资源和教育技术，推动跨国教育交流与合作，为学生提供更多的国际化教育机会，增强他们的国际视野和跨文化交流能力。

中国改革开放的大门正越开越大，深圳教育处于“一带一路”“粤港澳大湾区”等大格局中，正以更大的力度“引进来”和“走出去”，奏起教育交响乐。目前深圳与数十个国家建立了不同形式的教育交流合作关系，400多所中小学与国外学校建立了友好关系。

资源投入与教育公平

深圳建市和创办特区后，大力发展市场经济，城市基础建设全面开展，人流像潮水般涌进来，学位供给不足问题凸显。为解决这个问题，深圳大胆改革校舍基建制度，实行规划、选址、征地、搬迁、设计、建设“六统一”，统一由市基础教育组承担，以此加快学校建设速度，曾创造了6个月建12所中小学的“深圳速度”。

深圳高度重视教育投入，不断增加教育经费和资源，义务阶段生均教育经费超过5000元。政府在教育方面的支持力度很大，投入资金用于优化校园环境、改善教学设施、提高教师待遇，打造良好的教育生态环境。

以我们本次参访的深圳福田红岭小学为例，这所学校是一所建于城市绿洲上的新型学校，一座真正属于儿童的微型城市，一片富有想象力的都市庭园。活动山谷、下沉院落、空中操场、开合教室、恒温游泳池等场所处处体现建筑为课程服务的办学理念。正是这样一所设计十分前卫的学校，入选了 ArchDaily 2019 年发布的全球 50 个最佳建筑作品。当然学校造价不菲，总投资接近 4 亿，其中设计费就超过 5000 万，很显然，没有雄厚的财力是无法支撑的。

与此同时，深圳创新办学体制，支持和鼓励企事业单位和个人投资办学，甚至引进外资办学。依靠全社会的力量，依靠体制机制创新，使“入学难”基本问题得到根本解决。

深圳教育积极推进教育公平，注重解决教育资源不均衡的问题。从解决“有学上”到“上好学”，通过优化教育资源配置、加强师资队伍建设、推动义务教育均衡发展等措施，努力让每个学生都能享有公平的教育机会，促进教育发展的社会公平与可持续性。

总的来说，深圳教育在过去四十余年的发展中始终秉持着以人为本、尊重人才、创新发展、国际化、资源按需投入和教育公平的理念，推动了深圳教育的快速发展，并为深圳的经济社会发展提供了坚实的人力资源支持。

（部分内容援引 2020 年 8 月 26 日《人民教育》杂志官方账号文章《特区 40 年：深圳教育从追赶到超越的秘密是什么？》）

注重课程重组，彰显校园文化

“中国教育看北京，北京教育看海淀”。2017 年 10 月 31 日——11 月 7 日，本人有幸参加了武汉市中小学生核心素养师资培训班，赴京城海淀学习考察。此次培训由武汉市教育局继教中心举办，委托《中国教师报》承办，集中培训学习一周，聆听了多场精彩报告，还先后考察三所名校，让人眼界大开。

樱花园里花满园

11 月 1 日，我们走进此次培训的主会场——北京市樱花园实验学校。

学校不大，但很精致。校长郭锋，特级教师，来自湖北宜昌，是我们的老乡。郭校长介绍，樱花园学校被周边名校包围，办学压力非常大，但樱花人迎难而上，勇于在夹缝中寻求突围，践行理念，重组课程。五年来，学校取得丰硕成果，一跃成为京城“最具幸福感”的领军学校。

走进校门，迎面可见一个大大的“笑脸墙”，全校所有孩子的笑脸都挂在上面，充分体现了学校对每一个孩子的尊重、关怀。校园文化布置非常精致，处处育人，和我们打照面的每一个孩子都彬彬有礼，乐观自信。

下午，郭校长给我们做了一个半小时的报告，重点介绍了自己学校的核心素养是如何落地生根的。郭校长指出，从传统的“双基”目标（基础知识与基本技能）到三维目标（知识与技能、过程与方法、情感态度价值观），再到核心素养，其实体现了教育目标从“教书”走向“育人”这一动态发展过程。

核心素养，以培养全面发展的人为核心，分为文化基础、自主发展、社会参与三个方面，综合表现为人文底蕴、科学精神、学会学习、健康生活、责任担当、实践创新六大素养。

郭校长的讲座充满浓浓的教育情怀，而且语言风趣幽默，交流分享的过程笑声连连。郭校长有着丰富的一线教学及管理经验，他用大量鲜活的例子，告诉我们如何使课堂更有创意。他指出要用创意教学支撑核心素养发展，接着重点讲了创意是什么，如何实现教学创意，如何实现教学创意的突破点等几个问题。

报告终了，郭锋校长的话仍在耳畔回响，“不求改天换地，只要点滴积蓄；不怕光芒微弱，只要不灭星火。”

玉泉学校育全人

早就听说北京市海淀区玉泉小学（又名中国科学院附属玉泉小学）校长高峰是个传奇人物。

他是一位典型的“斜杠校长”，做过机关干部，又是作家、诗人、编剧，还攻读了教育学博士学位。2007 年 5 月，高峰出任新创办的潍坊市北海双语学校校长，并把“幸福教育”办学模式“移植”到了潍坊，开发了系列幸福课程，还鼓励教师李虹霞创立了“幸福教室”，被誉为“中国的第 56 号教室”。

2011 年 3 月，高峰正式担任北京市海淀区玉泉小学校长，这所学校的前身是中国人民解放军政治学院子弟小学，由罗荣桓元帅创办，曾培养了大批优秀人才。

但高峰校长接手之时，一切都今非昔比，这所有着红色基因的小学早已辉煌不再，“泯然众人矣”。

高峰校长上任后，从擦亮学校历史名片切入，大力开展学校课程重组与育人创新，逐步唤醒玉泉人应有的文化自信，通过几年的不懈努力，取得的成绩让人刮目相看。郭校长接手前玉泉小学在海淀区综合排名 52，如今跃居前 10 强，真令人佩服！

高校长从 2011 年走马上任，直到 2022 年退休。

2017 年 11 月 3 日，我们有幸到北京玉泉小学参观学习。刚刚走进校园，正好碰见一群活泼快乐的孩子们，准备出发去郊区挖地瓜。北京的秋天，枫叶如火，一群孩子外出开展劳动教育，享受生活的乐趣，领略深秋的美景，这是一件多么幸福的事情啊！学校主校区占地面积不是很大，但学生活动室、学生作品陈列室、学生阅览室、学生教室，一应俱全总体布局合理，让人耳目一新。

步入校园，我们先后参观了学校诚信教育廊、校史步道、学校文化墙等，每一处细节，无不彰显学校时时处处浸透着的浓浓书香气息，广大师生就在潜移默化中受到文化的熏陶和浸润。

参观完校园，高峰校长做了一场微报告，他兴致勃勃地向我们介绍了“学校愿景、学校战略、学校文化与价值观、培养目标、办学特色、组织和管理体制以及课程重组与开发等方面的内容。”尤其令我佩服的是，玉泉学校的校本课程研发成果斐然，先后开发了“玉泉语文”“玉泉数学”“玉泉英语”等课程……虽然看上去只是一本本简单重组的教科书，但背后蕴含着教师团队多少心血，老师们暑假一加班就是半个月，而且毫无怨言。这一切归功于校长的激励机制深入人心，“积分制”的建立帮助老师们克服倦怠，让大家积极投身到“知行合一”行动中。

高校长向我们描摹出了一个充满生机、充满活力、充满激情，似乎很遥远，又似乎可以触摸到的美好学校的未来。

世纪学校领世界

11 月 5 日，我们走进了位于海淀区的北京二十一世纪国际学校。这是一所 12 年一贯制民办国际学校。

学校梁主任代表学校介绍了 UDP 课程实施情况和办学成果。前沿的教育理念，丰厚的教育资源，优质的师资队伍，十二年一贯制科学的课程设置（小学全课程、初中 UDP 走班、高中国际课程本土化），高中毕业 100% 学生进入世界排名前一百名校大学（70% 进入世界前 50）……

梁主任介绍，学校 70% 以上教师都具有硕士及以上学历，至少有一半教师出自国内名校或是国际名校的海归，学校也为教师提供了宽松优厚的发展环境，这一切为学校教育教学的研发和国际化管理提供了坚实的保障。

北京二十一世纪学校对人才的重视和培养，让我们认识到，人才对于一所学校、一个区域的发展，一种专业领域的深入推进何其重要。

这所学校同样拥有先进的教学设施设备，教室、实验室、各类功能室齐全，计算机网络完善，多媒体配置一流。

最吸引我们的是学校的特色功能室，如戏剧社、服装设计、动漫、影视编导、机器人、汽车模型等。梁主任介绍，大家看到的这些功能室，只是学校众多特色场馆的一部分。

“一个好校长，就是一所好学校。”校长是学校的灵魂，校长的办学思路、教育行为、管理行为和风格等，对学校工作产生直接的全局性影响。北京二十一世纪国际学校的校长范胜武曾是北京十一学校副校长，山东人，他有着丰厚的管理经验和国际化的教育视野。他带领的管理团队，在短短几年间，让学校各方面都取得了卓著的成绩。

回顾近几天参访的三所学校，校长分别来自湖北宜昌、山东潍坊、山东滨州……他们都在事业巅峰时期选择了进京，而且通过学校特色校本课程开发、教育教学改革等方面不懈努力，在名校云集的北京城占有一席之地，值得我们学习。

有的人，会因为一个人，爱上一座城；而我们，因为一次培训，更爱我们的首都——北京城。坐而论道不如起而行之，我们一定要像一颗颗种子，在祖国的中央——武汉，让核心素养落地生根，开出鲜艳的花儿！

（2017 年 11 月 12 日参访札记）

办一所适合的学校

2018 年，本人曾有幸参访湖北省武昌实验小学，武汉经济技术开发区实验小学两所名校，带给了我一些思考与感悟。两所学校风格迥异，各有特色，在武汉教育版图中，都占有非常亮眼的一席之地。如果一定要从中抽丝剥茧，找出其办学成功的规律，我个人认为其实可以浓缩成两个字，即“适合”。因地制宜，因校而异，选择适合的教育，办适合的学校。

湖北省武昌实验小学

湖北省武昌区实验小学历史悠久，底蕴深厚，创办于 1920 年，校园是在清代“两湖书院”和原“武汉中央军事政治学校”旧址上建起来的。恽代英、徐向前、陈毅、沈雁冰、罗瑞卿、赵一曼等老一辈中共无产阶级革命家曾在此工作、学习和生活。该校有得天独厚的文化底蕴优势，这是一般学校所不能匹敌的。

学校校长张基广来自湖北武穴市，曾获评全国优秀教师、湖北省小学语文特级教师、全国知名优秀校长……张校长坚持厚植学生爱国主义情怀，扎根中国大地办教育。他重视中华民族优秀传统文化教育，曾和老师们一起开发了民间传统游戏、二十四节气教育等课程；他遵循儿童成长规律和教育内在规律，做适合儿童成长的“新自然教育”。有人戏称张校长办的是“土教育”。

张基广校长非常平易近人，在和我们的交流中，他谦虚地讲，学校并没有什么值得称道的经验可谈，如果一定要介绍一下学校的管理特色，概括起来只有三个词：

第一“解放”。解放学生，减轻学生过重的课业负担，给孩子们留下自主、自然、个性发展的时间和空间，为其终身发展打好基础。

第二“大家”。充分发挥民主管理，让广大的师生、家长、学生站在舞台的中央。

第三“自由”。让学生在自然的状态下，自主学习，努力实现心情与灵魂的自由。

令人印象深刻的是，学校的校园文化与自然景物完美和谐地融合一体，浑然天成。参访之时，正值初冬。迈入武昌实验小学大门，首先映入眼帘的是学生书写的校名，进门左边的文化长廊中，没有展出在常人看来更有分量的领导关怀照片，而全部陈列了孩子们原生态的书法作品……

一棵古朴苍劲的老槐树，巍然屹立于学校的“四美路”上，虽已百岁高龄，仍然枝繁叶茂，见证着学校百年光荣历史。校园里高大的法国梧桐正处于落叶季，地上铺满了厚厚的一层金黄的树叶，整个校园祥和、静谧，给人一种轻松惬意的感觉，很难让人想象这是一所身处闹市的学校。仔细看每一棵树干，上面都挂着牌子，展示着近期学校读书节中孩子们自己创作的现代诗；抬头向上看，树上竟然有一个个形似鸟巢的书屋……

每一处看似不经心的校园文化布置，都能使我们感受到学校浓厚的人文气息，也能感受到办学理念在校园中处处落地生根。

接着，我们又在张校长的带领下，参观了学校各种功能室，但最吸引我的，还是学校的那个历史悠久，底蕴深厚的图书馆。摸着红漆斑驳的廊柱，手中捧着散发着墨香的书本，我想，每一个武昌实验小学的莘莘学子都会以此为荣，并油然而生一种社会责任感，这也许就是文化的力量吧！

武汉经济技术开发区实验小学

下午，我们驱车前往武汉经济技术开发区实验小学。

通过学校领导的介绍，我们得知该校创办于 2012 年，是武汉经济技术开发区投资七千多万元新建的一所高起点、高标准的现代化公办学校。

经过十余年砥砺探索，学校已成长为“全国人工智能实验校”“湖北省中小学数字校园试点学校”“信息化与基础教育均衡发展省部共建协同创新中心实验校”……

接着，我们在学校小讲解员的带领下，先后参观了蒙养楼、创新楼、崇真楼、品乐楼等。走进教室，现代化学校气息扑面而来，每间教室配有最先进的电视电脑一体机，校园无线网络实现无死角、高速、全覆盖……学校建有合唱室、舞蹈室、陶艺室、围棋室、录播室、书法室等，30 多间功能教室成为学生个性发展的场所。

室内体育馆、室外运动场及四季常青的休闲苑，为学生提供广阔的活动空间；一条主题文化长廊，向学生讲述历史名人的故事；开心农场为学生提供生态教育，让学生在种植活动中感悟生命的奥秘……

整个校园完美体现了人文化、现代化、园林化的规划理念。

参观结束后，我们两校教师进行了一场零距离座谈，张岩校长非常健谈，她兴致勃勃地向我们介绍了学校的办学愿景：“具有国际化的视野、建设信息化的校园、追求品牌化的发展、培育现代化的人才”。

张校长重点介绍了学校智慧校园建设情况，我们深切感受到信息化工作已经融入该校的方方面面，无论是教师的备课、上课、作业批改，还是日常的教研活动以及学校内务管理，都实现了无纸化办公。

值得一提的是，在学校“乐创教育”理念的引领下，该校“创客教育”做得风生水起。曾在“武汉市教育创客直通车”活动中一炮打响，几乎每周都有来自省内外乃至全国各地的参观团队。

两所学校，一所现代，一所古朴。一所拥有现代先进的管理制度，推行法治；一所依靠浓郁的人文氛围，似乎正在施行“无为之治”……两个张校长，也许彼此并不一定认同对方的教育理念，但两所学校却又有着惊人的共同点——“选择适合的教育，办适合的学校”，把各自的学校办得风生水起。究其原因，我想是因为他们都做到了因地制宜，因校制宜，选择了一条适合学校发展之路吧！

（2018 年 1 月参访札记）

守正创新，从优秀到卓越

2022年大暑时节，本人随武汉东湖高新区各校推荐的数十名优秀骨干教师一起，来到美丽的宜居宜学之城——宜昌，参加省市骨干教师后备班学习。此培训项目旨在打造一支师德修养高尚，教育理念先进，专业基础厚实，教学业务精通的高素质，专业化、创新型骨干教师队伍。

此次宜昌之行，为开班破冰培训，区教发院领导进行了精心地安排，聘请了四位专家，可谓群英荟萃、大咖云集。有未来中科教育研究院副院长、全国知名教研员梅首文，还有两位宜昌本土专家、正高级教师、湖北名师、湖北省特级教师朱莉萍和王英姿。

相对以上三位专家而言，宜昌一中副校长，宜昌突出贡献中青年专家蔡利鹏的履历就显得没有那么耀眼了！正如蔡校长自嘲“人人都喜欢‘高富帅’我只是个‘矮穷锉’”，但蔡校长始终做到微笑前行，一路辛酸一路歌，他的成长故事留给我很多思考与感悟。

说实话，我和宜昌一中还是有些缘分的。四年前，我曾参加第一期“区卓越教师”后备班培训，第一次走进宜昌一中。据介绍，宜昌一中的办学，最早可以追溯到明朝弘治年间，为纪念晋代文学家郭璞建立“墨池书屋”，1910年国民政府设立宜昌府官立中学，1956年更名为“湖北省宜昌第一中学”，因此这是一所有文化、有底蕴、有影响力的学校。四年前，付全新校长对该校的历史渊源、办学理念、校园文化、特色课程等进行了详细介绍，至今还让人难以忘怀。

因此当蔡校长开讲之前，我很期待，也很担忧，不会“炒现饭”吧！

事实证明我的担忧是多余的，蔡校长是一位基层管理者，由普通教师做到年级主任，再做到教学副校长，他没有讲那些高深玄幻的理论，没有炮制诸多全新的概念，也没有堆砌众多的教育金句，而是围绕着学校管理以及个人成长，分享了一些具体的做法和感悟，非常接地气。一言以概之：“守正创新，从优秀到卓越。”

现撷取一些可圈可点的做法，分享如下。

守正创新，以人为本

学校是育人的场所，教师的本质是培养人，影响人，塑造人，因此学校必须以人为本。

“不忘初心，方得始终”，回顾宜昌一中百年办学史，时时处处都体现了学校“以人为本”的办学初衷。宜昌一中的很多班名很有内涵，比如有“潘垣创新班”“内尔实验班”“欧阳修人文班”等。

我想其中最有影响力的名人应该是欧阳修吧！欧阳先生和宜昌有什么关系呢？于是乎，借助了百度查询一下，宋仁宗景祐年间，大文豪欧阳修为了维护得罪皇帝的好友范仲淹被贬谪夷陵，为后世的宜昌留下了丰富的精神财富。

潘垣呢？中国工程院院士，磁约束聚变技术和高功率脉冲电源技术专家，曾就读于宜昌一中。

内尔呢？法国物理学家，曾获得诺贝尔物理学奖。他可是外国人哦，应该跟宜昌没有关系吧！

经蔡利鹏校长介绍才明白，内尔是一位曾就读宜昌一中的校友（名字未记下来）的导师，学校本想以该校友的名字设班，但该校友很谦虚，坚持不授，要授就授给自己的导师内尔，于是学校就有了“内尔”班。

我陷入了思考，宜昌一中为何要以这些名人为班名，是为了赚取噱头，博人眼球吗？

显然不是，我想深层次的原因是体现学校以人为本，让每一个宜昌一中学子以这些名人为榜样，积聚向上的力量。

蔡利鹏校长分享了宜昌一中教育管理上的些许创新之举，如每周四下午，学校校级领导班子会与各年级学生代表举办师生茶歇会，学生和校领导直接对话，可以对学校的管理，教育教学等方方面面提出意见和建议。

学校设立校长信箱，校领导即时回复师生诉求；为保证学生充足的睡眠，学校强制学生午休；下午上课前齐唱班歌；每天晚自习坚持组织全校学生收看《新闻联播》……

对于一个全国有影响力，全省知名的省级示范高中，社会关注度极高，教育质量的压力还是很大的。但学校并没有急功近利，死抓学习，始终坚持正确的办学方向——守正创新，以人为本，办好家门口人民满意的教育。

守正创新，夯实常规

一所学校，一年两年办得好，或者在一定的时期办得好，可以说有运气、有机遇的成分。

但一所学校，历经岁月的洗礼，始终保持优秀，一定源于文化的传承与发展。正如宜昌一中的掌门人付全新所言，宜昌一中的教风、学风是宜昌首屈一指的。对于这一点，付校长最有发言权，他曾先后在夷陵中学、葛洲坝中学、宜昌一中三所省级示范高中担任校长。良好的校风学风的形成，需要一代一代的教育管理者，传承创新，坚持坚守。

蔡校长介绍，宜昌一中非常重视新教师的培养。每位来到该校的教师都被告知，通过高中“六年两轮”的大循环，每一个人都必须成长为骨干教师。

其实宜昌一中对于新教师的培养也并没有什么特别的高招，但每一项看似常规的举措都走得很实。

“师徒结对”“青蓝工程”“传帮带”“读书坊”“分享会”“写作吧”……这些活动充分挖掘教师的内生动力，极大地促进了青年教师的成长。

对于教学管理，该校始终坚持“推门听课”；积极深入开展课堂变革，打造“五环生本高效课堂”；推行“费曼学法”“素养课堂”，重视学生学法的指导，每天上午下午坚持推行两节自习课，引导学生学会自学。

为夯实常规，蔡校长要求年级主任及管理团队，“每天必须在各个办公室，各个班级教室前至少转四趟，多寻找老师们的优点亮点，发现问题及时处理。”

此时，我想起一位老校长常常跟我说过的话“常规不牢，地动山摇”，只有把常规做好，才能推陈出新，做出新的成绩。

守正创新，静待花开

“是金子总会闪光，是花朵总有绽放的一天”。蔡利鹏校长从黄冈来到宜昌，可谓毫无根基，举目无亲。八年的临聘教师经历，冲锋在前，不计报酬，不计得失，因为他相信，只要自己足够努力，足够强大，一切都会来的。

“人最重要的是思想先行，如果你连想都不敢想的话，怎么可能得到呢？”

为了多读一点书，蔡校长自诩，他永远是最后一批走进食堂进餐的，他在别人进餐的时候错峰阅读，每天坚持 15 分钟、5000 字，长年累月，从不间断；为了能发表文章，他征订了数十种专业杂志，研究模仿，厚积薄发，曾一鼓作气，一年发 10 篇文章；为提高自己的研究能力，他曾潜水著名专业论坛，义务为全国学科老师们答疑解惑，一干就是三年。

一分耕耘，一分收获。在他的努力下，自己的编制解决了，专业发展了，事业稳固了。

蔡利鹏校长现身说法，告诉我们一定要厚植情怀，热爱教育，扎根学校；他告诉我们要放大格局，勤奋豁达，有为有位；他还告诉我们要扬长避短，教学管理两不误，双轨驱动，让自己变得不可替代。

每一次学习都是一次美妙的思想旅行，我们聆听名师的成长故事，我们思考专家的教育思想，我们接受专业的指导，但我们不能做“思想的巨人，行动的矮子”。心动不如行动，正如一位专家所讲“鸡蛋从外部打破仅仅只是食物，而从内部打破是生命”。

愿每一位骨干教师都能认清自我，放眼未来，在教育之路上踔厉奋发，笃学不怠，做最好的自己，早日由优秀走向卓越。

简简单单教语文，让课堂成为学生的舞台

2008 年，我很荣幸参加了在襄阳举行的湖北省第九届小学语文青年教师课堂教学观摩比赛活动。全省的专家、教研员和教师将近 2000 人参加了这次活动。在为期 2 天的活动中，20 位优秀教师给大家带来了“体现以学生为本，促进学生语文素养发展”的高质量语文课。

我们东湖开发区听课教师全部集中在襄樊铁路文化宫赛场，这个赛场虽然比较简陋破旧，但是依然抵挡不住老师们求知的热情，整个会场座无虚席，连走廊上都挤满了人。从 11 日到 12 日上午，这一天半的时间里，我们欣赏了会场 10 名教师的精彩演绎。他们带来的课型有别、风格各异，却各有千秋、精彩纷呈，与会代表如饮甘霖，如沐春风。下面我来谈谈自己的几点看法。

首先说说给我留下印象最深刻的两节课。第一节课来自东道主襄樊人民路小学张贝老师上的二年级的童话故事《酸的和甜的》。这节课上得很成功，最终也获得了一等奖。总结她的成功之处主要有以下几个方面：

一、注重了教学环节的优化

她执教的是第二课时，首先复习上节课的生字词，自然而然地导入，接着初读课文，理清人物关系，随后品味语言，通过有感情朗读，分角色表演等方式研读课文，然后通过提问：“你们想对四个小动物说些什么？”自然而然地揭示出寓意！整个教学过程清晰，环节完整，读写结合、讲练结合浑然天成，堪称完美。

二、注重了朗读的训练与指导

他在开课之初就提出，“上节课我们读通了课文，这节课我们要练习有感情

朗读课文。"目标非常明确，并且指导学生朗读很有章法。我印象很深的是在开课之初，要求读出"小狐狸摘不到葡萄的难受、生气、着急"，起初一连几个孩子都读得慢吞吞的，可老师并不着急，而是让学生做出迫不及待向上爬到葡萄架的动作，于是学生马上动起来，再请学生读，效果简直是立竿见影，学生读得很到位。每一次读书前老师都有明确任务，使每一次的朗读都落到实处，收到实效。

三、注重了教学评价的多元

老师对学生的评价，对学生的回答，她总是能及时给学生一个充满鼓励的语言，注重了学生的相互评价。如她让学生在别人读完后给一个"V"的手势表示胜利，或给一个"小拳头"的手势表示还需要加油。

四、注重学法的提炼与指导

如在学生分角色朗读时，告诉学生眼睛要看着对方，还可以加上自己的表情和动作。能够抓住重点的词语来帮助学生分析理解课文，如开课之初紧紧抓住"迫不及待"体会小狐狸的急切心情。教学之中抓住小猴子"大口大口"吃着葡萄，激发学生的阅读兴趣，引导学生思考："为什么小松鼠和小兔子没能抢先品尝到这美味的葡萄呢！"这样一来引起了学生的思考，同学们七嘴八舌地发表自己的见解，于是课文的寓意就这样不知不觉地被同学们挖掘出来了！

五、注重低段学生字词的学习

课的最后部分专门留了5分钟教授生字"颗"，从分析字形结构，比较形近字"颗"和"课"，出示小练习分析用法，最后指导书写。

其实，我最欣赏的还是来自咸宁实验小学的汪力老师给我们带来的古诗教学

《枫桥夜泊》，听了他的这节课，使我对古诗教学有了新的认识。在他的这堂课上老师们情不自禁为他和学生鼓了三次掌，现在就来说说他的教学过程吧！

开课之初，师生谈话聊天，汪老师与大家一起聊聊襄阳的历史名人，学生谈到了杜甫、杜审言、孟浩然、皮日休、张继……相机复习读背古诗。正式上课，齐读课题，指名解诗题。情感撩拨："这首诗让一个名不见经传的寺庙，让一个平平常常的石拱桥举世闻名，让张继成为名垂千古的著名诗人，可见这首诗的魅力多大啊！"话一说完，学生马上如同磁石般将注意力转移到了这首诗上来了。初读课文，学生说感受到"伤感、凄凉、忧愁、寂寞"，但指定学生读出这种情感，学生怎么也读不出韵味。

于是老师上阵了，汪力老师的声音浑厚而富有磁性，配上韵味十足的古琴，一下就吸引了会场所有人的注意力，等汪老师读完，全场爆发出雷鸣般的掌声，这是第一次掌声。

再读课文，品读诗句，这首诗具体描写了哪些景物？从文中找出一个字来概括全诗的情感基调。学生很容易找到一个"愁"，如果是我，可能认为已经是大功告成了。然而汪力老师并没有满足，而是再次提出"你从哪些诗句，能体会到诗人的这一情感的？"于是教学逐步推移到了高潮，通过比较"月落乌啼霜满天"和"月落乌啼霜满地"来体会清冷、凄凉的景象，继而告诉学生学习古诗要像品酒品茶一样品出味道来。

再次朗读课文第一二句，出示句式练习："我仿佛看到____"，引导学生大胆想象，畅谈感受。引导学生理解"江枫渔火对愁眠"这一句时，抓住一个"对"字，江枫可以与渔火相伴，可张继有人相伴吗？出示一首自己根据诗的意境改编的现代诗，指名学生配乐诗朗诵，由于汪老师入情入境地教学，这位学生完全进入了角色，朗诵十分投入，与会的老师们又一次将掌声送给了汪力老师和他的学生。

教学最后两句诗"姑苏城外寒山寺，夜半钟声到客船。"在学生朗诵完后，课件中顿时恰到好处地传来悠远、洪亮的钟声，让人的心灵为之一振，老师再结合《九月九日忆山东兄弟》中的"客"来理解本文中的"客"，相机提问："由

‘客’字你体会到了什么？”再次回归到诗人身在异乡的愁苦。“半夜的钟声打破了夜晚的宁静，可在短暂的钟声结束后，留给诗人的又是什么呢？”“蝉噪林逾静，鸟鸣山更幽”再次指导学生朗读，要求学生读出“余音绕梁，不绝于耳”的味道来。有了老师的示范，有了情感的铺垫，这次学生读得有滋有味。老师们再次把掌声送给了这些完全陶醉在汪力老师创造的诗的意境中的学生。

此时，老师相机让学生讨论张继如何了不起，竟然能用如此平凡的事物，创造出如此深远的意境。从而让学生领悟到本文寓情于景，情景交融的写作方法。最后又给大家展示了后人围绕《枫桥夜泊》创造出的灿烂文化，无数文人墨客，画枫桥、赞枫桥、唱枫桥，这节课在优美的乐曲和汪力老师激情的朗诵中结束。我不得不承认，自己在这节课结束后十分钟还没有回过神来，直到下一位老师上课，我才从汪力老师创造的诗的意境中走出来。

概括来说，汪力老师成熟老到，很有文化底蕴，教学功底深厚，给我们上了一节值得研究的好课。

当然在这次赛课中，一些老师也暴露出了一些问题，必须引起我们的注意：

一、学语习文应当成为语文教学的首当其任

崔峦曾经在全国第六届青年教师阅读教学观摩活动的总结，明确指出，“语文姓‘语’名‘文’，‘学语习文’是语文教学首当其任的任。小学语文是学习语文的起步阶段，特点是‘小’，除了具有工具性的性质，还有基础性的特征。”“阅读教学是干什么的？凭借文本的语言，着重培养感受语言、理解语言、积累语言、运用语言的能力，同时受到情感的熏陶，思想的启迪，享受审美乐趣，丰富精神世界，从而在学习语文的同时学习做人。”“语文是学习语言的课程，阅读是学习语言的基本途径。把阅读教学上成思品课、故事课、文学课、常识课……都没有准确体现语文课程的性质、特点。”如这次有位教师上《为中华之崛起而

读书》，我承认他也是一位极具感染力的教师，课上得非常煽情。在课上，她采取欲扬先抑的手法，由题入手，要求从文中找出一个同“中华崛起”相对的词语，学生找到了“中华不振”这个词，于是这位教师紧紧抓住这个词，从文中找出大量“中华不振”的句子赏析体会，将学生对洋人的气愤进行渲染达到了极致，于是全场孩子们群情激愤，有要报仇的，有的捏起了小拳头，恨不得把外国人碎尸万段。可难道这就是本文的教学重点吗？显然，这是对教材把握得不够准确，解读教材不够到位，课文的重点显然应该放到文中的重点人物“少年周恩来”身上，学习他少年即树立远大的志向。

二、课堂理应成为学生的舞台

课堂是学生的舞台还是教师的舞台？这方面我们和港台地区以及国外的教学存在较大的差距，尽管现在老师们已经在改，但是做得还很不够。学生到学校是来学习的，教师要把学习的权利还给学生，要尽可能多地安排学生的学习活动，要有师生对话，学生与文本的对话，更要多一些学生之间的互动，要在生生互动中发展语言、发展思维、增长智慧。只要教师放手，给机会、给时间，学生一定会让老师一次次惊喜。好课应当把“彩”出在学生身上。

这次有位老师上《普罗米修斯盗火》，课堂上老师教学设计新颖，通过一个鸡蛋引出盘古开天地的神话故事，又由中国神话故事过渡到外国神话故事，并能让学生找出文中的四个人物两座山，来让学生理清人物关系，概括文章的内容，实现整体感知这一环节，课中也能抓住重点的词句品读课文，并且注重了句式的训练。整个课堂老师非常有激情，煽情极富感染力的过渡语和制作精美的课件，给我们留下了深刻的印象。可是就是这样一节课却没有取得好成绩，刚开始宣布结果时我们都很纳闷，后来遇到担任本次大赛评委的武汉市教研室罗昆霞主任才知道原因，这节课老师的表现很好、很出彩，可是反观学生，完全被老师牵着鼻子走，思维受到限制，缺乏独立学习的能力，学生仿佛不是在上课而是在全程听课，或者说是在欣赏老师的表演。

这次观摩回来后我进行了深入的思考，认为要提高阅读教学的实效性，必须抓住两个关键环节：一是准确、深入地解读文本，精心进行教学设计，二是灵活机动地实施教学，要求简约、实用。

一、准确解读文本，精心进行教学设计，是上好课的前提

要从普通读者欣赏性的阅读、学生学习、教师教学这三个角度，一步一步地潜心研读文本，把握其语言特点及人文内涵。第一步，教师要作为一般读者去赏读，感受文本的意境美、情趣美、形象美、人格美、语言美……第二步，以学生的视角，思考可以学什么，不学什么，学习中的困惑是什么，哪些可能是学生学习的疑点、难点、兴奋点；第三步，从教师教学的角度，确定教学目标、教学内容以及教学方法和策略。文本的解读，忌浅——浅尝辄止；忌搬——急于看教参中的“教材分析”，用别人的理解代替自己的研读；忌偏——不能正确理解和把握文本的价值取向，由于自己把握不住，教学中当学生对文本的理解有所偏出时，教师不知所措，不加引导，甚至推波助澜；忌泛——不把功夫用在吃透课文上，而是漫天里找相关资料，找到之后爱不释手，这就导致了上课撇开文本，大量补充图文资料，造成了“泛语文”的偏向。

精心设计教学，有两个因素必须考虑：一个是课标的要求，特别是课标规定的年段目标不可越位，也不可不到位。另一个因素是学生的水平，学生已有的知识、认识和学习能力。在“理解内容”方面，教师容易低估学生的认知水平和理解能力。文本的思想内容，学生往往已经理解了，甚至发表了精当的见解，老师还不断地问，学生只好强打起精神回答，磨来磨去，效率不高，更重要的是磨灭了学生学习语文的热情，产生厌烦的情绪。

二、巧妙运用教学方法，科学实施教学环节，是上好课的重点

教学过程要朴实，教学环节合理、简化，教学手段简便、实用。通过凭借简明的教学目标、简约的教学内容，简化的教学环节、简便的教学方法，达到真、纯、实、活的教学境界。努力实现“简简单单教语文，完完全全为学生，扎扎实实求发展”的教学理想。

（2008 年 11 月观课心得）

加强语言文字运用，注重课堂教学实效

2014 年 4 月，本人有幸参加“加强语言文字运用，践行课程标准理念”全国小学语文名师教学观摩研讨会，会议地点设在武昌火车站旁边的九州饭店大礼堂。

本次活动全国小学语文学界大咖云集，有“诗意语文”领军人物王崧舟老师、全国作文教学颇有建树的管建刚老师、天津首席名师李卫东老师、福建省厦门市曾营小学叶秀萍校长，还有我们武汉本土教师所熟识、经常深入一线的资深教研员——武汉市小学语文教研室罗昆霞老师。

不算太大的会场，挤满了来自全省各地的老师们，大家怀着对名师的仰慕，对小学语文的热情来到这里。

（一）

上午的活动，在叶秀萍老师带来的一节低年级识字课中拉开序幕。众所周知，小学低年级语文教学以识字学词为教学重点，主要依托“识字课”集中识字以及阅读课中的随文识字进行教学。

叶老师的课让我们耳目一新，老师重在引导学生发现识字规律、激发识字兴趣、培养识字能力，尤其值得一提的是凸显了字理识字的独特魅力。正如叶老师所说，“每一个汉字，都是一幅画，一个故事。借助字理识字，不仅能传承祖国文化，更能激发孩子的识字兴趣，提高识字效率。”

本节课，教师根据不同汉字的构形特点和造字方法“追根溯源”，采用多种手段进行字理识字，课堂务实高效。

随后，叶秀萍老师做了《“我的教学主张”——依字理，学识字》主题报告，阐释了自己的识字教学主张。

（二）

上午的第二项活动是罗昆霞主任做报告。罗老师认为一节好的阅读课，要体现以下五个方面的追求，恰如其分地处理好阅读教学中涉及的五对矛盾。

一、理解内容与学习表达并重的目标定位。

二、视野开阔与恰当取舍整合的内容呈现。

三、整体观照与突出重点结合的教学流程。

四、充分对话与学生主体凸显的教学风格。

五、指导学会与引导会学兼有的课程价值。

本人对第一个问题尤其感兴趣。罗老师首先由当前课堂上出现的种种现象出发，发表了自己的看法。如对“小组合作学习”的反思，对“高效课堂”的解读，对当前课堂上老师满堂问导致课堂沉闷低效的针砭，同时一针见血地指出“全市小学语文优质课竞赛”很多老师在教学设计中，也存在“忽略学习表达”的现象……

罗老师指出“内容分析式”阅读教学是缺乏语文味的教学，是不完全的阅读教学。它被崔峦先生称为“顽固的魔障”，如果不解决这个问题，阅读教学很难有突破性的发展。

针对这一现象，罗老师呼吁，阅读教学要将学习表达作为重要教学目标，内容分析与学习表达并重。要“因课制宜”“因材施教”，所谓“因课制宜”就是看这篇课文所运用的多种表达方法中，最突出、最适宜学生学习的方法是什么，并将课文中“最突出、最适宜学生学习的”表达方法确立为学习目标；所谓“因材施教”是根据学生的年段和现实水平，确定应该学习什么样的表达方法，然后在课文中去选择相应的表达方法来学习。

（三）

因飞机晚点，李卫东老师下午两点半才风尘仆仆地赶到活动现场。经过简单的寒暄，李老师很快进入课堂状态，执教了五年级阅读课《生命 生命》。教学中，李老师对教材进行了大胆的取舍。

老师首先由题目入手，引导学生思考："你们发现《生命 生命》这个课题和以往的课题有什么不同？"学生很容易发现了"生命"这个词出现了两次。老师肯定了学生的发现，但并没有做过多的解释。

接着，引导学生深入学习课文，李老师跳过检查生字词，舍去课文初读，直接出示作者杏林子的资料，介绍写作背景，引出三个问题。即"她是怎么想的，要不要活，要怎样活？"继而让学生概括课文写了哪几件事。

随后，重点通过表格引导学生比较飞蛾和"我"这两个生命的状态，鼓励学生联系上下文思考。

最后，出示哲学家对生命的理解，回到课题，引导学生思考，作者将"生命"这个词重复两次是在强调什么？

学生很好地进入了课文，情感调动了，思维激发了，发言相当精彩。有学生说作者是在强调生命的意义，有孩子说作者是在强调生命的力量，还有人说作者是为了激励自己好好活着，活出自己的精彩……

原以为课到这里就结束了，但李老师并没有结课，而是出示杏林子一双残疾的手，引导学生说自己看到这样一幅画面会想到生活中的哪些画面？并依据本节课学习到的描写画面的方法，写两三个生活中的画面，并写上自己的思考。

纵观本堂课，李卫东老师对教材进行了大胆取舍，简化了教学流程，快速切入文本，抛出核心问题，引导学生自己去发现、讨论、思考，激发情感，学习表达，实现读与写的完美结合。

个人认为一定要"豆腐里面挑骨头"的话，有如下几条意见：

一、虽然是高段的课，但是将字词教学完全舍弃似有不妥。

二、留给学生自读课文，潜心思考，与文本对话的时间太少，课堂显得过于紧凑。

三、虽然布置了读写结合的作业，也鼓励学生交流了，但课堂上没有留给学生动笔的时间，似乎有点遗憾。

最后，李卫东老师做了主题为《把握学段重点，提高阅读教学效率》的报告，他用大量丰富的例子，对各个学段的教学重点进行了深刻的剖析。

李卫东老师天津快板式的报告风格，让听者感到无比的快乐与轻松，会场上不时传来阵阵掌声。

会后，老师们都大呼过瘾，想必这次零距离领略名师的风采，一定能成为与会老师心中美好的回忆。一天的活动结束了，来回坐了四个多小时的公交车，虽然十分辛苦，但是能亲临现场与名师面对面，享受一场听觉和视觉的盛宴，仍然感觉非常值得。

“学无止境，教无止境，研无止境”，研究教学的路只有起点，没有终点，每位语文教师都应该加强自身的学习，锤炼内功，多反思自己的教学，努力做到学以致用，学有所获。

（2014 年 4 月 25 日观课心得）

让“新课标”在万千教师的课堂落地生根

习近平总书记强调，课程教材要培根铸魂，启智增慧。必须坚持马克思主义的指导地位，体现马克思主义中国化最新成果，体现中国和中华民族风格，体现党和国家对教育的基本要求，体现国家和民族基本价值观，体现人类文化知识积累和创新成果。

2023年3月4日，本人有幸参加了武汉市教育学会主办，武汉未来中科教育研究院协办，武汉经开外国语学校承办的“遇见未来”之走进新课标精品课例展示观摩活动。这是疫情结束后，我参加的首场线下大型课堂教学观摩活动。

两天的活动安排丰富紧凑，务实高效。既有段宗平、罗昆霞、余国卿等来自湖北省和武汉市各级教育行政部门专家莅临做报告，也有来自上海和武汉的6位一线优秀语文教师上展示课。他们在经开外校这个大舞台上，围绕着”大单元教学”“学生中心课堂”“学习任务群”“教学评一致性”“深度教学”等主题，同台献艺，尽显风流。

在这个美好的三月春光里，给来自武汉及周边地区近一千名小学语文教师带来一场视觉与听觉的饕餮盛宴，吹来了一阵清新的教研之风。

聊聊两节课

第一节《青山处处埋忠骨》（执教：卞艳老师）

第一节课的授课教师是经开外校的卞艳，她执教的是部编版五年级下册第四单元《青山处处埋忠骨》。这个单元的主题是“爱国”，三篇文章分别讲述了毛泽东、刘伯承、方志敏等老一辈无产阶级革命家的故事，赞颂了战争年代英雄人物的崇高品质和老一辈革命家坚强的革命意志。

教学伊始，卞老师带领全班同学齐读单元导语“苟利国家生死以，岂因祸福避趋之”导入新课，继而单刀直入，抛出核心问题，直指单元语文要素“请大家默读课文，找出描写毛主席动作、语言、神态的语句，体会他的内心世界，随文批注感受。”

接下来的大部分教学时间，都花在引导学生交流自己的阅读感受上——找句子，圈词语，谈感受。老师极具煽情的语言引导，再加上催人泪下的音乐渲染，课堂高潮迭起，一咏三叹……

由于课前师生做了充分的准备，师生在课上拓展了大量关于抗美援朝的历史背景资料以及在此次战争中涌现出的英雄人物事迹，体现了“文以载道，文道合一”的传统语文教学思想。这些背景资料的补充，能帮助学生更好地理解“毛主席为何强忍丧子之痛，最后同意将岸英和千千万万志愿军烈士一起安葬在朝鲜这一艰难抉择。”让学生更好地感受毛主席的伟人担当，凸显了人物的光辉形象。

教学的最后一个环节，老师布置小练笔“请大家尝试运用动作，语言，神态的描写，表现人物内心，展开想象，写一写毛主席收到电报那一夜的情景”注重了读写结合，凸显了语言文字的应用。

特别值得一提的是——精彩的三分钟课前诵读“飞花令”，50 位同学自信满满，行云流水般地展示了 50 首与花有关的诗句，博得了满堂喝彩，经开外校的学生素养水平可见一斑。

这节课充分体现了“素养立意，以教促学，以学定教”。

坚持素养立意。立足单元主题，坚持以文化人，突出文以载道。

坚持以教促学。通过任务驱动，直击核心任务，并有效引导学生抓住关键词句，还原画面，结合资料揣摩人物内心，创设情景入情入境，引读共情。

坚持以学定教。结合课后习题，引导学生分享英雄故事，借助媒体手段补充《长津湖》中冰雕连影像，引导学生感受志愿军战士光辉形象。

总之，这节课真正做到以学定教，以教促学，以评导学，做出了“教—学—评一体化”的有效尝试。

第二节《海底世界》（执教：李伟忠老师）

第二节课执教的是来自上海静安区教育学院小学语文教研员李伟忠老师。李老师的课，给人感觉教学环节简单，教学语言朴实，训练扎实有效，充分体现一课一得。课堂设置三个核心任务，即发现“写清楚”的窍门，尝试把事物介绍清楚，巩固介绍事物的方法。

课堂第一个环节：发现“写清楚”的窍门。李老师首先引导学生读“海里的动物，各有各的活动方法……却能巴在轮船底下作免费的长途旅行”这一片段。然后给出两个支架：①轻声读第 4 自然段，圈出作者介绍的海底动物；②思考后讨论，这些动物的活动方法有什么特点。

继而引导学生归纳出“作者选择了典型、有特点的海底动物来写。”如慢的代表——海参“每小时只能前进四米”，快的代表——身体像梭子的鱼”比普通的火车还快”；前进和后退（大部分鱼都是前进的运动方式，于是作者选择了乌贼和章鱼这些利用水的反推力迅速后退，有特点的动物来写）；动和不动（绝大部分海底动物，不论快慢都是自己独立活动，而有些贝类，自己不动却能做免费的长途旅行）。随后老师引导学生顺理成章发现写作的窍门，作者是用“选代表，对着写”的方式来写清楚的。

课堂第二个环节：“尝试把事物介绍清楚”。李老师出示小练笔“植物园里种着大大小小各种树木。______________________________。”引导学生现学现用，用“选代表，对着写”的方式，尝试把事物介绍清楚，并交流点评。

课堂第三个环节：“巩固介绍事物的方法”。李老师出示拓展阅读《恐龙》，引导学生思考，文章第 2 自然段是怎样写出恐龙的特点的，并引导学生学以致用，巩固提高，总结方法。

概而言之，李伟忠老师的课，有以下四个突出的优点，值得我们借鉴：

一是重视落实单元语文要素。本单元的语文要素是：了解课文是从哪几个方面把事物写清楚的；初步学习整合信息，介绍一种事物。我们不难看出，这堂课李老师紧盯目标，扎实开展训练。

二是注重培育学科核心素养。关注语言的运用，扎扎实实开展语言实践活动。

三是搭建了合适的学习支架。对于本节课三个核心任务，老师都精心设计了支架，让学生走出“舒适区”，走向“最近发展区”，实现深度学习。

四是遵循学生认知的规律。由易到难，由扶到放，由浅到深，由低阶思维到高阶思维，实现学生语文素养螺旋上升。

正如李老师坦言，平常的教学中，我们普遍关注的是“写了什么”“怎么写的”。而事实上“为什么这样写”“我能不能这样写”才是我们更应该关注的。探讨“写了什么”“怎么写的”更多的是读者意识，教师只是在引导学生欣赏文本。而“为什么这样写”“我能不能这样写”呈现的是作者意识，要求教师把学生引导到模仿创作的道路上来。

人们常说教学是一项有缺憾的艺术，如果一定要给两节课提一点意见或建议的话，我个人认为：

第一节卞艳老师的课，牵引痕迹还是比较重，补充的资料和文本稍微有点多，语言文字训练还需加强。

第二节李伟忠老师的课，作为第二课时，重点探讨了文章第 4 自然段的写法，安排了引导学生发现规律，小试牛刀读写结合，最后拓展阅读巩固提高，但教学整体感不足，对课文其他部分的学习完全没有涉及。

聊聊两个报告

上午活动的最后一项议程是由中国教育学会小学语文专业委员会副理事长，湖北省小学语文教研员段宗平老师做题为《学习新课标 实践新课标》的微报告，段老师主要从两个部分解读了 2022 版小学语文新课标。

第一部分指出了新课标的新发展。即“提出了核心素养，明确了以人为本的发展为重点的课程目标；确立了三大教育主题，加强了以育人为导向的课程内容；

构建了学习任务群，优化了以发展核心素养为目标的课程内容结构；设计了学业质量标准，建立了教学评一致性的课程评价机制。”

段老师条分缕析指出教学评价的“四三四”结构，即“四个核心素养是质量标准的主要维度”“按照三种语言运用情景分别阐述”“四个学段在相互衔接中扩展和提升”。

第二部分解读了学习任务群的意涵探寻。段老师首先分析了三大任务群的主要内容，基础型任务群（语言文字积累与梳理），发展型任务群（实用性阅读与交流，文学阅读与创意表达、思辨性阅读与表达）拓展型任务群（整本书阅读，跨学科学习），段老师指出“任务群”要凸显“内容整合”。

段老师提出“群，强调学习内容，学习资源，学习情境，强调多个学习任务通过相应的情境进行关联。学习任务群突破了以往识字写字、阅读、习作、口语交际、综合性学习等知识技能型课程内容框架，打破了以活动为主线，具有统整性特征的课程内容和范式。”学习任务群的三个层面，整合程度不断提升，每个任务群都贯穿四个学段，螺旋发展，体现层级性与整体性的统一。

接着以“文学阅读与创意表达”任务群为例，从学习内容，达成目标，实践路径三个方面进行了详细阐述。

最后段老师创造性提出，日常教学落实学习任务群“三步走”策略。

第一步，初步感知整个单元，找出核心学习任务。

第二步，逐“课”学习，触摸文本肌理，“入内其外”。

第三步，整合学习，可以从主题、结构、语言、风格等方面“出乎其外”，并有重点地进行单元整体梳理与探究、迁移与应用。

下午出场的点评专家是湖北省小学语文特级教师，湖北五一劳动奖章获得者，现任武汉市小学语文教研员余国卿老师。余老师以《传承与创新》为题，重点辨析了“新与旧”“长与短”“教与学”三组关系。

余老师指出 2022 版新课标之“新”——核心素养导向，课程内容结构化，语文实践活动，学业质量标准量化。接着围绕核心素养是怎样形成的展开论述，“核心素养是在学生在能动中学习到的，核心素养是儿童主动建构的，核心素养是在最近发展区建构的，核心素养不可能一蹴而就，还需要一定的练习。”

余老师强调学习新课标不是另起炉灶，原有一些语文学科好的做法必须传承，如“人文性和工具性的统一；语言文字运用到位；自主合作探究的学习方式；重感悟，重积累，重迁移，重情趣的语文学习方法；建设开放而有活力的课程等。”

在处理“长与短”的关系时着重要处理好终身发展与义务教育、学段衔接与学期任务、单元教学与课时教学、单课教学与课时教学等几组关系。提出作为语文教师要有“结构化”思维，教结构、用结构。单元教学与一节课的展示不可求全责备，毕竟 40 分钟的教学不可能解决所有的语文问题，应提倡聚焦一点，一课一得。

在谈到“教与学”的关系时，余老师提出可以先学后教，亦可先教后学或教学同步，一切应以学情为基础，依需要而定。教学之法无常道，无常式。

最后余老师以上午的两节课为例，进行了简要点评，评价语言中肯，坦率诚恳，既总结了两位老师一些好的做法，也提出了自己的教学建议，可谓一针见血，一语中的。

“拨云弄古道，依树听流泉”，此次观摩活动已然落幕，但几位教师精彩的课堂演绎和几位专家的报告，带给我们许多思考与感悟。

作为一线教师，接下来我们所要做的是，尽快将取到的“真经”在日常的教学中加以尝试和运用，让“新课标”在课堂上真正得到落地。

第五辑

陪伴与成长

——为孩子幸福人生奠基

陪伴孩子成长是教育者最大的事！陪伴能给孩子们心灵空间提供温度和能量，用孩子喜欢的方式去爱他们，读懂他们的心灵，打开心门，产生能量，实现成长！

谁来救救我们的孩子

——谨防“塔西佗陷阱”在教育中发生

2022年江西学生“胡某宇校园离奇失联”事件持续发酵，引发社会广泛关注。

2022年10月14日傍晚，江西某中学15岁高一学生胡某宇从学校摄像头前消失，不知所终。在长达三个月的时间里，网上舆论不断发酵，有编造离奇失踪原因的，有杜撰事件调查进展的，有假冒事件相关人员身份的，还有无底线蹭热点引流牟利的……这些不实言论，严重误导公众判断，造成恶劣社会影响。

2023年1月28日，胡某宇遗体被发现，国内权威刑事技术专家指导公安机关开展调查访问、现场勘查、尸体检验、物证鉴定，认定其为自缢身亡。

2023年2月2日，官方专门召开胡某宇事件新闻发布会，公布事件调查结果，事实是“没有他杀，没有阴谋”，一切都归结于一个抑郁少年对人生绝望后的自我选择，该事件才终于尘埃落定。

教育中的“塔西佗陷阱”

作为一名教育工作者，个人认为胡某宇失踪案引发的漫天流言，各种阴谋论混淆了视听，让人真假难辨，其就读的学校以及相关教师承受了巨大的压力，一时间，学校教育也陷入了可怕的“塔西佗陷阱”。

“塔西佗陷阱”是塔西佗在评价一位罗马皇帝时所说的话，“一旦皇帝成了人们憎恨的对象，他做的好事和坏事都会引起人们对他的厌恶。”也就是当公信力丧失的时候，无论发表什么言论，无论做什么事，社会都会给予负面的评价。

教育中的“塔西佗陷阱”无处不在，如果家长对老师不满意了，对学校不满意了，我们所做的任何事情，家长都会提出疑问。

比如学校号召学生征订牛奶，会有家长怀疑校企有利益输送；学生订购校服，会有家长怀疑有人私拿回扣；学生缴午餐费，会有家长怀疑学校克扣餐费；老师作业布置多了一点，会有家长打市长热线投诉，违反国家颁布的“减负令”……

教育的公信力正在遭遇前所未有的挑战。

胡某宇事件发生后，公众曾将矛头一致指向学校，而忽略了家庭层面。据悉“胡某宇自小跟外婆一家生活，其父母为了生活长期在外奔波。胡某宇从活泼可爱的幼儿到乖巧懂事的少年，逐渐变得沉默寡言，他的学习成绩一向不好，初中被送往外婆所在镇上的一所寄宿学校，两周回一次外婆家，学费并不低，高中就读县城中学。”

我也曾在网上搜索过一些相关报道，关注到一些细节。比如“胡某宇刚上高一的时候，自己有很大的困难，他向老师和同学表示过自己学习很吃力、压力很大、注意力难集中、存在睡眠障碍问题等情况，休息也不好，需要回家。他几次向母亲求助说不想读书，这期间他的家人还专门赶到学校来安慰他，但他的情绪始终没有得到缓解。”

胡某宇常常在课本上写下消极的言论，事实上，他当时已经陷入非常危险的情绪漩涡中，却没有人及时发现并开导。在胡某宇成长的过程中，父母教育的缺失，是不是造成悲剧的原因之一？这个比重又占多少？引人深思。

营造和谐亲子关系

这世间并非只有一个“胡某宇”的悲剧。

2023 年 2 月 7 日，失踪一个月的 18 岁四川高中女生曹某英遗体在沱江中被发现。

据《百姓关注》报道，“2 月 9 日，记者从其哥哥曹某华处拿到她的生前录音。在录音中曹某英表达了对学校生活的留恋，她担心自己结束生命的行为让老师失望。‘我好喜欢我们的老师，每一科老师都超级好，我们班主任也超级好。会让他们失望吧，他们会觉得可惜、惋惜。’在录音中，曹某英称她对家人没有感情，感受不到家人的温暖，也没有动力继续下去。‘我也不知道会这样，他们没有让我感觉到温暖或者是亲情。’”

很多家长意识不到孩子的心理问题，等孩子真出了意外，回想起过往蛛丝马迹时后悔莫及，可惜为时已晚。

社会高速发展，就业压力巨大，农民种地收入低，3 亿多农民工群体背后有多少缺少关爱的孩子？而即便父母陪在孩子身边的，又有多少父母真正懂得如何正确培养孩子的生命观和价值观？

会有父母说，早些年条件差，一个家庭孩子有多个孩子，家长也顾不全，也没见这么多“矫情”的孩子。可是大家也忽略了，过去我们的生活简单纯粹，没有鱼龙混杂的网络信息，没有光怪陆离的电子产品，没有对门相见不相识的格子楼，有的只是一心填饱肚子的艰辛生活，孩子们跟同村玩伴一起长大，早早懂得为父母分担家务。

如今虽不愁吃穿，很多孩子却是长期浸泡在缥缈虚幻的网络里，困在装修华丽而逼仄的格子楼里，困在形形色色打着教育幌子的培训班、兴趣班里……

养育路上，关注孩子心理健康，父母是第一责任人。

学校应担负起应尽的责任

“心理营养”是马来西亚华裔心理学家、博士林文采在亲子育儿课中提出的一个概念。他提出生命中的“五朵金花”，即爱的能力、独立自主、联结、价值感、安全感。好的教育像春雨，滋养万物，润物无声。

在物质生活极大丰富的今天，孩子的健康成长更需要心理营养。伟大的教育家陶行知先生说：“小孩的体力和心理都需要适当的营养，有了适当的营养，才能发生高度的创造力，否则创造力就会夭折。”

学校是育人的场所，应理所当然担负起应尽的责任，为孩子的健康成长保驾护航。

一、高度关注学生的心理问题

教师是学校学习生活中与学生接触最多的人，因此教师必须热爱学生并做他们的知心朋友。只有这样，学生才会向老师敞开心扉，我们也才有可能明白学生存在什么心理问题，并对“症”下药。

教师不仅要做好“经师”本职工作，还要扮演好“良医”角色，努力培养学生良好的心理素质和健全的人格。

教师要有一颗阳光之心，把光和热洒向每一个孩子，造就一个生机盎然、健康和谐的校园环境，让每一个孩子都能健康成长！

二、高度重视教育场所的安全排查

有媒体爆料，胡某宇所在的中学 7 年间走失了 8 个学生，所幸最后都找回来了，但也折射出学校在安全防范方面存在疏漏。大家应该还记得去年西安某小学发生的一起悲剧吧，一名学生在校内上采摘课时坠入 7 米深的井道，打捞上来时孩子已无呼吸。学生坠落的深井有警告标识吗？不仅没有，井上甚至盖着草皮……

安全排查疏漏，造成多大的群体事件呀！

教师的职业生涯中遇到学生走失的情况，应该并不少见。所幸大部分孩子并没有真正走失，没有造成严重的后果，也没有形成负面的舆论，但我们不能因此掉以轻心。

当下，教师这一职业也存在着各种风险，正如《双城记》中所言，“这是最好的时代，也是最坏的时代”，在这个信息技术飞速发展，每个人靠一部手机就能做自媒体的时代，教师既是一个备受尊崇的职业，同时也是个高危职业。我们要以此为鉴，每一位教育工作者，都要居安思危，以审慎的态度对待我们工作的日常，多关注校园安全，如下水道、窨井盖等是否有安全死角和盲区，校园内班级里电源插头、走廊栏杆扶手是否存在安全隐患……

习近平总书记在2023新年贺词中提到，“明天的中国，希望寄于青年。青年兴则国家兴。中国的发展要靠广大的青年挺膺担当。”青年是祖国的希望，青少年的健康成长需要每一个家庭、每一所学校以及全社会的关心。只有学校与家庭之间，老师与学生之间，孩子与家长之间始终保持良好的沟通和合作，出现问题及时处理，才能更好地避免悲剧发生，才能尽量避免“塔西佗陷阱”在教育领域发生。

学生逆反心理与校园暴力事件的思考与对策

每一个学生都是一个鲜活、独特的生命个体，以学生发展为本，让学生在课堂教学中快乐、幸福、健康成长，既是时代和民族赋予每一位教师的神圣使命，也是每一位教师执着追求的教育理想，然而当今的教育生态环境却很不乐观。

近日，发生在校园的一连串欺凌事件引起了全社会的广泛讨论和关注。

联想到早些年发生的“马加爵事件”，到震惊全世界的美国弗吉尼亚理工大学校园枪击案……这些发生在校园的恶性伤害事件，引起了学生、家长、学校及社会的普遍关注，也由此再次引发了一场有关学生暴力事件的大讨论。我们会发现无论是在国内还是国外，青少年的成长中都难免会遇到各种问题，原本平静安详的象牙塔也并非一片净土，所以当花季少年越来越多地与“暴力”等字眼联系在一起时，人们不禁要问，究竟是谁给了“校园江湖”的滋生空间呢？缘何现在的孩子攻击性这样强？

可不是吗？平日的工作中，我们时常会发现教室里的开关、桌椅、清洁用具等，似乎有人为破坏的痕迹，黑板擦被摔得粉碎，新刷的墙壁上不久便被人踹上脚印，个别行为偏激的孩子会为一点小事大打出手，甚至与老师对抗……

根据一项权威调查，目前中小学生不良性格中，逆反占 24.6%；固执、任性的占 28.4%；容易发火偏激的占 16.4%。此数据随学生年级增加呈正增长，到青春期末期达到峰值。

如果这些孩子的逆反心理不能及时得到正确的疏导，谁又能保证不出现第二个马加爵呢！那么我们，新世纪的教育工作者们更有责任和义务去教育学生，抚平学生受伤的幼小心灵。

人的心理是不断发展和成熟的，每一年龄阶段将形成不同的个性品质，如果错过了教育的最佳时机，再矫正不良的个性品质将是一件非常困难的事情，因此要想让孩子养成良好的个性必须从小抓起。

分析学生逆反心理产生的原因，笔者认为主要有如下三个方面：

第一，学生逆反心理与家庭教育的关系

家庭环境在个体心理的发生、发展中起着巨大的作用。良好的家庭环境往往能成为孩子健康心理的温床，不良的家庭教育往往也将成为不良行为习惯的催化剂。

逆反心理强的孩子家庭，一般容易走两个极端：要么溺爱孩子，对孩子的要求百依百顺，使孩子养成刁蛮任性的性格，一切以自我为中心。在校园中别人稍一触犯自己，或是受到老师的批评，往往不能正确对待，反而变本加厉产生逆反心理。

另一种则反之，有些父母坚持“棍棒下出孝子”“父为子纲”的封建遗留思想，对孩子过于严厉，甚至失去了起码的关爱，动辄拳脚相加。在这样的环境中长大的孩子因为长期在家庭中性格被压抑，那么在学校中面对比自己弱小的同学，当被激怒时，通常攻击性也更强，这些人往往也成为班级不良小团体的首领。

第二，造成学生逆反心理的学校及社会因素

现在的青少年大部分时间还是在学校接受正面教育。学生时代也是每个现代人完成社会化走向成年的一个必须经历的阶段。反思我们的师资队伍中，虽然政府以及各级教育主管部门三令五申要“减负爱生”“严禁体罚和变相体罚学生”，虽有很大扭转，但还是时有发生。

我们的师资队伍中确实还存在着极个别教师，过于注重学生学业成绩，忽视学生德育教育和心理问题。学业成绩好的孩子往往受到更大的关注，对于他们出现的一些小毛病可以不闻不问，而学习成绩不好的学生出现问题，则不问三不问四，就是一顿劈头盖脸的训斥、责骂，这些不良的育人行为不仅降低了教师的威信，也助长了一些问题少年不良性格的形成。

另外，我们也不得不承认现在的学生普遍存在学习压力过大的问题，学校逼、家长逼、社会逼，无形中加重了学生的精神负担，或是遇到挫折不知道怎样对待。因此，他们一有机会就想“宣泄”，攻击的目标不是所谓的“仇家”，就是相对的弱者或是物品了。

同时改革开放带来了经济的腾飞，但西方的一些消极、腐朽、堕落思想，也冲击了我们的受教育者，另外影视、网络等传播媒体中不良信息对孩子的负面影响也是不容忽视的。

第三，形成学生逆反心理的主观原因

当今的青少年，虽未进入社会，却往往以好奇打量的眼光看待人生、看待社会，然而他们的年龄、心理、思想方法和思维方式以及社会阅历都与社会发展有着一定距离，表现出一种不适应，常常处于一种困惑的矛盾胶着状态。

（1）年龄与生理条件。逆反心理在人生的各个时期都可能产生，但青少年时期逆反心理是最重的。这主要是青少年迫切希望扮演的角色与家长、老师对他们不合实际的要求和期待发生激烈冲突所致。当人进入青春期后，生理上逐步成熟，而在心理上正处于断乳期，随着成人感的产生，独立意识不断增强，他们意识到自己长大了，要求成年人把他们当大人看待，理解他们、尊重他们。

而许多家长、教师的观念还来不及或不愿转变，仍把他们当成孩子看待，对于青少年的烦恼、要求不能充分地理解和给予积极引导。于是，青少年因需要不能得到满足而产生了很强的逆反心理。

（2）好奇心的驱使。青少年多数具有强烈的好奇心，受其驱使，他们喜欢新事物和新知识。

心理学研究表明，人们对于越是得不到的东西，就越想得到，越是不能接触的东西，就越想接触，这就是所谓“禁果逆反”。我们有些老师、家长禁止青少年做某事，却又不说明不能做的理由，结果适得其反，使“不要吸烟”、“不要早恋”之类禁令达不到应有的预期效果；对于被禁止、批判的电影、文学作品却怀着极大兴趣去观看、查阅。

他们认为“被禁的果子是甜的”，好奇心驱使青少年有时甘冒受惩罚的风险去尝也许并不甜的“禁果”。

（3）思维品质的发展还不够成熟。青少年往往社会经验不足，不懂得用历史的辩证眼光看问题，认识上容易产生片面性，看问题易偏激，喜欢钻牛角尖，在论证不足的情况下，固执己见，走向极端。这些青少年往往自尊心、虚荣心很强，但却不能正确地维护自己的尊严，而把教育者的劝说、批评、告诫看成是“管、卡、压”，看成对自己自尊心的损伤。因而把自己放在教育者的对立面上，出现了在口头上加以回驳，在行动上反其道而行之的逆反心理。

那么，面对青少年的逆反心理，我们教育者该怎么做呢？

笔者认为对待青少年的逆反心理，教育者应该有一个正确的认识。首先，要认识到逆反心理是一种跨文化的社会心理现象，这种现象过去有，现在有，将来还会出现。因此，对于青少年中出现的逆反心理，应泰然处之。对待青少年中消极的逆反心理应注意分析原因进行克服、矫正和教育。

第一，首先要着力提高教师素质。各级领导干部和教师，应不断学习，努力提高自己的政治理论水平和科学文化素质，提高自己的道德修养，使自己的才智、能力、水平、德行与所履行的职责相符，只有“有理想的人讲理想，守纪律的人讲纪律，有献身精神的人讲献身精神”，榜样示范、现身教育才最有说服力。

第二，努力增强青少年的信任感。要解决这个问题，需要我们教育工作者做大量艰苦的、创造性的工作。我们不能用老眼光看新问题，要根据21世纪青少年的特点，改革和更新教育内容和方法，要努力克服宣传教育中的模式化、“八股调”、“假大空”，要实事求是，改进工作作风。在充满信任的环境中，帮助青少年建立正确的心理思维模式，奠定克服逆反心理的心理基础。

第三，要重视青少年的自我教育。苏联著名教育家苏霍姆林斯基说过，“真正的教育是自我教育。教育就是要迫使人去思考自己。”科恩在《自我论》中谈到自我教育时也说：“在关系到最高生活价值方面，教会别人是不可能的，每一个人都应自己教育自己，可能做到的只是帮助他更深刻地理解周围的世界和自己，成为自己，实现比他身上现有的更好的东西。”科恩的论述说明克服逆反心理的最好办法是进行自我教育，别人不能替代。

总之，在青少年自我意识形成过程中，逆反心理是十分常见的现象，它对青少年心理的发展有着不可忽视的影响。由于青少年逆反心理成因的多样性，范围的普遍性，要消除逆反心理并非易事，关键在于教育者要正确对待青少年中的 逆反心理，抓住有利时机进行全面、细致的教育，促进学生身心健康发展。

(2015 年 2 月发表在《大家教育周刊》)

家校携手，为孩子幸福人生奠基

各位家长朋友：

大家下午好！很高兴今天有机会和在座的各位家长交流。大家都知道我的第一个身份——一名从教二十多年的教师，一名深耕基础教育十余年的教育管理工作者。其实我还有一个身份和大家一样，我是两个孩子的父亲，其中一个孩子正在上小学，所以我也是一名学生家长。

大家千万不要把我当成所谓的教育专家，因为在教育孩子的道路上，我也是磕磕绊绊，不断摸索前行，有时也会遇到和大家一样的困惑。当自己的孩子表现不尽如人意时，我也会产生愤怒、失落的情绪，内心充满挫败感。但每当这些负面情绪占据我头脑的时候，我一定会让自己马上冷静起来，因为“冲动是魔鬼”。

“窦燕山，有义方。教五子，名俱扬”，谁不想成为窦燕山一样的父母，教育好自己的孩子？法国哲学家爱尔维修也有句至理名言：“即使是普通的孩子，只要教育得法，也会成为不平凡的人。”因此，“望子成龙”“望女成凤”是每个家长普遍的心态。可是“理想很丰满，现实很骨感”，很多家长因为教育方法不当，孩子既成不了“龙”，也成不了“凤”，他们像一个个顽劣的小神兽，让我们大伤脑筋。

那么作为家长，该如何配合学校教育好孩子呢？我们今天就重点来交流一下这个永恒的话题。

当然，“生活不只眼前的苟且，教育不能仅仅盯着眼前的分，应放眼未来，为孩子的终身发展奠基”，我作为一名基层教育工作者，也作为一名家长，想利用这个机会给大家分享六句话。

（一）要教育好孩子，首先一定要了解孩童，当好父母，坚持正面管教

我国现代著名教育家陈鹤琴曾在《家庭教育》这本书中对孩童的心理进行过概括“小孩子是好游戏的”“小孩子是好模仿的”“小孩子是好奇的”“小孩子是

喜欢成功的”“小孩子是喜欢大自然的”“小孩子是合群的”“小孩子是喜欢被称赞的”。

总之，我们想教好孩子，就必须先了解孩子的心理，依据他们的心理来施行正面教育，这样必定能收到良好的效果。

最近，我正在读美国教育家简·尼尔森写的《正面管教》，这是一本让数百万孩子、父母和老师受益终身的经典之作，自 1981 年出版以来，已经成为管教孩子的“黄金准则”。这本书中的很多观点我都非常认同，“正面管教是一种既不惩罚，也不娇纵地管教孩子的方法。”“正面管教强调孩子只有在一种和善而坚定的氛围中，才能培养出自律、有责任感，合作以及自己解决问题的能力，才能学会使他们受益终生的社会技能和人生技能，才能取得良好的学业成绩。”

德国著名教育家第斯多惠有句名言，“教育的艺术不在于传授本领，而在于激励、唤醒和鼓舞。”其实每个孩子都希望自己能成为一个“人人爱，人人夸”的好孩子，我们作为家长也好，教育工作者也好，所能做的就是不断唤醒孩子心中的真、善、美，努力让每个孩子体验到成功的感受。心理学告诉我们，一个人只要体验一次成功的喜悦，便会激起无休止的追求意念和力量。苏霍姆林斯基也曾告诫过我们，“一个孩子如果从未品尝过学习劳动的欢乐，从未体验克服困难的骄傲这是他的不幸。”

2020 年 12 月 29 日，教育部颁发了《中小学教育惩戒规则》，新规于 2021 年 3 月 1 日正式实施。该《规则》首次对教育惩戒的概念进行了定义，“学校、教师基于教育目的，对违规违纪学生进行管理，训导或者以规定的方式予以矫正，促使学生引以为戒，认识和改正错误的教育行为。”

教育惩戒不是惩罚，而是教育的一种方式，具有育人属性。教育惩戒更不同于体罚，惩戒是让一些可能犯了错的孩子，通过适当的方式回到正确的轨道上，是让学生主动认识并改正自己错误的手段，而体罚则是单纯制造身体痛苦，让学生被迫服从的行为，在现实中往往会起反作用。其实该《规则》的出台，也是借鉴了西方发达国家的经验，以立法的形式让学校和教师会用、敢用、慎用教育惩戒，也希望家长和社会理解、支持、配合学校及教师的教育和管理。

因此，当您的孩子严重违纪时，我们的老师有时会依照《规则》合理使用教育惩戒权。当然，我们也勇于接受家长们的监督，如果家长认为老师有惩戒不当的行为，请您用合理的途径(比如电话、信箱……)反映给学校，我们一定会认真调查，依法依规处理。

（二）要教育好孩子，就一定要乐于跟学校沟通，关注孩子心理，关注孩子德智体美劳全面发展

作为家长要经常与学校及班主任、科任老师建立联系。我们了解到，还有个别家长因为工作忙，不太重视孩子的学习，没时间陪孩子。有的家长说他办企业、做生意，没时间来开家长会——我想告诉大家，办企业、做生意是为国家作贡献。把孩子培养成人，同样是为党和国家作贡献！打工、经商是挣大钱，把孩子培养好了，一样是挣大钱！

习近平总书记说“金山银山，不如绿水青山。”针对孩子的教育，我认为“金山银山，不如孩子成才”。你挣钱再多，孩子没人管，学坏了，你自己的事业再成功，照样快乐不起来！当然，今天来的家长，至少是合格的家长，你们将来还有可能成为优秀家长。在此我号召家长们，要经常跟学校及老师沟通，尽到家长应尽的责任和义务。

现在的孩子，都是家中的宝贝，但学校是一个大家庭，一个班级50多个孩子，难免会产生矛盾。我们作为家长要教育孩子，“有了矛盾能自己化解的就自己化解，自己不能化解的可以求助老师，更严重一点的就需要家长和学校配合来解决了。”

我们作为家长要经常聆听孩子们的声音，了解他们的需求，但也绝不能只听孩子的一面之词，要公平公正处理事情。应该说99.9%的家长都是非常支持并理解学校的工作的，但仍然还有个别家长，对学校的管理，对老师的教育方法有看法时，没有选择合适的渠道反映问题，合理沟通，而是直接打市长热线投诉，这样不仅不利于问题的解决，反而使学校必须将更多的精力放到回复投诉上，并使我们的教师，畏首畏尾，不敢大胆开展工作，最终受害的是孩子。

每一位教师和您都在为同一个目标“努力让每一个孩子成长成才”而全身心付出，我们自始至终都是战略同盟关系，不是敌对关系。因此遇到教育问题，我们不应互相推诿，而应携手解决；我们不能一味地相互指责，而应团结起来共同面对。

今天的父母面对孩子有些急功近利，孩子考试没考好，批评训斥；孩子有了点成绩，就给予重赏，把成绩与奖赏挂钩。自己未能实现的愿望，一味地要求、强迫孩子实现，不尊重孩子，这是对孩子心灵的一种摧残，导致了许多悲剧的发生。其实走进孩子的内心，真心跟孩子沟通，比说教打骂要强一百倍。

尤其是后疫情时代，很多孩子的内心其实很脆弱，在学校受到了委屈，回到家里又无法得到排解，往往会做出伤害自己的事，更有甚者会走上轻生的道路，酿成不可挽回的悲剧，到时候就追悔莫及了！正如我曾经的同事，光谷二小贺清文校长常常讲的“孩子是父母生命的延续，存在就是最大的幸福！”再说，条条大路通罗马，孩子的成才绝不会只有通过学业成绩这一条道路。

前段时间，有部网络热播剧《小舍得》受到了中国家长们的追捧，剧中呈现了两个当代典型家庭：鸡血家庭和佛系家庭。田雨岚（将欣饰演）是典型的鸡血妈，从儿子子悠一年级开始，就给孩子报了奥数、英语、逻辑写作。而南俪（宋佳饰演）家，则是鸡娃大军中的一股“清流”：坚持自我、保持理性，反对“唯分数论”，从不给孩子报辅导班，只有声乐、小主持人这类兴趣班。

因为这部电视剧的真实，给人一种很强的代入感，剧中的两对父母和孩子都能在现实生活中找到相匹配的原型；因为剧情的现实性，每个教育方式都能触及家长们敏感而脆弱的神经。探索好的教育方式一直是每个家长的教育焦虑点，是用“鸡娃式的教育”还是“佛系式的教育”，每个人都有自己的看法，这也是社会一直重点关注的问题。

我想说的是，与关注孩子成绩相比，关注孩子身心健康发展才是当代父母更应重视的。我们要承认，大多数人其实就是普通人，学业成绩的确是重要的，但是要说育人，教给孩子正确的生活态度、处事方式更重要。当孩子心中感到自由、幸福的时候，才有更多的可能去发展其潜力。

《中共中央　国务院关于深化教育教学改革全面提高义务教育质量的意见》指出，坚持立德树人，着力培养担当民族复兴大任的时代新人，坚持“五育并举”即德育、智育、体育、美育、劳动教育。

因此，我希望家长们不要仅仅将目光关注到孩子们的智育，而应该关注孩子们的全面发展。以前人们常说“智育不好出次品，体育不好出废品，德育不好出危险品。”可见德智体的重要性，十九大以来党中央，又提出中小学要加强艺术教育和劳动教育。

2020 年 10 月，教育部印发了《大中小学劳动教育指导纲要》明确了劳动教育的重要性。指导中低年级学生要完成个人物品整理清洗，进行简单的家庭清扫和垃圾分类；参与适当的班级集体劳动，主动维护教室内外环境卫生；进行简单的手工制作，照顾身边的动植物等。指导高年级学生参加家具清洁，收纳整理，制作简单的家常餐等，每年学会一两项生活技能；参加校园卫生保洁，垃圾分类处理、绿化美化；初步体验种植、养殖、手工制作等。

因此我号召家长们一定要重视孩子的劳动教育，让孩子明白“只有劳动才能创造美好的生活”，给孩子创造机会，让孩子体验劳动的快乐！

（三）要教育好孩子，一定要明白教育孩子是学校的责任，同样也是家长的责任

我们不提倡学校老师随随便便叫家长，我们也不赞成家长把孩子送到学校，就完全依赖学校什么都不管，甚至出了事都找不到家长。教育孩子不能仅靠学校，家长是孩子的第一任老师，也是孩子的终身老师。我们要明白教育孩子不仅仅是学校和老师的工作，更是社会和家长的共同责任。

第一，新时期我们需要的是有个性、有创新精神的人才。

家长在孩子的个性发展和人格培养等方面起着十分重要的作用，这是学校无法替代的。在新的时代，当家长的要关注孩子成长的每一个环节，尤其是孩子个性的培养以及创新思维的开发。

第二，社会上的各种不良风气无时无刻不在侵蚀着我们的孩子，光靠老师不能保证每个孩子都免遭不良风气的影响。

孩子能否成功，关键在家长、学校、社会的共同配合。但是，社会环境的好坏，你是很难把握的，你唯一能把握的就是你自己。因此家长不能老抱着过去的观念“认为自己只需要管好孩子的衣食住行就行了，教育是学校和老师的事”，而要主动承担起对孩子的教育责任。

作为家长，我们要积极引导孩子扣好人生的第一粒纽扣，为孩子的人生涂上靓丽的人生底色，为孩子的幸福人生奠基。我相信您的孩子将来无论遇到什么样的困难都不会出问题。

（四）要教育好孩子，一定要学会尊重，理解，并充分相信老师的好

提起小学教师这个职业，可能在大家印象中是这样的，“工作体面，旱涝保收，教授的内容简单得不得了，几乎没有什么含金量。”其实当老师的苦只有老师自己知道。老师所付出的辛苦和承受的压力，以及付出与报酬的不平衡，是外人很难感受到的。

当今社会，做教师并不容易，网上曾流传着这样的顺口溜，“教师奴隶化，学生祖宗化，加班日夜化，待遇民工化。当了教师吃苦受罪，教书育人终日疲惫。工资不高还要交税。从早到晚比牛还累，一日三餐时间不对，抛家舍业愧对长辈。”虽是戏谈，却也是当下教师工作的真实写照。

当老师真苦。每天七点多就来到学校，一头扎进班级，从早到晚，没有一刻歇息的时候。每天除了上课，还要批改作业。中午还得值餐管饭，守着学生睡午觉。放学后，老师忙着打扫教室卫生，给学生批改作业，很少能按时下班。天黑了，当老师拖着疲惫的身体回家，匆匆扒上几口饭，稍作休息，又开始夜战，备课、写教案、做课件、写反思，往往忙到深夜。

尽管老师的工作苦、累、压力大，但广大教师依然快乐地工作、生活着。他们把课堂作为享受幸福的重要舞台，和学生一起痛苦、一起欢乐，一起成长。他们幸福的源泉就是看到学生的健康成长和将来长大后在各行各业取得成功。现在依旧坚守在教师岗位的老师们，之所以能够扛住压力，背后有很多原因，其中最重要的就是他们内心深处对孩子的热爱，对教育事业的热爱……

因为我们爱孩子、爱教育，所以我们才会认为，每次加班备课、深夜改作业、被家长误解、被家人抱怨……这些付出都是值得的。

因此，我特别呼吁家长们一定要尊重、理解老师，孩子们需要成长，我们普遍年轻的老师们也需要成长。

（五）要教育好孩子，就一定要无限相信孩子的可能，给予孩子充分的信任

各位家长，在新的时代，要想让孩子成为适应未来社会需要的成功者，必须转变教育观念，我们可以代替孩子做事，但是代替不了孩子成长；种子是父母播撒的，成长还要靠孩子自己。我们不能满足于准备好一切去迎接孩子，而应该让孩子准备好一切去迎接未来！

我们需要信任的是孩子的潜能。教育学、心理学研究表明，人的潜能充其量开发不足 10%，每个孩子都具有巨大的发展潜力。在具有无限发展可能性的生命面前，我们应当学会敬畏，学会“顶礼膜拜”。就像那位把出生时双耳失聪的女儿培养成我国第一位少年聋人大学生的周弘教授所说的，“哪怕天下所有的人看不起你的孩子，做父母的也要眼含热泪地拥抱他、亲吻他、赞美他，为自己创造的生命而自豪。”

下面我想和大家分享一个案例，1996 年，美国有一位身无分文的青年，他特别看好电子商务，并下决心在这个领域发展自己。那么资金的问题如何解决呢？他首先想到了父母，当时他父母有 30 万美元的养老金。当他向父母说明了用意后，他的父母只商量了一会儿，就把钱交给了儿子，并说道：“我们对互联网不了解，更不知道什么是电子商务，但我们了解、相信你——我们的儿子！”这位青年就是当今个人财富达 100 亿美元、大名鼎鼎的亚马逊的首席执行官贝索斯。

不能说贝索斯的成功完全归功于他的父母，但他父母所起到的作用确实非常重要。除了先期的资金支持外，更为重要的是他们对贝索斯的信任，给他带来了无穷的精神力量。

所以说“给孩子一片蓝天，他们会让它繁星点点；给孩子一片草地，他们会让它繁花似锦；给孩子一份信任，他们会感悟出人生的许多道理。”教育若能达到启迪心灵的境界，足矣！

（六）要教育好孩子，就要努力营造温馨、和谐、平等的家庭氛围，给予孩子更多的陪伴。

生活在批评、指责中的孩子，吹毛求疵、尖酸刻薄；生活在敌意、愤怒中的孩子，性格暴躁、争斗不和；生活在嘲笑、奚落中的孩子，缩头缩脑、自卑、怯懦；生活在耻辱、羞愧中的孩子，没有自尊、深感罪恶。

因此，可以毫不夸张地说，我们营造一个怎样的家庭氛围，其实就决定了孩子的未来。您的孩子从幼儿园到小学、初中、高中、大学，换了那么多老师，唯独家长不会换，所以有人说家长是“永不退休的班主任”。家长只有不断学习，不断提高，与孩子一起成长，才能完成教育孩子这一伟大而光荣的任务！

父母一定要为孩子树立良好的榜样。父母的表现、工作态度、兴趣爱好、言行举止、待人接物、生活方式，都会对孩子起到潜移默化的影响。由此可见，父母的示范效应本身具有极强的教育意义，家长如能主动、有意地发挥示范作用，其对子女的教育将收到“事半功倍”的效果。

澳大利亚是世界上比较富裕的国家，但他们家长的教育观念是再富也要“穷”孩子，他们的理由是娇惯的孩子缺乏自制力和独立生活的能力，长大以后难免吃大亏。澳大利亚人再富也要“穷”孩子就是“为未来着想”。孩子长大早晚要离开父母去自闯一片天地，与其让他们那时面对挫折，惶恐无助，还不如让他们从小摔摔打打，“穷”出直面人生的勇气和本事。

现在家庭越来越富裕，有的家长为了满足孩子的虚荣心、攀比心，给孩子买一些现在还不需要的奢侈品，如手机、电脑、高档服装等，这是很不明智的。

前些年光谷有所学校推出“爸爸接送日”，要求在可能的情况下，每周爸爸至少要接送孩子一次。这一举措引起了社会的广泛关注，虽然有炒作的嫌疑，但也折射出当今众多爸爸们的生活现状，工作节奏快，工作压力大，家庭负担重，他们把更多的精力用来挣钱养家。

我也是一位父亲，此刻和大家一样，正在充分感受中年男人的不容易，尽管如此，我还是希望爸爸们能减少一点不必要的应酬，多抽出点时间陪陪孩子，给予孩子更多的陪伴。因为挣的钱再多，买不到孩子健康的心态、良好的品质、高尚的道德，也买不到孩子的未来。

家长朋友们，我们的目标是统一的，我们的任务是一致的，愿我们携起手来，齐心协力，相互合作，共同努力，把我们的学生，您的孩子，培养成学习勤奋、品质优良、身体健康、人格健全的优秀人才，为将来升学、就业，乃至整个人生的发展打下坚实的基础。顺祝您工作顺利，家庭幸福！

（根据 2023 年 11 月家长学校演讲稿整理）

孩子磨蹭的成因及8个应对小妙招

常言道："十个孩子九个磨！"提起孩子磨蹭，每位父母都有诉不完的苦，可谓大伤脑筋！孩子的磨蹭百态，更是历数不尽，起床磨蹭、洗漱磨蹭、吃饭磨蹭、作业磨蹭、睡觉磨蹭……

那么，应该如何应对呢？下面我们就一起来揭开孩子磨蹭背后的秘密，并帮助您巧妙应对，努力让您的孩子跟磨蹭说再见。

孩子爱磨蹭大多事出有因，因此要想纠正孩子磨蹭，首先就要回源头，找原点，耐心寻找症结形成的原因。笔者经过大量的调查研究，分析孩子磨蹭的主要原因大致如下：

（1）不当的教养方式。有些孩子从小就事无巨细完全由家长安排，慢慢地孩子就对做事没有了积极性和主动性，从而也逐渐养成了做事拖拉、没有主见的坏习惯。

（2）缺乏时间观念。很多孩子对时间的概念是比较模糊的，他们不知道快一点做完事情能有什么好处，当然也不会意识到慢一点做事有什么不好。如果父母平时又忽视了对孩子时间观念的培养，孩子很难感受时间对自己的意义，也就容易养成不惜时的坏毛病。

（3）自我控制力差。孩子由于年龄小，心智发展不成熟，一般自我控制能力较弱，注意力容易受到周围环境的影响，当被新的有趣的事物吸引，就会很快转移注意力，而无法专心于正在做的事情。这样孩子每件事情都会留"尾巴"，有始无终，从而可能会慢慢形成磨蹭的个性品质。

（4）心有余而力不足。有时孩子做事慢并不是故意的，而是所做的事情超出了他的现有能力范围，做起事来不那么得心应手，慢也就在所难免了。

（5）缺乏自信心。有的孩子在做事时缺乏勇气和信心，怕自己出丑或做不好，总是瞻前顾后，犹疑不定，从而动作也就自然而然地慢了下来。

（6）天生的慢性子。按照气质类型来分，人可以分为胆汁质、多血质、黏液质和抑郁质四个气质类型，黏液质和抑郁质类型的人天生就是“慢性子”，这是孩子一生都不太可能改变的先天气质，因此只可能改善，要想完全颠覆很难。

（7）与父母消极对抗。有些父母对孩子管教过严，给孩子布置的学习任务过多，孩子容易产生抵触情绪，于是他们可能会采用“磨蹭”招式予以回击，奉行“决不按时完成”的原则，以免产生更多的任务……

找出了孩子磨蹭的症结所在，就要“对症下药”了。下面给大家支几个小妙招：

一、改变孩子，先转变自己的教养方式

父母要坚持从“我”做起，改变自己的教养方式，逐步退出“包办代替”的角色。让孩子了解自己所要做的事情，学会自己的事情自己做，从而不断培养孩子的责任感和做事的积极性，鼓励孩子做自己的主人。

二、制定家规，并严格执行

俗话说：“没有规矩不成方圆！”合理地制定孩子行为规范，给他们最大限度的自由，让孩子自己管束自己。如全家吃饭时间为30分钟，不可拖拉；不喜欢的事情可以不做，但只要开始做的事情就一定要坚持，不可有头无尾；坚持每天用15分钟收拾自己的房间等。

同时父母也要遵守规定，切忌“尺度不一”，做到“言必信，行必果。”给孩子做好表率。

三、与孩子一起，制定科学合理的时间表

和孩子一起根据每天的作息时间、事情的轻重缓急等，制定一个切实可行的日程表，这样一来，孩子在制定时间表的过程中，熟悉了自己一天的学习、生活，

而且比较有条理地捋顺了他们之间的关系，同时也进一步增强了自己的时间观念。

当然作息时间表的制定只是“二万五千里长征”的第一步，更重要的是严格执行，坚持不懈。

四、耐心教给孩子做事的技巧多给其锻炼的机会

孩子也渴望成长，盼望长大，因此请务必给孩子成长的时间！无论是学习技能，还是做事技能，都是在生活中逐渐学习并掌握的，在孩子“成长”的过程中，请父母们多一些谅解与宽容，不要给孩子太多的任务或压力；多给孩子一些指引与教导，不要给孩子太多的指责或埋怨；多给孩子一些锻炼的机会与鼓励，让孩子在实践中学会学习，提高效率。

五、在游戏中寓教于乐

多和孩子玩一些有趣的计时活动，增强孩子的时间观念。如 1 分钟看图找不同，2 分钟拼图，3 分钟计时劳动，5 分钟穿衣服等，这样孩子乐在其中，会非常积极地参与这种互动游戏，并努力使自己快起来，渴望赢得第一与赞许。相信磨蹭的毛病也会在不知不觉中慢慢改掉。

六、鼓励孩子，培养信心

父母在评价孩子的时候应注意措辞，少说“慢”“差”“废”，以免孩子“破罐子破摔”，认为自己本身就是慢，从而做事越来越没自信。父母应多鼓励孩子，看到孩子每天进步一点点，并不失时机地进行表扬，鼓励孩子，让孩子意识到“快”是快乐的，可以受到表扬。同时也知道自己是可以“快”起来的，给孩子一种积极的心理暗示。

七、适时干预，提高孩子的自控力

在做某件事前，家长可以先适当地提醒暗示孩子，从而增强孩子的任务意识。在孩子做事时，告诉孩子“你是最棒的孩子，相信你一定能认真做完！”并要求孩子也这样对自己说，默默地提示自己。在这种心理暗示下，相信他们不仅可以按时做完，而且可以做得很好。

八、偶尔让孩子，为自己的磨蹭“买单”

古语云“吃一堑，长一智！”孩子只有体会到磨蹭给自己带来的损失之后，才能自觉地“快”起来。因此，父母不妨让孩子“顺其自然”，按部就班“磨蹭”地做事，让孩子为自己的行为负责。

如早晨让孩子按照自己的“节奏”磨蹭地起床，拖拉地吃饭，不紧不慢地去学校，而必然的结果无疑是“迟到”。当孩子亲身体验了迟到的尴尬，并挨了老师的批评后，便会认识到磨蹭给自己带来的害处，从而为了避免尴尬与老师的责备，就会慢慢“快”起来了！

好习惯的养成绝非一日之功，作为家长，我们要“反复抓，抓反复”，相信只要长期坚持，您的孩子一定能慢慢改掉磨蹭的坏习惯，成为惜时守纪，品学兼优的学生。

家长如何指导孩子开展课外阅读

学习语文，当然要上好语文课，但是也不能仅仅局限于课堂，只读课本。课堂之外万水千山，课本之外万紫千红。从不光顾书店，从不阅读课外读物的孩子，绝无可能学好语文。记得全国著名小学语文特级教师窦桂梅说过，“没有阅读过名著的心灵是粗糙的，没有感动过的情怀是苦涩的。”阅读对人生的重要是不言而喻的，尤其是对孩子来说，童年阅读的书常常会在脑海中留下难以磨灭的印象。

那么家长怎样才能帮助孩子选择和利用好课外读物，指导孩子开展课外阅读呢？

指导孩子选择合适的课外读物

如今，社会上各种纷繁复杂的出版物充斥市场，鱼目混珠。家长必须从众多的出版物中帮助自己的孩子选择最需要、最适合的书籍。

首先要选择思想健康，内容积极向上的优秀书籍。如一些名人故事，名人传记《科学家的故事》《哥白尼》《拿破仑》等，再如中外儿童文学名著等。

其次要选择符合自己孩子年龄特点和阅读层次的书籍。如根据孩子的阅读能力，有计划地引导他们读唐诗宋词、经典童话故事、文字优美的散文、精简的中外名著以及各种健康向上的儿童文学等。

三是要选择有利于促进孩子课内学习的相关书籍。也就是说可以结合自己所学的各门功课来选择课外读物，以拓展知识面，并加深对课内知识的理解。

如统编版五年级语文教材中入选了《刷子李》，我们可以顺势引导孩子读冯骥才的《俗世奇人》；入选了《祖父的园子》，可以顺势引导学生读萧红的《呼兰河传》。另外，因为第二单元的主题是“走近名著”，入选了《草船借箭》《景阳冈》

《猴王出世》《红楼春趣》四篇课文，我们可以有计划地引导孩子尝试阅读《四大名著》……

当然，还有些其他学科的配套书籍，比如高士其的《细菌世界历险记》，英国知名智力游戏专家、百万级畅销书《大脑游戏天才》《走进奇妙的几何世界》等，都可以推荐给孩子们阅读。

帮助孩子制定有效的阅读计划

“书籍是慰藉心灵的营养”，绝不能只凭孩子的兴趣随意选择，从而导致阅读“偏科”“贫血”。为此我们一定要制定一个长期的阅读计划，让孩子伴随书籍的清香成长，在保证孩子常规学习时间的基础上，充分利用自由时间开展课外阅读。

常规学习时间，孩子要用来完成老师布置的各项作业，“消化”当天所学的新知识。而自由时间是指完成了常规学习任务后，所剩下的完全归自己支配的时间。

对孩子而言，在自由支配时间内，一般可以做两件事：适当地娱乐和从事与学习相关的活动。尤其对于那些学有余力的孩子，自由时间相对较多，家长没有必要再给孩子加重学习负担，而应该鼓励他们多读一些课外书，拓展知识面，拓宽视野。

当然，家长可以和孩子一起制定一个阅读计划给孩子指导。但在制定计划时要注意以下几点：

第一，计划要符合实际。不少孩子在制定计划时满腔热情，往往忽略实际情况，结果实行起来困难重重。

第二，计划要留有余地。比如期中、期末阶段孩子往往要准备复习备考，作业多，难度大，这样自由时间相对较少，我们可将阅读计划适当安排宽松一些。

第三，计划要及时调整。计划制定后要贴在显眼的地方，让孩子经常对照，检查自己的执行情况。如果非常轻松完成，可以考虑进度加快。反之，如果任务太重，与其囫囵吞枣，走马观花，被动打卡，还不如降低阅读标准，减慢速度，使计划切实可行。

家长努力成为孩子的”陪读”

很多孩子对读书只能保持“三分钟”热度，初捧书本如获至宝，读起来也是津津有味。可要不了几天就弃置一边不再理会了。

读书贵在坚持，“循序而至精”，但孩子毕竟是孩子，他们很难如成人长时间、保持兴趣阅读同一本书。

因此我们不能只是在为孩子选择完书籍就万事大吉，而应该经常督促孩子，最好是陪他们一起读，享受美好的亲子阅读时光。

大家还记得伟大的文学家鲁迅先生教育子女读书的故事吧！他常常利用茶余饭后或是其他能够和孩子单独相处的机会，和孩子谈论最近阅读的书中内容。

这种方式，在轻松愉快的氛围中，既检查了孩子的读书情况，还让孩子感觉到被关注，产生阅读成就感。

营造和谐的书香家庭氛围

生活里没有书籍就好像没有阳光，智慧里没有书籍就好像鸟儿没有翅膀。我们应当不断地激发孩子们的阅读兴趣，教给他们正确的阅读方法，并且创设一切有利于孩子开展阅读的条件，鼓励他们去阅读。只有这样，阅读才可能成为孩子生命的一部分，成为孩子成长的动力。

家庭教育是最重要的教育，父母是孩子的第一任老师。科学研究表明，父母爱读书的家庭，孩子通常也热爱阅读，这是潜移默化的影响。

因此，希望每一个家庭都能散发书香，每一个家庭都能通过阅读碰撞出智慧的火花，每一个家庭都能从阅读中获得快乐的体验，让阅读成为孩子的一种生活方式，也成为我们家长的一种生活方式。我们会慢慢发现，生活因为阅读变得如此美好！

做你的妈妈真幸福

——一位母亲写给八岁女儿的信

最近重读了意大利作家亚米契斯创作于1886年的《爱的教育》。这本日记体小说以一个四年级男孩安利珂的眼光，从10月份开学的第一天，一直写到第二年7月。“爱”是整篇小说的主旨，作者在平实的文字里，融入了种种人世间最伟大的爱：老师之爱，学生之爱、父母之爱、儿女之爱、家国之爱……虽没有写出惊天动地的大事，但情感却在那些不经意的点滴小事中流淌，感人肺腑。安利珂的父亲仁慈、智慧善良，他写给儿子的每一封信，都倾注着满满的爱，这份爱热烈而又克制，他以平易近人的口吻，将做人的道理、生命的意义和价值用通俗的语言传递给孩子……

无独有偶，近日在清理书房杂物时，无意间翻出12年前所教学生陈思默妈妈写给8岁女儿的一封信，我再次被字里行间散发出的那种深厚、浓郁的“爱”的力量所打动。

现全文登录，供大家学习借鉴！

亲爱的默默宝贝：

你好！再过几天，就是我和你爸爸相识十周年的日子，心中顿时涌起许多感慨！十年了！十年前和你爸爸相遇是缘分，幸福恩爱地生活，是我们共同的福分，而拥有你这个小宝贝，则是上苍赐给我们最好的礼物！真的，我诚心地感谢上苍，让我和你爸爸在茫茫人海中相遇、相知、相爱，然后我们拥有了世界上最可爱、最聪明、最漂亮的宝贝！就是你——我最亲爱的默默！

你是一个懂得感恩、孝顺父母的好孩子！从你学会画画写字开始，每年爸爸妈妈生日时，都能收到你那稚嫩笔触“画”出的贺卡。在你的贺卡中，总有高高帅帅的爸爸，漂亮的妈妈和笑嘻嘻的宝宝，画得真漂亮！上面的祝福语句总是哄得妈妈很开心，如“祝妈妈永远美丽”“祝爸爸长生不老”……

妈妈知道青春与美丽不会和我永远相伴。但有了你，我再次重温了童年，再度与你一起成长。在你的身上，我看到了自己曾经的美丽，这就足矣！

今年，你又长大了一岁，爸爸还收到了一份你制作的特殊的生日礼物——蛋糕！你围上小围裙，在蛋糕的胚子上抹奶油，淋上巧克力酱，在蛋糕师傅的帮助下，做了漂亮的玫瑰花和小羊放在蛋糕上。你用最朴素的举动，表达了对父母最真挚的爱。那蛋糕啊，吃在嘴里甜在心里！

记得2008年大雪时，看着电视机里那些在高速公路上被积雪围困的人们，你说：“妈妈，他们一定好想回家。”5岁的你，已经懂得“感同身受”了。妈妈整理了一些棉被、棉衣，带着你和嘟嘟到省民政厅捐款捐物，你是那样的高兴，因为你知道略尽绵薄之力，能给他人带来帮助，自己也会感到温暖。

汶川大地震时，你和妈妈看电视，看着那废墟，看着那失去亲人的人们，我们同样泪花闪闪。六一儿童节了，你对妈妈说：“我想给汶川的孩子们送点玩具，祝他们儿童节快乐！”亲爱的，你稚嫩的话语给我带来的震撼，真不亚于地震啊！我的宝贝长大了，宝贝在接受父母的爱的同时，也知道要把爱传递给别人。那年的六一儿童节，我们过得特别不一样，我们到慈善总会捐了好多好多的玩具，希望给汶川的孩子们心灵一点点慰藉，抹去一点点伤痛，带来一点点的快乐……

在爱你的同时，享受着你的爱，我是幸福的。然而，自从你上学开始，你带给了妈妈更多的自豪与骄傲！妈妈几次在路上碰见你同学的妈妈，我说我是陈思默的妈妈时，总有家长对我说：“陈思默，我知道，你们家的默默真的很棒！”

是啊！前段时间在做你的成长档案袋时，妈妈发现，才短短的三年间，你已经拿了30来张奖状，有全国春蕾杯作文的，有武汉市砂纸画的，有区优秀学生，有奥数，有独唱，有写字，有讲故事……

妈妈看到了你一步一个脚印的成长印记，更看到了你把学习当乐趣的享受过程。

你把学习当作了玩耍，在玩耍中学习。记得从你4岁开始，妈妈就让你玩电脑，玩游戏。你为了要再玩那些喜爱的游戏，学会了用拼音搜索，结果一上小学，拼音真的好得不得了。你还特别喜欢玩算算术射星星的游戏，算对了，就能射下一颗星星，结果你的星星越射越多，你的口算也越来越快！今年，妈妈买了iPad，iPad立即成为你最好的玩具了，你看了全套的“马小跳”“皮皮鲁”系列，还和我预约了今年暑假要看完所有的《哈利·波特》《纳尼亚传奇》呢！看你在知识的海洋中畅游得如此欢快，妈妈真高兴！

你每天回家，都会叽叽喳喳地和我描述学校里发生的一切，你有着极佳的人缘。记得你们班第一次选班长，老师选了3个候选人在讲台上，让同学们站在要选的同学前面，结果回家你告诉我，大概有40几个同学围着你，你都快被“压成面饼饼”了！多幸福的“面饼饼”啊！在你的世界中，每一样事物都是那样的美好——吴老师很漂亮、叶老师的声音很好听、吴悠跑得很快、刘博洋学习很好、朱菡煜卫生管得很好……

亲爱的，这一个“十年”，妈妈很幸福，和你的爸爸建立了一个温馨甜蜜的家，拥有了可爱的你。看着你从呱呱坠地的娃娃到如今的小学生，你学习优秀、心中有爱、有理想有追求，是那样的天真那样的快乐……

那么，下一个“十年”呢？你该是一个18岁的亭亭玉立的大姑娘了吧！十年后的今天，你该在倒计时准备奔赴“高考”的战场吧！妈妈希望那时，你会从战场上给我们带回漂亮的“捷报”，让我们共同分享你的喜悦，你的幸福！

最爱你的妈妈

2011年6月3日

写在后面的话

“家是最小国，国是千万家”，习近平总书记多次在讲话中谈到“要推动全社会注重家庭家教家风建设”。家风家教是一个家庭最宝贵的财富，是留给子孙后代最好的遗产。从古至今，我国也有很多志士仁人通过书信留下了无数精神财富。从古代《诫子书》《朱子治家格言》《曾国藩家书》，到现代《傅雷家书》等，他们用文字鞭策激励子孙后代增强家国情怀，努力成长为对国家、对社会有用之才，无不闪烁着良好家风的思想光芒……

然而，在信息化高速发展的今天，父母与孩子之间的沟通方式也正在悄悄发生改变，电话、短信、QQ 留言、微信语音等，逐渐变得快捷化、世俗化、浅显化……

陈思默妈妈写给女儿的这封信，如同一朵洁白的莲花，亭亭玉立，显得别具一格，也给我们留下许多思考与启示。

宝贝，宝贝

我大儿子 2011 年 12 月 13 日出生，一位友人戏称，你儿子应该叫“步步高”，我不解。友人解释道，“你儿子的生日中几个数字特别有规律‘11，12，13’，你看不正是‘步步高’吗？”多好的寓意呀！

儿子现在两岁零一个月，身高 88 厘米，体重 24 斤。这一年来，除了两次小感冒，基本无病无灾，套用一个词——“皮实”，这一点真不错。

这一年来，宝宝基本学会了说话，能进行简短的交流，会喊周围所有的人，家里的东西基本能叫上名字，会蹦会跳，会唱歌跳舞，会背几首常见的唐诗，会数 10 以内的数字，会吃饭，会自个儿玩，受了委屈会告状，总之，会的东西越来越多。

当然孩子越来越大，一些个性也表现得越来越突出。比如，儿子喜欢闹。每天从睁开眼皮开始，就开始了一天的喧闹。早上起床后吃饭要闹，要么不吃，要么一定得自己吃，别人喂饭，这事他不干。奶奶最喜欢喂饭，儿子不但不吃，还常常围着家里到处躲，于是祖孙俩常常因为吃饭玩捉迷藏的游戏。儿子极喜欢模仿奶奶说话，奶奶性子急，家里稍微一点事不如意，就总是“鬼啊，鬼啊”地说个不停，儿子现在也是，如果你强迫他不愿干的事，他也“鬼呀，鬼啊”地大叫，而且他也知道这是在学奶奶，所以说的时候一定要跑到奶奶面前，逗得老人也不好意思地呵呵笑。

儿子对声音特别灵敏。这表现在只要有“声音”出没，他准竖起耳朵“捕捉”，如马路上洒水车的声音，小区收废品人的叫卖声，树上鸟叫声，闹钟的滴答声，他都会指给你听。他还特别喜欢话筒，拿着像话筒的东西，就有模有样地唱起歌来或者唧唧哇哇说个不停。他曾把家里的台灯当过话筒，也曾把一个机器零件当作话筒。我买电子琴时别人送了一个小话筒，他更是天天拿着话筒唱啊说啊不停。对音乐他也特别敏感，只要熟悉的旋律一响起，他就能跟着乐声合起来，有些歌词他并不记得，但是合着拍子就能瞎唱。不知道儿子将来长大究竟喜欢什么，能干什么，但从他目前的表现来看，似乎与音乐有不解之缘。他不仅能跟着音乐唱歌，而且也能跟着节拍跳舞，音乐节奏快，他的动作就快；音乐节奏慢，他的动作就慢。有时一家人聚会，我弹琴或者吹葫芦丝，他就跟着唱或者跳，配合极其默契。

儿子还有一点常常被大家津津乐道。家里来了客人，儿子总能表现得特别热情。跟着客人转，给客人表演节目，配合客人要求摆 Pose 照相。二姨从珠海回来，天天和二姨粘在一起，走路要二姨抱，想要东西也拉着二姨去买。二姨要回去了，一定是依依不舍的，必须首先抱一抱他，然后亲了又亲，临走还要流几滴眼泪。表姐从广州回来也是如此，儿子和她待在一起才两天，走的时候也是亲了又亲，抱了又抱，眼泪虽然没流下来，但是挥别的小手不知举了多久。平日里，外公外婆来了，走的时候也是这样，一定要抱抱亲亲。

记得有一次回娘家，临走时，儿子在车里喊外公、外婆，爸爸妈妈没有听见，儿子硬是哭着不走，最后还是老人家抱了他一下，跟他说了几句话，他才不舍地离开。每次儿子和人离别，一定表现出特别不舍，连姨父也不得不夸奖他，这孩子这么小就如此有情有义。

是啊，这是儿子身上常常让我们大人都感觉不及的地方。我们都习惯了人世间的离离合合，可是一个两岁左右的孩子，每次面对离别，本能表现出来的是依恋，是不愿意。

说完了儿子的优点，也说说这孩子身上的缺点。这孩子性格特倔强，大人要他不做的事，只要他想做，一定照做不误。

比如说玩水，常常趁大人不注意就跑到卫生间，不是玩桶里的水，就是拧开水龙头，一个人和水玩得不亦乐乎，大冬天衣袖打湿了也不在意。

有时也弄马桶里的水，把洗手液倒在马桶里学着大人的样子用刷子刷马桶，用抹布抹马桶，总之他能干的都干。

为了玩水的问题，我们不知教育过他多少次，也动手打过他的小屁股，可是他一点也不长记性。

有一次儿子又一次因为玩水犯倔，我把他关在门外，任凭他如何哭喊也不开门。等他哭累了，我把门打开，问他做错事没有，他仍不认错，我接着把他关在门外。奶奶看他哭得厉害，要我饶过他，我原本想也算了，可是奶奶刚一把他抱在怀里，他竟伸出手做出要打我的样子，我气不打一处来，把他一把夺下来，这次我再也不心软了，直到他哭得呕吐、认错，我才让他进门。这孩子的犟脾气，真的让我特别担心。

孩子不仅性格倔，而且和小朋友在一起玩，特别容易动手。

比如其他小朋友的玩具，他想玩，人家不给，他就径直去抢。有一次我亲眼所见，一个小朋友手里拿着一个玩具电子琴，小女孩一边弹一边唱，喜欢音乐的儿子一下子被吸引住了。他站在小女孩旁边看了一会儿，估计是特别想小女孩给他玩一下，于是他呆呆站在一旁可怜兮兮地连喊两声姐姐，可是小女孩哪管他呀，还是自个儿玩，这下儿子可生气了，过去抢玩具琴，小女孩当然不给，两个小孩就干上了。小女孩比儿子大一点，用手推了儿子一下，儿子走上去就要用脚踢对方，我在旁边当然不允许儿子这么干，可儿子就是不罢休，我拉着他，他仍然不停用脚踢。

还有一次对门的童童看见儿子出来玩，就用一个废弃的炮筒逗儿子，儿子走上去就是一脚。平日出门，只要发现人家有点欺负他的意思，他是一定要大打出手的。这孩子，惹祸的主儿啊！

优点也罢，缺点也罢，这就是我的儿子，才两岁的儿子。有了他，家里多了热闹，欢声笑语，也多了哭哭啼啼。有时会被他逗得乐不行，有时又会被他气得不行，更多的时候被他“缠”得不行。

总之，有了这孩子，家里不再平静，每天都有事可做。一家四个大人，天天围着他转不停。不仅如此，为了对付他越来越聪明的脑袋和身上出现的越来越多的问题，作为父母我们还得不断学习，以让这棵小树苗健康茁壮地成长。

“妈妈，妈妈回来了！”“爸爸，爸爸回来了！”“爷爷，爷爷回来了！”听，走廊里传来了上楼的脚步声，儿子能根据不同的脚步声判断谁回家来了。这就是我两岁的儿子，说话奶声奶气，喜欢表扬，喜欢拍照，但仍不时尿湿裤子，每次大便都是先斩后奏。

现在正逢过年，只要看见大红灯笼高高挂，只要看见人家对联贴起来，只要看见人家递过红包，儿子一定会大声呼喊“恭喜发财”。

这就是我两岁的宝贝，不得不说他是如此真实可爱！

（2014 年 3 月 25 日）

我和儿子玩数学（一）

晚饭后，闲来无事，儿子突然提议，让我教他学下象棋，他说班上已经有很多孩子会下了，上次张闰杰（儿子的玩伴，我同事的孩子，和他年龄相仿）和别人下的时候，他在旁边看了一下，知道一点规则。听到这里，我很高兴，以前曾多次想教他下象棋，他都不感兴趣，没想到今天居然主动提出下棋。于是，我就开始从最基本的规则开始讲起，大约下了半个小时，他已经基本掌握了象棋的规则，可见儿子的学习能力还是不错的。不一会儿，我看他似乎有点不在状态，估计是学习了一天累了吧！见好就收，我叮嘱儿子过来帮忙收棋。突然儿子盯住棋盘，自言自语地说："这么个小棋盘，只有 8×8=64 个格子，真的全国的大米放进去都不够吗？不可能吧！"

听到这里，我就知道儿子是对我前些天给他讲的那个《印度王公的大米》的故事提出了质疑。这个故事，也是入选到小学语文教材中的一则数学趣味课文。源自一篇印度民间传说，讲述了聪慧的姑娘婵德拉利用自己的数学才能，搬空了印度王宫的所有大米，最终让国王还地于民的故事。婵德拉用她的聪明才智为村民讨回了公平，维护了村民的根本利益。她的善良和非凡智慧将永远被人们称颂。

看到儿子不信，我就故意逗他："你要是不信，完全可以自己摆一摆呀？"儿子听了我的话，兴致勃勃地跑到厨房，抱来了一大桶大米，半信半疑地说："您不怕我把大米搞脏了？"我说："咱们研究数学问题，付出点代价也值得！"于是儿子就饶有兴致地开始摆起来，起初摆了几个格子还比较顺利。第一个格子 1 粒米，第二个格子 2 粒米，第三个格子 4 粒米，第四个格子 8 粒米。摆到第 8 个格子 128 粒米可费了不少功夫，米粒太小，很不好数。这时，我凑过来说："儿子，其实你不用这么劳神费力的数，用数学方法计算就可以了！"

儿子听了说的话，也很高兴，"怎么算呀？"我马上指导儿子，去拿一个算术本，在算术本上画 16 个格子，每个格子写上数字，1 代表 1 粒米，也就是说第 8 个格子不用摆米了，只用写上数字 64 就够了。说干就干，我们不断地累加，当在第 16 个格子写上了 32 768 这个数字，儿子露出了惊讶的表情，这么大呀！

我对儿子说，这算什么，待会你会看到更大的数字。我们又准备了 16 个格子（累计 32 个），这时候的数字已经相当大了，我们已经没有办法口算或者笔算了，只有动用手机计算器，第 32 个格子的数字是 2 147 483 648，也就是说已经达到了惊人的 21 亿多粒米了，接着我们又接着干了十来分钟，终于在第 64 个格子写下了确定的数字 9 223 372 036 854 775 808，费了好大的劲我才读出这个数字九百二十二兆三千三百七十二万零三百六十八亿五千四百七十七万五千八百零八粒大米，我和儿子都很惊讶，这到底是多少呢？数字太大了，实在没有概念。

儿子问我，这么多大米是多少吨呀！我觉得这个问题问得很好，平常比较大的重量单位一般用吨表示，怎么由粒转换到吨呢？儿子说可以数一数一千克到底有多少粒米呀！我觉得这个方法不错，但是一千克要是一粒一粒的数，估计今晚咱们爷俩不睡觉也完成不了。于是只好向百度求助，我在网上找到这样的数据“大米品种不同，一千克的粒数也不相同，水稻千粒重 18 ～ 34 克”。这个数据是一个区间没有办法计算，我们只好取 18 ～ 34 的中位数，也就是 26，也就是说 1000 粒米大约是 26 克，于是我们算出 1000 克大米大约是 38461 粒，1000 千克等于一吨，也就是说 38461000 粒大米大约是一吨。

这样第 64 个格子的大米的粒数就可以转化成 239 811 030 313 吨，约等于 2400 亿吨。这么多粮食，到底是多少呢？孩子还是没有概念，于是我们又一次请教了百度，中国一年的粮食产量大约是 6 亿吨，也就是说咱们中国大约 400 年的粮食产量才能填满第 64 个格子。儿子听了我的话瞠目结舌，惊呆了！接着他又问起，如果全世界的粮食产量呢？

我说这个问题问得很好，其实也是可以估算出来的哦！中国的人口，现在约占世界人口的五分之一，假设全世界人口的粮食产量均等的话，可以算出全世界的粮食年产量大约是 30 亿吨。要想求出全世界的粮食产量，多少年才能填满最后一个格子，其实就可以用400年除以5，也就是80，全世界人民不吃不喝用80年左右的时间才能填满第64个格子，因此要将1～64个格子的大米全部累计起来，还会更多。

我这么一说，儿子终于心悦诚服了，自言自语说："看来学好数学还真的很管用哦！"

（2020年2月13日）

我和儿子玩数学（二）

最近，新型冠状病毒肆虐中华大地，我们每天只能待在家里，无形中也让家长和孩子之间有了更多的亲子时间。前天在群里发了一篇《我和儿子玩数学》的日志，没想到竟然得到很多网友的支持和鼓励，这也给了我继续写下去的动力。

昨天是情人节，老婆打趣让我发红包，没想到儿子听到了，抢着说："我来给妈妈发红包！我是有钱人。"说完，就屁颠屁颠地抱来了一个大大的存钱罐。打开存钱罐，好家伙，没想到儿子这两年竟然积攒了三千多元的"巨款"，这里面有平时我们给他的零花钱，更多的是爷爷、奶奶、姑姑、伯伯这两年给他的压岁钱，没想到他保管得还比较好！

一个八岁的小孩子，持有这么多现金，感觉还是有些不妥。不仅容易丢失，还容易让孩子养成财大气粗的错误金钱观。可是，怎么才能让儿子将手中的"巨款"甘心情愿交给我保管呢！硬拿肯定是不行的，我们家向来比较民主，任何人都不允许行蛮。

有了，我突然又想到一个好点子，通过玩数学也许能让儿子自愿将存款交到我手上。于是，我们的对话开始了！

"儿子，你可真是个大富翁哦！没想到你存了这么多钱！"我说。

儿子听了我的话非常得意。

"可是，你知道你的存钱罐中有多少钱吗？"我接着说。

"不知道！"儿子回答。

"你居然不知道自己有多少钱，那就是说，即使我们从你的存钱罐中拿走一些钱，你也没有办法确定，对吗？"

儿子听了我的话有点紧张。

我顺势说："其实这个很简单，你可以把自己存钱罐里面的钱数一数，把数量记下来，这样如果里面的钱减少了，你就心中有数了。"

儿子觉得我的话有道理！于是，就真的认真数起钱来，整十整百的比较好数，但那些一元一元的还有一些伍角一角的，数起来就比较麻烦了！在数钱的过程中，对于数学的计数以及元角单位的换算无疑也得到了巩固。

大约过了一刻钟，儿子在先后数了两遍后，终于确定了自己的资产，3152 元 6 角。

这时，我又逗儿子："你准备让自己的钱一直在存钱罐里面睡大觉吗？"

"不这样，我还能怎么办？"儿子不解地问。

"你的钱就这样放在存钱罐里面，只会越来越少！"我说。

"怎么可能？我的钱如果没有人拿的话，怎么会减少呢？"儿子不解地说。

"好，我来跟你说说，你的钱如果放着不动，怎么会减少！"我说，"去年的时候，猪肉 15 元一斤，如果你用存款中的 3000 元，可以购买多少斤猪肉？"

儿子扳起手指算了算说："这个还不简单，已知总金额和单价求数量，可以用除法 3000 ÷ 15=200（斤）。"

我点点头表示肯定，接着说："去年的猪肉单价是 15 元每斤，今年猪肉的价格涨了一倍，你说现在的单价是多少？"当然是 30 元每斤，儿子一口回答道。

"那么你去年一直放在存钱罐中的 3000 元，现在能买多少斤猪肉？"我问。儿子想了想，有点失落地说，好像现在只能买 100 斤了。

"去年 3000 元可以买 200 斤猪肉，今年只能买 100 斤猪肉了，你的钱看起来还是一样多，但是购买力却下降了，也就相当于减少了哦！"

儿子若有所思，似乎听懂了，只好向我求助："爸爸，那我该怎么办呢？"

我摸着儿子的头说："只要你愿意把钱放到爸爸这里保管，我有办法让你的钱变多！"

"是真的吗？"儿子很高兴。

"当然是真的，爸爸帮你把钱存进银行，银行会付给我们利息，到时候你的钱就像母鸡一样能下蛋哦！"我说。

"那太好了！我的钱还能越变越多！"儿子高兴地跳了起来。

我趁热打铁地说：“这样吧，你把钱放到我这里，我按照每年 4% 支付给你利息，也就是说 100 元，每年给你 4 元利息，那么 3000 元，每年就有 120 元的利息了！你可以每年一次性支取全部的利息，也可以每个月支取 120 元的十二分之一，也就是 10 元的利息，如何？”

“真的吗？那太好了！”就这样，儿子喜滋滋地把 3000 元交到我的手中。为了打消儿子的疑虑，我还特地写了一张借条给儿子（顺便讲解了一下如何写借条），随后我和儿子分别在接收方和出借方签了字，并请睿妈在公证人一栏也签了字。

（2020 年 2 月 15 日）

第六辑

岁月与斯人

——致生命中所有的遇见

树遇见风，才有了落叶；花遇见了蜂，才有了甜蜜；雨遇见冬，才有了白雪；人遇见人，才有了生命！在你的生命中，总有那么一些美丽的风景，一些感动你的人和事，让你魂牵梦萦，成长路上，感恩所有的遇见！

追忆于永正老师（一）

2017年12月8日上午6时02分，我的师傅，敬爱的于永正老师，永远离开了我们，离开了为之奋斗一生的小学语文教育事业，时至今日，已经六年了！

但于老师似乎又从来没有离开，他的一颦一笑，他的举手投足，兴致高涨时唱京剧的腔调，扎着马步，蹲下身子在黑板上写字的样子……时常在我的脑海浮现。

我的案桌上一直端端正正放着于永正老师的三本书——《于永正与五重教学法》《教海漫记》《小学语文教学实录》（于永正执教，靳家彦评析）。

每次读到于老师那朴实无华，幽默风趣的文字，时光的列车总会回溯到2012年的那个暑假……

（一）

2012年7月，我得到一个千载难逢的培训机会，赴徐州参加“于永正第四届教育思想高级研修班”。

记忆中这一周的培训是忙碌的、充实的，每天白天听报告、观摩课堂、晚上七点教学沙龙准点开始……

那些日子里，我遇到了许多可亲可敬的人。

开班第一天，在徐州大学云龙校区一个不大的礼堂，挤满了来自全国各地的学员。河南新乡教研室的领导带着各个区的语文老师们来了，广东东莞曹校长带着他们学校十来位语文老师来了，还有千里之遥云南的语文老师们也慕名而来了……

最让我感动的是一位来自山东偏远农村的中年女老师（可惜我当时没有记下她的名字）。印象中她淳朴、善良，尽管扎根在那片贫瘠的土地，拿着微薄的工资。可落后的条件并没有扑灭她求知的渴望，没能阻挡住她追随于老师的步伐。

学校没有多余经费，她自掏腰包，不仅自己来了，还带来了自己十二岁的儿子。我们听课，她儿子一课也没有落下，那是一个与他妈妈同样淳朴、善良、热爱学习的孩子。

我们问她怎么把儿子也带来了，她告诉我们，一是自己出来了孩子没人带，还有更重要的一点，她一定要让自己的儿子认识于老师，认识那个让妈妈敬佩、老在嘴里念叨的于老师。

（二）

其实初识于永正老师还要追溯到1999年秋天，那时我参加工作才两年，渴望学习、渴望提高。

一天得到消息，学校派我外出听课，当我得知授课教师中有全国知名特级教师于永正时，别提有多高兴。因为我常常听学校语文资深教师讲于老师的传奇故事，心中早已涌动无限向往崇拜之情！

那天，我早早来到中南财经政法大学礼堂，于永正老师给我们上了一节习作指导课《爱鸟》。

于老师巧妙创设情景，在课堂上扮演了一名形象滑稽的偷猎者，惟妙惟肖的表演逗得同学们哈哈大笑。他借机引导学生对偷猎者进行劝说，鼓励学生大胆交流，课堂气氛非常活跃，师生配合流畅自如，浑然天成。

从那时起，于永正这个名字就深深刻在我的脑海中。

后来，我有幸读到于永正老师的《教海漫记》，更进一步了解了于老师，他爱学生、幽默风趣、多才多艺，常常能点亮学生的心灯。

再后来，我更加关注于老师，在《小学语文教师》上，在《人民教育》上时常能拜读到老师的文章、教学实录等，我努力借鉴、模仿，并为之着迷。

（三）

2012年7月16日上午8点，我终于再次见到了日思夜想的于永正老师！十几年过去，老人家的头发全都花白了，腰杆也不再挺拔，但笑容依旧，给人感觉特别亲切和蔼。

于永正老师用鲜活的例子、朴素的理论做了题为《做一个学生喜欢的老师》的报告。于老师用九个方面对自己的为师之道进行了诠释。

做“性温”“味甘”的甘草；让每个学生都感到我喜欢他；是老师，又不是老师，是上课，又不像上课；童心不泯；身正；激励；把课上得有意思；经常“露一手”；努力成为文化人。

于老师的语言朴实无华，却字字珠玑，总能触动人的心灵。

于老师讲，“当老师难，当小学老师更难，难就难在一个‘小’字上。因为孩子‘小’，很稚嫩，需要细心呵护；因为‘小’，易受熏陶感染，要尽可能给予正面、积极的影响。”

于老师告诉我们，“不管什么时候，眼中一定要有孩子。”他老人家当时尽管已到古稀之年，依然童心未泯。在课堂上，有时“装猫扮狗”，逗孩子在乐中学；在课外，带着孩子玩中学，让孩子在社会交往中去感受人生，在感受别人的爱的过程中，学会爱人。

于永正老师懂得宽容。他说：“花朵是色彩斑斓的，学生是五彩缤纷的，学生不可能齐步走，教育不应搞‘一刀切’。”

是啊！爱是一种能宽容别人的感情，宽容是一种美德，教师的宽容，不仅是一种教育方法，更是教学生懂得怎样做人。

于老师说：“发脾气很容易，忍耐却很难，虽然只需要几秒钟。”

于永正老师讲自己的从教之路也并非一帆风顺，也曾有过许多磕磕碰碰，也曾有过苦恼和困惑。

他回忆起自己从教之初“灰暗”的经历，“一连两个多月，课都无法上下去！我呵斥过学生，推搡过学生，用粉笔头砸过学生。但收获的还是失败。嗓子哑了，人瘦了，刚参加工作的热情和青年人的朝气荡然无存。我迷茫、彷徨、沮丧，甚至想过辞职不干……”

他说：“最终是思考帮助了我，是理智帮助了我，是我的众多特长使我走出了困境。”“吃一堑，长一智，别人的经验我吸收着，运用着；自己的经验也一点一点地创造着，积攒着，就这样班级纪律，上课秩序，慢慢地好转……”

于老师就是这样善于观察，善于学习。几十年如一日，他从一个初出茅庐的“菜鸟”，磨练到娴熟地运用批评的艺术、表扬的艺术，“懂得利用小纸条的魔力”，“或在作文本上画一只跷起的大拇指”……最后一步步成为全国著名特级教师，“全国五一劳动奖章”获得者，国家有突出贡献的专家。

（2023 年 12 月 8 日）

追忆于永正老师（二）

2012 年暑期在徐州举办的第四届于永正教育思想高级研修班，也邀请了许多于老师的高徒，有来自上海研究古诗“吟唱”教学的戴建荣、山东潍坊研究“幸福教室”的李虹霞、江阴的刘敏威，还有小学语文“学院派”代表人物——华中师范大学课程论教授、研究生导师、小学语文界专家夏家发教授。

夏教授受邀做了一场《于永正“五重”教学法的实践智慧》的报告。通过夏教授的介绍，我才了解到师傅 1999 年 12 月 4 日曾在教育部举办的“于永正教学方法研讨会”上，总结过自己从教四十多年的小学语文教学经验，积淀了五句话，即重情趣、重感悟、重积累、重迁移和重习惯。

下面我就其中的一点“重情趣”谈谈自己的理解。“重情趣”是于永正老师总结的小学语文“五重”教学法第一条。于老师说：“情趣是认识的前提，教学过程离不开良好的情感参与，否则不会取得好的学习效果，因此重情趣应该放在首位。”

我们的语文课要上得有情趣，这一点相信在语文老师们心中已经达成共识了。2022 版新课标课程理念中明确提出了“阅读教学评价应该注重考查学生的语言文字运用能力、思维过程、审美情趣和价值立场。”“学生通过感受、理解、欣赏、评价语言文字及作品，获得审美体验，具有初步的感受美、发现美和运用语言文字表现美、创造美的能力，涵养高雅情趣，具备健康的审美意识和正确的审美观念。”

由此可见，阅读过程，既是思维过程，又是一种情感的体验。因此作为语文老师一定要牢牢抓住文本中的情感线。

首先来谈“重情趣”的情

于老师所说的情，是指情感。包括两个方面的意思，一是对学生有情，二是对语文教学有情，上课有情。因此我们要关注学生，准确把握教材，精心设计教学。

首先要关注学生。对于学生，首先要做到爱学生、理解学生、尊重学生。于漪老师说过“教育是爱的事业。”于老师也说“教学艺术首先是善待学生的艺术，是在师生之间的情中。”

有句话说得好，“好孩子都是夸出来的。”作为老师，我们要尊重学生，与学生平等对话，因材施教，善待每一个生命。正如于老师所讲“让每一个学生都感到你喜欢他，让每一个学生都愿意亲近你，只有这样的师爱才不是空洞的。”教学活动中老师承担的任务应该更多的是组织、引领、点拨。提高学生参与的热情需要老师更多的肯定、激励与鼓舞。

其次要关注教材。对于教材，要深入钻研，准确把握编者的意图，理解作者要表达的思想感情，定好课文的感情基调。同时在对文本的处理上，无论是朗读、理解、感悟都离不开情。

于老师是非常重视朗读的。记得他执教《第一次抱母亲》范读课文，随着他饱含深情抑扬顿挫地朗诵，全场鸦雀无声，每一个听课者的心都被牵动着，大家被文中崇高、伟大、无私的母爱深深感染，不禁潸然泪下。

试问学生都这样入情入境了，还用得着老师过多的分析讲解吗。正如于老师常常教导过的，“我们的语文教学要少些理性，多些情趣，以情教书，理在其中。”

再来谈谈“重情趣”的趣

人们都说“兴趣是最好的老师。”如果你的课堂能够吸引学生，使每一个学生都参与其中，乐此不疲，还用担心自己的课堂教学不够有效吗？那么如何使课堂妙趣横生呢？

于老师告诉我们首先要努力成为文化人。与书为友，与笔为友，与鸿儒为友。我理解就是要求教师自己要多读书，学习积累，磨炼内功，使自己的语言精练精当，使自己的教学机智幽默风趣，使自己的朗读字正腔圆，声情并茂，使自己有能够让学生佩服的独门绝活……

当你拥有了这些能力就不用担心自己的课堂索然无味没有趣味性了。

其次要精心设计教学环节。如语文课堂中分角色朗读课文、课本剧的表演、重点问题的讨论、对争议问题的辩论、小组竞赛等教学活动是深受学生欢迎的。

又忆起十几年前，在中南财经政法大学的礼堂里，于老师展示的那节生动有趣的作文课——《爱鸟》。开课伊始，于老师播放了一段优美清新的音乐，激活了学生的想象，让学生很快进入了情景。接着于老师扮一个猎人，手里提着一支猎枪，蹑手蹑脚地来到林子里，学生都哈哈大笑起来。于老师演得非常投入，惟妙惟肖。于老师又提醒学生劝说猎人放弃打鸟，此时每一个学生的兴趣都调动起来了，大家争先恐后地劝说，在学生充分表达交流后，再让学生写作也就水到渠成了。

这节作文课给我留下了不可磨灭的印象，让初涉讲台的我惊呼，“还可以这样上作文课”，也让我第一次领略到于老师的教学风采。现在回想起来，于老师就是抓住了一个“趣”字，用惟妙惟肖的表演创设了生活的情景，为学生提供了表达的氛围，使学生言之有物、言之有序、言之有理，再加上幽默风趣富有激励的语言，消除了学生表达的心理障碍，使他们想说、想写，爱说、爱写。

无独有偶，2011 年 4 月，我有机会参加武汉市首届“改革与创新”作文教学大赛，正是在于老师《爱鸟》这节课作文课的启发下，我设计了一节五年级游戏作文课——《杯子里是什么》。

习作的活水来源于生活，习作的核心是能够激活学生的表达欲望，让学生“乐于表达，自由表达”。我结合第三学段习作训练目标和五年级下册第五单元细节描写的训练点，将品尝杯中物的体验作文《杯子里面是什么》引入课堂，教学形式新颖，并在课堂中渗透“兴趣领先，乐于表达”的理念。

在一节课 40 分钟内将组织游戏、学生写作、指导讲评合为一体，融会贯通，围绕教学目标，紧抓重难点，以趣来激情，以评和导来落实训练方法，学生始终处在积极参与的过程中，认真观察，乐于表达，乐于习作，课堂气氛和谐，务实高效。

这节课如愿以偿获得武汉市一等奖，评课专家给予了高度评价，“纵观整节课，老师善于发现和捕捉生活与学生兴趣的触发点，看似无意，实为用心地创设写作情境，引导学生在游戏中观察、体验、表达，从而激发学生的写作欲望，充分调动各种心理因素参与体验，培养学生有感而发的良好写作习惯。习作点评中采取多种方式评价，师生互评，生生互评，展示评议过程中，注重评中指导，改中激励，并始终围绕着本次习作训练重点，让学生感受细节描写，学会细节描写。”

这也是我第一次尝到了五重教学法之“重情趣”教学法的甜头……

正如于永正老师所说，情和趣是可以相互促进，相互补充的。老师爱学生，对学生有期待，必然赢得学生由衷的爱戴，学生也不会辜负老师的期待。老师的课上得有趣，必然会激发学生的学习兴趣。把课上得有情有趣，是由教师的综合素质决定的，不只是方法问题、学识问题、创造能力的问题、艺术修养的问题，而是教师的人格问题。俄国著名教育家乌申斯基也说过，“教师的人格就是教育工作中的一切。”知识可以传授，能力可以培养，而人格靠影响。

夏家发教授说得好，“我们今天是来学习、传播、发扬于永正教育思想的。”于老师的“五重”教学法已经通过无数一线语文教师的教学实践证实是正确的，长期坚持一定能够提高学生语文能力和学科素养。“路漫漫其修远兮，吾将上下而求索”，今后我要继续努力学习，勇于探索，将于永正老师的教学思想发扬光大。

与贺清文校长点滴

贺清文校长属马，我也属马，他大我整整十二岁。早在十几年前，我就知道“贺清文”这个名字，那时他已是湖北省数学特级教师、东湖高新区十大名师、武汉市光谷第一小学校长（下文简称光谷一小）。我曾到光谷一小参加活动，偶遇了贺清文校长，他像一棵挺直的大树般站在校门口，目送师生入校，那时的他约莫四十来岁，意气风发，但似乎有点不苟言笑。

开始深入接触贺清文校长，应该是2018年9月，根据上级工作安排，他由光谷一小轮岗到武汉市光谷第二小学（下文简称光谷二小），我也正好在那一年，被原地提拔为光谷二小副校长，开始与他共事，分管学校教学工作。因为工作上的关系，我们彼此渐渐熟识，他的形象也在我的心目中逐步变得高大丰满起来。对我而言，他既是我的领导，也是我的兄长，既指导我管理教学，也教我为人处世。在他的身上，我能深深感受到一位教育人的责任与情怀。

2021年9月，我由光谷二小调动到华师一附中光谷汤逊湖学校（一所由东湖高新区教育局与华师一附中合办的九年一贯制学校），与贺清文校长一别近两年，特写一篇小文，以兹纪念。

一个有教育情怀的领头人

记得2020年12月，贺清文校长受湖北枣阳某地邀请，赴当地一所中心学校讲学，我也一同前往。那是一个典型的乡村学校，办学条件简陋，我们到达的时候，全校正在大扫除，师生个个灰头土脸。我们走进一间教室，竟然看到几个孩子用红领巾当抹布，贺校长不禁皱起了眉头，露出了严肃的表情。

第二天上午，当地教育总支组织辖区所有校级干部聆听贺清文校长讲座，他首先抛出校长任用五大标准“以德为先，以能为基，以勤为本，以绩为要，以廉为则”。在谈到“以德为先”时，他语重心长地说，“作为校长一定要将学生的思想政治工作放在首位，昨天我遗憾地看到，走进校园没有几个孩子佩戴红领巾，走在楼道里，居然还看到几个孩子用红领巾当抹布，我很痛心……”

接着就“香港占中”事件和“新疆毒教材”事件，反思当下教育存在的问题。最后提出一所好学校一定能看到三道亮丽的风景线，即“学生胸前鲜艳的红领巾，校园中随处可见的学生作品，每一个师生见面都能热情主动打招呼”。

一个多小时的报告，会场鸦雀无声。事后，我和现场听报告的校长们有过交流，问他们会不会觉得贺校长刚才的讲话太直。他们回应说：“贺校说话直是直了点，但是话说得在理，我们都服。”

刚接触贺清文校长的人，都有一个共同的感觉，这个人似乎特别严肃，不好打交道。如果你真的这样想可就错了，我想告诉你，千万别被表象所蒙骗，深入接触你会发现，其实他的内心非常细腻柔软。

记得 2020 年，一场新冠疫情突如其来，席卷神州大地，武汉成为全国疫情的中心爆发点，大中小院校、幼儿园、全部转入线上教学。贺清文校长也被隔离在家中，但他还一直挂念着孩子们，特地写了一首诗，鼓励孩子们坚持学习，坚持锻炼，早日战胜疫情。

贺清文校长虽然是数学特级教师，但他似乎对写诗情有独钟，年终总结或是开学典礼上，常常能有幸欣赏到他写的诗。据说 2018 年 7 月，贺清文校长离开工作十多年的光谷一小时，全体教师大会最后一项议程，他念了一首道别诗，全场动容，很多老师在台下悄悄抹泪。

有一次，我和贺校长一起吃饭，席间有客人聊起此事，原本谈笑风生的他，一刹那间，眼里似乎闪动着泪花。贺校长到底写了什么，我至今也不得而知，但我想，一位校长如果在离任时能让老师们流泪，这充分说明了老师们对他的不舍，也是对他工作的最大肯定。

一个精于管理的行家里手

对于学校管理，贺清文是一个行家里手。

1999年，他开始担任沙洋中心小学校长，随后在校长这个岗位上，一干就是二十多年。

据曾和贺清文校长共事十余年的胡劼老师（现任汤逊湖学校副校长）回忆，“贺清文校长在来到光谷的第一个十年，一直扎根光谷一小，他创造性提出‘真人教育’办学理念，将一所原关山小学、长江子弟小学合并重组的新校光谷一小打造成为区内领先、全省一流、全国知名的学校。”

事实证明，好的办学经验是可以复制的。

2018年9月，贺清文校长来到光谷二小，他通过深入思考，对学校原办学理念“怡美教育”的内涵和外延进行了深化和拓展，在传承中创新，提出了“唯美教育”办学理念，构建了善美德育、真美课堂、尽美服务等教育管理体系。

如今，五年过去了，光谷二小办学特色鲜明、质量一流，已经成为光谷地区老百姓满意的、极具影响力的现代化优质学校。

我曾多次有幸聆听贺清文校长给来自全国各地的校长们做报告。在我印象中，他从来不带讲稿，PPT也做得极其简约，更多时候就像在和与会者拉家常，细数学校管理的点点滴滴。他提出的“成长为教育家型校长必备五项修炼计划”——“每天至少听一节课，每天坚持一个小时的学习，每天巡视校园一周，每天做一件最要紧的事，每天写一句有哲理的话”，极具操作性，常常能引起大家的共鸣。

贺清文校长常常告诫我们，作为一名管理者，一定要多读书，勤写作。

记得有一次，贺校长和我聊起这个话题，我闪烁其词，以工作繁忙、家中琐事缠身，为自己疏于动笔找借口。贺校长不动声色地从手机备忘录里调出他自己每天写下的文字，我一看，密密麻麻，两三年坚持下来，估计已经积攒了几百条了吧！顿时我面红耳赤，羞愧难当。他说“坚持每天写一句有哲理的话”，这哪里是一句呀，有时一天达到上千字，都够杂志的一个版面了。

在管理机制上，贺校长也勇于创新。为了加快年轻干部的培养力度，他推行了“执行校长轮周管理”模式，充分挖掘并发挥每个干部的管理潜能，调动大家的工作积极性，十多年来，从他下面提拔起来的校级正职干部都超过了一打。

贺清文校长既有理论高度，同时也是一位实干家。

和他熟识的人，都知道他有两个雅号“贺真人”“听课校长”。我理解的“贺真人”一是他在光谷一小推行的是真人教育，“千教万教教人求真，千学万学学做真人”。二是他为人特别正直，率真。至于“听课校长”就更好理解了，他几乎每天都会夹着听课本深入课堂听课，而且每听必评，搞得老师们又爱又怕。我也曾陪着贺校长评过几次课，虽然他有时也会像竹筒倒豆子，毫不客气地指出老师们教学中存在的问题，但更多的时候，他还是在引导大家寻找解决问题的途径，引领学科发展的大方向。

在我印象中，贺校长还会经常走到学生中间，听取学生的建议和意见，有时也会亲自给学生训话，对于毕业年级更是挨班训话。记得有一次早读，他巡堂到了一个班级，学生很吵，他大步流星走上讲台，开始训话，学生顿时端坐静听，现场一片肃穆。学生们私底下议论“咱们贺校长是自带杀气，不怒而威。”我来到华师一光谷汤逊湖学校后，坚持每周到毕业年级，每个班上一节课，这一点就是向他学习的。

贺校长很重视做家长工作，注重发挥家校协同育人功能。“学习一项才艺、写好一手好字、养成一个阅读习惯、每天完成一项家务、掌握一项体育技能”，每年九月新学期伊始，他都会坚持开设家长课堂，通过与家长交流，使家长们更好地了解学校的办学理念和育人特色，促进家校共育。

2021 年 8 月 29 日，他通过在线直播，开展了主题为“培育孩子是我们共同的事业”线上家长学校培训会，引起 5 万人线上围观，《长江日报》等主流媒体进行了报道。

一个重情重义的好兄长

我与贺清文校长共事三年，在工作上，他的标准特别高，对我们要求很严，但在平时的生活中，他对我们每一个人都关爱有加。

2022年春节前夕，我们都“阳”了，难受得很，贺校夫妻俩都没有“阳”，得知我们“阳”了，亲自给我们打电话，教授给我们一些缓解症状的妙方，你别说，效果还真不错（贺校自称曾当过一段时间赤脚医生，略懂医术，他的爱人张老师就是学校的校医）。

我家大儿子在二小读小学，刚上学那会儿，完全不懂“规矩”二字，时有调皮捣蛋之事发生，给老师带来了不少麻烦，贺校长也有所耳闻。记得有一次，他和我拉家常，深情地讲起自己孩子的成长故事。

“说者无心，听者有意”，我知道他是在善意地提醒我，要重视孩子的教育，尤其是小学阶段，一定要多关心孩子，帮助孩子养成良好的学习习惯和生活习惯，这是为人父母应尽的责任。

2021年4月28日，我家二宝出生，那时我还担任一个班的语文教学工作，正好学期进入中期，管理事务繁忙，那段时间我常常感觉精力不济，工作也时有疏漏。细心的贺校看出我每天行色匆匆，面带倦容，不仅没有批评我，反而劝我要注意休息，让我很是感动。

贺校长的老家在湖北沙洋，他是该县走出的第一位特级教师，在当地口碑很好。听说贺校长每次回乡，老家的朋友、昔日的同事知道了，难免有亲朋旧友赶来相聚，贺校长不想每次麻烦大家，后来只好“悄悄地回，悄悄地走”。贺校长在家是长子，父母均健在，上面有一个姐姐，下面有一个弟弟和妹妹，兄弟姐妹和睦，妯娌亲密无间，一大家子其乐融融。

贺清文校长常说“百善孝为先。”他自己就是当地七乡八里有名的大孝子。从沙洋走出去后，他被深圳宝安区教育系统作为特殊人才引进，新的工作正做得风生水起，安居房也买了，正准备大展宏图之时，听闻家中老父病重，想到自己身为长子，因个人事业发展，无法照料双亲，心有不忍。一年后，为了照顾父母，他放弃深圳优厚的待遇，毅然决然卖掉新购置的房产，转而回到武汉，这一举动一时被传为佳话。事后有人戏谑贺校，“你从深圳回来这步棋，可是走亏了哦！要是坚持不回来，不说别的，就是房产增值都超过了一千万。”对此，他往往付之一笑。

现在，我虽与贺清文校长分开了，但心中常常想念他，有时工作上遇到难题，无法排解，我也会给他打电话求助，每次他都不厌其烦，耐心帮我解答。在我看来，贺清文校长亦师亦友，多半时候他都是一个让我敬佩的师长，但有时又会忘记他的年龄，把他当成一个可以倾诉、无话不谈的朋友。

最后真诚祝愿贺清文校长身体健康，工作顺利，一切安好！

附：贺清文简介

湖北省小学数学特级教师，正高级教师，教育部跨世纪园丁工程全国小学数学骨干教师，现任武汉市光谷第二小学党委书记。

出版专著《求真路上》《向美而生》《培优竞赛教与学》《小学生学会正面思维100个故事》。

先后被聘为教育部农村中小学校长助力工程、华中师范大学教育学院中南民族大学教育学院、湖北第二师范学院、长江研究院湖北省干训中心、继教中心兼职导师。

印象张春霞老师

（一）

张春霞这个名字我大概在十多年前就耳熟了，那时我和她同在江夏区教育系统，只不过我在江夏东边，她在江夏西边（本人原籍江夏龙泉，1998 年进入教育系统工作，分配到流芳教办下属学校，隶属江夏区教育局，直到 2005 年前后才划入东湖新技术开发区）。

虽未谋面，但我了解到张春霞老师参加工作后，分配到江夏区一所乡村小学，不甘平庸、努力学习、积极探索，通过自己的不懈努力，先后获得“武汉市第五届教育名师”“湖北省优秀教师”“全国优秀教师”荣誉称号，35 岁已成长为湖北省小学语文特级教师，现任江夏区教学研究室副主任，小学语文教研员，湖北省名师工作室主持人……

毫不夸张地讲，张春霞老师在江夏教育界简直就是一个“神话”般的人物。回想起来，我真正和她结识，近距离打照面，应该是 2016 年深秋的某一天。

那时我所在的学校策划了一个“小学低段多幅图写话教学策略研究”活动，我抱着一试的心理，非常冒昧地给张春霞老师打了一个电话，想请她到校指导一下。

其实那段时间张老师很忙，接电话的时候，她还在外地讲学，在我说明来电意图后，张老师竟然爽快地答应了。

张老师给我的第一印象是随和，平易近人的。

（二）

几日后，张春霞老师如约而至，我也第一次见到了她的真容，不高的个子，一袭黑色的呢子大衣，配上一条大红的围巾，短发，黑边框眼镜，笑起来非常真诚。

活动很圆满，张老师的点评中肯，既对我们所做的研究，给予了充分的肯定，同时在指出问题的时候，犀利真实，一针见血。

张春霞老师指出，看图写话的第一步是“看图”，基础是图片，重心是“看图”。培养孩子们学会认真“读图、看图、思图”是完成好写话的前提。

低段学生的观察能力有待提高，尤其是有条理、有目的观察能力尚弱。因此，在课堂实践中，建议引导学生“整理把握，有序观察，局部突破”。

整体把握，即引导学生看出几幅图之间的关系，继而找出故事四要素，即“时间、地点、人物、事件”；有序观察，可引导学生“从上到下”“从左到右”观察等；局部突破，如引导学生仔细观察，如看动作、听声音、观表情等。

张老师给我的第二印象是朴实，精明干练的。

（三）

2017 年 3 月，获悉我们东湖高新区卓越教师后备班将走进江夏，观摩张春霞名师工作室全天活动，我非常兴奋，也充满了期待，毕竟这是在家乡开展的研讨活动。

我不仅可以再次见到张老师，还有可能结识更多热爱语文的江夏名师，也终于有机会听一听江夏区首席窗口学校的课。

事实证明，我等到了预料中的精彩。

3 月 17 日上午，张春霞老师为我们做了一场报告，她的名师工作室成员饶小妹老师为我们展示了一堂精彩的研讨课。

下午，两个区四名教师代表分享了自己的教学研究、成长经历，并进行了现场辩课。

一天的活动紧凑、充实，大家收获满满，印象最深的还是张春霞老师的报告。

张老师的报告由一个小故事拉开序幕，“世界首席推销大师——原一平，用他的行动告诉世人，只要坚持，只要努力朝着正确的方向去改变，就一定能成功。”

那么如何改变自己呢？张春霞老师列出了四个关键词：学习、实践、思考、提炼，并指出了四者之间的辩证关系。

学习是前提。学习是武装自己的手段，“玉不琢，不成器，人不学，不知义。”学习可以开阔我们的视野，增长我们的见识，还能修身养性，让我们树立正确的人生观、价值观。张老师指出，身处二十一世纪的教师，如果不学习就很快会被社会淘汰。

实践是重点。离开了实践，学习就成了无源之水，无本之木。马克思说过“行动是通往知识的唯一道路”。如果我们学习了，但不肯付诸行动，那么我们的那些想法，永远只会烂在脑海之中。

思考是关键。孔子说：“学而不思则罔，思而不学则殆”；哲学家笛卡尔说：“我思故我在。”法国思想家帕斯卡尔说：“人是一支有思想的芦苇。”作为一名教师，如果没有热爱思考的习惯，我们对于发现的种种现象，就不会有意识地去探寻背后的规律、方法。

提炼是路径。总结提炼经验做法，是我们不断成长和进步的必经之路。张老师告诉我们，要深入解读文本，优化设计“炼课”；要苦练内功，提升专业素养“炼能”；要改变固有的思维模式，打破常规“炼思”；要学会反思，笔耕不辍“炼文”。

一个多小时的报告，张老师侃侃而谈。对于教育思想观念的阐述，她不是空洞地说教，而是用了大量真实的例子来印证。张老师用自己的成长故事，告诉了我们要想突破，就一定要学会改变。

张老师给我的印象是智慧、充满教育情怀的。

活动结束了，但心情却没有平复，张春霞老师的话语时常还在脑海中回想，我暗暗下定决心“关注，改变——从今日始。”

附：张春霞简介

湖北省特级教师，荆楚教育名家，武汉市教育名师，湖北省名师工作室主持人。现任江夏区教研室副主任、小学语文教研员。从教 35 年来，曾被授予“全国优秀教师”“湖北省优秀教师”“湖北省优秀教研员”等多项荣誉称号。多次承担省培、国培教学任务。多篇论文在《小学教学参考》《教育家》《湖北教育》等杂志发表。

清明忆老夏

岁岁清明，今又清明，清明忆起老夏。

当我写下这个题目的时候，头脑里满满的都是老夏温和浅笑的样子。从 2013 年 4 月 13 日算起，老夏离开我们已经快十年了。

老夏全名夏宜昌，他读书时是我师哥，后来又成为光谷二小的同事，我们同带一个班。我们还曾是邻居，平日低头不见抬头见，在三年共事的时间里，结成了兄弟般的情谊，彼此两个家庭，也常走动。

老夏，是我见过脾气最好的男人，这是我对他自始至终的印象。不仅我这么认为，我身边的每一个认识他的人也都这么说。老夏躺在殡仪馆的那天，很多学生家长参加了吊唁，他们提得最多的就是夏老师脾气好，老夏几乎从来没有对学生发过脾气。那时老夏的孩子尚小，有些顽皮，我们两家相聚时，常犯下很多小错误，如吃饭时打翻饮料，和同事的孩子抢玩具，卡拉 OK 时嚷嚷不停……老夏每次都耐心说服教育，从来没有看他吼过孩子。

2011 年前后，那时我尚未买车，老夏买了一辆长安悦翔小排量汽车，每每我家有事需要用车，第一个想到的就是他。其实都是些诸如爱人孕检、去机场接人之类的琐事，老夏常常只要我们开口，二话不说，开上车便走。在学校，老夏也是大家公认的好人，谁请他帮忙，只要他能做到的，绝不推脱。

老夏还是一个多才多艺的人。不仅歌唱得好，舞也跳得不错。每次和老夏一起唱卡拉 OK，“麦霸”必定属于他。什么歌他都能唱，流行的、通俗的，而且都有“代表作”。唱到兴时，还会随着音乐舞动，此时老夏常常邀请随行友人一起翩翩起舞，动作熟练自然。听老夏夫人说，老夏以前还当过业余舞蹈老师，教很多同事跳舞。跳舞时，老夏总是满脸春风荡漾，年轻而充满活力。

老夏经常说，他是一个农民的儿子，现在能有一个稳定的工作，有一个可爱的儿子，有一个温馨的家庭，有房有车，已经很满足了。

人一生追求什么呢？不就是眼前的幸福么？

他总是那么满足，对生活，对工作，因此他脸上的笑意从来不加掩饰。

他喜欢养花，每次去他家，他都要介绍一下他养的那几盆花，有时也顺便送朋友一两盆。和老夏交往的几年，我们感受最多的就是和他相处的舒心。

他就是这么一个人，简单、善良、温和，有情有义，热爱生活，让很多人从他身上感受到正能量。

然而一场突如其来的疾病，在短短大半年时间里便将他的生命夺走，年仅37岁，正是一个人年富力强的时候。2013年4月13日，老夏就这样永远离开了我们。

记得2012年夏日的一天，我在小区碰到老夏，感觉他的情绪不高，问他是不是哪里不舒服。他笑着摇摇头，轻描淡写地说是胃上的老毛病，不碍事。

后来才得知，老夏当时是不想让我们担心，他得的是胃癌，发现的时候已经是晚期，癌细胞已经扩散到整个胃部。毫无疑问，医生选择了切除整个胃。

大约在手术一个月后，我见到了老夏，他从医院回家，继续吃药治疗。经过病痛和手术的折磨，老夏明显变得黑而且瘦，整个人从120斤瘦到90来斤。由于没有胃，他每天只能吃稀粥、面条，即使如此，也不能每餐饱食。但是老夏精神不错，在小区院子里还能不时看见他陪着妻儿散步，耳朵里还别着耳机，大概是在听歌。

每隔两三个星期，老夏要去医院做一次化疗。听人说化疗是很痛苦的事情。老夏就讲过，同一个病室的病友中有一个人，第二次去做化疗已经不行了，化疗都没得做。老夏说他算幸运的，每次都还能挺过来。听着老夏若无其事地说着化疗，看着他脸上微笑的表情，我一度以为老夏这次肯定能战胜疾病。

在他生病期间，我们一起吃过一次饭，那是一个朋友邀请的。饭桌上大家推杯换盏胡吃海喝，非常尽兴，但只有老夏一个人在一旁静静地看着，大概是因为其中很多菜不能吃吧。大家问老夏此时是不是特想大吃一顿，老夏说，做梦都想。那是我第一次看见老夏在一群人中独自安静着，表情严肃。

是啊，一个病人，尤其是得了绝症的病人，一个对生命无比留恋的人，眼睁睁地看着眼前的美食竟然无能为力，他内心的伤感惆怅岂是正常人所能理解的？

老夏虽不能吃什么，但他一直鼓励大家多吃点，他说人能吃吃喝喝是福，这简短的话意味深长。

2013年正月初五晚上，老夏突然带着全家来访，后来才知是来感谢我。在他生病的这半年里，我主动帮他接送孩子上学。为了不麻烦我，方便家人照顾，他们家通过家庭会议商量，准备下学期把孩子从光谷二小转到纸坊城区的一所学校。

这一次老夏看上去更瘦了，精神似乎也没有过去好。我妈给他盛了一碗银耳汤，那天老夏的食欲还不错，全吃光了。这让我想起以前每次和老夏一家人聚餐的情景，老夏一定是笑意盈盈的，这次老夏没有笑，吃完饭，他半靠在沙发上，瘦瘦的身体被一件大羽绒服包裹着，他看上去很冷，一直把手放在口袋里，脖子也大半截藏在袄子里。老夏说他和老婆已经看上了藏龙岛的一个房子，这次病如果好了，就把现在的房子卖掉，然后一家人去那居住。他笑着说："等开年好点了，我想到学校上班，哪怕给大家发发报纸也行。"我们都在心里盼望着老夏的愿望都能成真。

是啊，如果死神能放过老夏一把，这次他一定能活得更加灿烂，我们知道他还有好多美好愿望等着去实现。

情况并没有像我们每个人希望的那样好。

新年后开学，老夏没能按时到岗，我打电话问他老婆，说老夏又去住院了，可能是癌细胞转移了。回想起过年最后一次看见老夏的情景，情况真的不容乐观，他精气神不太好，关键是太瘦、太黑了，我妈说老夏拿着筷子的手指都是乌黑的。生病大半年的时光，因为没有胃，老夏每天只能吃稀饭、面条等，根本谈不上营养，而每次化疗又让他一次比一次虚弱，他能撑过春节，其实大家觉得这已经是个不小的奇迹。

坏消息还是一天天传来，老夏不能吃饭了，老夏还有几口气，老夏不行了……

我还记得最后一次看老夏的情景。那天，几个孩子说，他们想夏老师了！放学了，我开着车带着孩子们，去了肿瘤医院。

当时的情景，我至今挥之不去，老夏瘦得脱了形，说话已经气若游丝，他只是紧紧地拉着我的手，一字一顿微弱地说，来世我们还要做兄弟。学生们的到来，给了他意外的惊喜，可是这时他也只能微笑着对孩子们点点头……

那一刻，我们都泪流满面，老夏这么一个好人就这样被疾病折磨垮了。天妒英才，老天实在太不公平了！

在我看完老夏最后一面的第二天，老夏走了。走的时候老夏没有留下任何遗嘱。他老婆说，他不想死啊，儿子才 7 岁，他也只有 37 岁。但是命运无情，对谁都不手软。

老夏的悼词是我写的，他的追悼会也是我主持的。那天，他静静地躺在鲜花丛中，个子似乎更加瘦小了，一动不动，神情安详，只是再也见不到他招牌式的微笑。很多同事、同学、亲友参加了他的追悼会，一些学生及家长也闻讯纷纷赶来，大家都在回忆着老夏的过往，说那么快乐的一个人，那么知足却又满怀遗憾地走了。

作为朋友，我只能在心里默默祝愿老夏一路走好，希望在地狱不再有病痛的折磨，希望年轻的生命不再无辜受到命运的摧残。

老夏走后的大半年，我一直在想，身边这么一个活生生的生命，怎么在这么短暂的时间里说没就没了？我不敢相信这是事实。虽然我知道生命原本短暂和脆弱不堪，但是在健康活着的人当中，谁会去真正在意这句话背后沉重的分量？疾病、灾难说来就来，也许你昨天还好好着呢，可是过不了几天，也许……

但愿没有也许。

转眼间，老夏离我们而去已经将近十年。现在回想起来，还是让我再一次感受到生命的无常。命运太不可预料了，生命经不起这么突如其来的考验。我们所能做的，就是把握好每一个当下。这份感受年轻时不会有，年龄越大理解越深。

但愿，我们都能来得及，珍惜生命中的每一个值得珍惜的人，珍惜生命，珍惜所有，在有限的时间里，活出生命的幸福与价值！

愿老夏在天国安息吧！

（2023 年 4 月 5 日清明感怀）

南京总统府参观记

今日起了大早，暂时离开武汉，前往江苏徐州参加“于永正教育思想高级研修班”。

到了武汉火车站才知道，没有直达徐州的车，只能从南京周转。提起南京，我的脑海思绪乱飞，六朝古都、金陵十三钗、抗战、大屠杀、雨花台、秦淮河、夫子庙、董小宛……

中午 12:00，南京站到了，恰巧一位老师的家属在本地工作，安排了辆商务车接我们一行 15 人吃饭。找了家本地小馆，不一会儿，油焖大虾、鱼香肉丝、水煮鸭肠等十几样菜品上来了。

肚子早就“咕咕”叫了，看着这些色香味俱全的美食，让人垂涎三尺，赶快尝一口吧！味道还不错，但品尝过了所有的菜后，发现一个共同特点，都是甜的。一道两道菜是甜的大家还能接受，可每道菜都甜，就让人有点受不了，呜呜，将就着吃吧！用过中餐，朋友建议去南京周边转一下，比较近的两个热门景点分别是侵华日军南京大屠杀遇难同胞纪念馆和南京总统府，大家觉得参观纪念馆过于沉重，于是决定去总统府参观。南京总统府位于南京长江路 292 号，现已成为中国最大的近代史博物馆。导游介绍南京总统府已有 600 多年的历史，1840 年鸦片战争至 1949 年人民解放军占领南京的 100 多年里，这里多次成为中国政治、军事的中枢，中国一系列重大事件或在这里发生，或与这里密切相关。这一建筑群，成为近代中国历史的重要遗址。

小雨霏霏，气温适宜，真是个参观旅游的好日子。总统府门前车水马龙，游客如织。远远望去，庄重的大门上镶嵌着“总统府”三个金光闪闪的大字，显得格外耀眼，总统府门口屹立着两个威严的石狮子，显得庄严肃穆。

继续往里走，鲜花、古树，装点着古朴、幽静、充满民国风格的建筑。顺着印满历史痕迹的青砖路向前走，会看到四根红柱子，上面有一块匾额，写着“天下为公”四个大字，这是孙中山先生的题词，也是他一生追求的革命理想。

我记得中学历史书上有一张珍贵的图片“解放军占领南京总统府”，到了这才知道，当时并没有激烈的战斗，因为蒋介石早就南撤了，偌大的总统府早已没有一兵一卒，解放军的一支小股部队，不费吹灰之力就占领了总统府。走进去才发现，这里比我想象中的大多了。总统府景点共分三个参观区域。中区主要是国民政府、总统府及所属机构；西区是孙中山的临时大总统办公室、秘书处和西花园以及参谋本部等；东区主要是行政院旧址、马厩和东花园。一系列展馆和史料陈列，则分布在这三个区域中。走过精致的长廊，我们来到子超楼，这是总统府的主要建筑。孙中山先生曾在这里担任了93天的临时大总统，总统办公室陈设虽然简单，但显得很优雅。接着，我们又来到孙中山纪念堂，这里陈列着许多有纪念价值的图片和资料，让我们对孙中山生平有了大致的了解。

这些馆藏的珍贵资料和革命志士的遗物，让我们看到中国革命的进程是如此的艰难不易，新中国的诞生更是无数仁人志士的鲜血和不懈努力换来的。出了纪念馆，我们来到煦园休息，这里是总统府的“后花园”，煦园虽说不是很大，但里面的风景很别致。亭台沿着湖泊而建，小桥曲曲折折别有一番风味。

导游介绍，总统府距今已有600多年的历史，最早可以追溯到明初时期的归德侯府和汉王府；清代被辟为江宁织造署，两江总督署等；康熙、乾隆南巡时在此设行宫；太平天国时期，这里是洪秀全的天王宫所在处；民国时期，孙中山在此就任临时大总统，众多历史重要人物在此生活过。江宁织造接待过清朝康乾盛世的两位皇帝康熙、乾隆；两江总督府生活过曾国藩、李鸿章、张之洞等清朝重臣；还有民国的缔造者孙中山以及后来统治中华民国三十余年的实权铁腕人物——蒋介石，都曾在此地办公，每个人都能引出一段历史，每个人都演绎了众多让人津津乐道的故事。

此次南京之行，是一次心灵之约，也是一次文化之旅。

（2012年7月17日参观游览记）

带着孩子们游桂林

“我想去桂林呀，我想去桂林，可是有时间的时候，我却没有钱……”

这首歌最早开始流行的时候应该是1994年，那时我正寒窗苦读，没有钱是真实的。如今上班十余年，也曾出过几次省，也曾有机会饱览祖国的许多名山大川，但心中却一直有一个梦没有圆——游览桂林。

2013年7月，机会终于来啦！班上20多个孩子踊跃报名参加了武汉市中小学生研学夏令营，此次研学的地点正好是“桂林”，学校须安排一名老师带队随往，作为班主任的我责无旁贷。得到消息，我的心中充满憧憬，同时也感觉到肩上责任的重大！

（一）訾洲公园

我们游学的第一站是——訾洲公园。訾洲是漓江上最著名的一座绿洲，它位于桂林城东漓江与漓江汉河之间。

訾洲碧水环绕，群山簇拥，最吸引人的是那一簇簇、一丛丛的翠竹，郁郁葱葱，好像丝毫不畏惧这炎炎的烈日。

在訾洲公园我们见到了唐代著名思想家、文学家柳宗元应邀登洲游览时所作名篇《訾洲亭记》，他盛赞“桂州多灵山”“发地峭竖，林立四野”给予桂林山水极高评价。

同时我们还看到裴立行、范成大、张孝祥等历史名人雕像，孩子们都好奇地凑过去，大声吟诵起这些历史名人所作诗词歌赋。

我则趁机给他们讲这些名人的故事，孩子们听得津津有味。

“读万卷书，行万里路”，在行走中自然而然发生的教育，才是最好的教育！

（二）象鼻山

我们踏着古老的石子路，欣赏着路旁的美景，走向桂林最著名的山——象鼻山。

孩子们叽叽喳喳地讨论，从各个不同的角度，远眺象鼻山的有趣造型，我也顺着孩子们所指的方向看去，整个山形酷似一头驻足漓江边，临流饮水的大象，栩栩如生，惟妙惟肖，难怪叫“象鼻山”。

“象鼻山被人们看作桂林山水的代表，桂林城的象征，桂林市城徽中心图案就是象鼻山。”几个孩子缠着导游，让他讲象鼻山的传说，可导游卖了一个关子偏不讲，同学们急得团团转。

直到孩子们上了旅游车，导游这才绘声绘色地讲起象鼻山的传说。

相传这头大象是西天如来佛祖的坐骑，如来佛来到龙虎山弘扬佛法，普度众生，祖天师张道陵并没有因为他是佛教而排斥，而以莲花宝座相赠，如来佛非常感动，就把自己心爱的坐骑回赠给张天师。

有一年，龙虎山大旱，张天师设坛降雨，恰逢天宫的雨师外出未归，这头大象为协助张天师祈雨，奋力吸取地下水以缓解旱情，终因劳累过度，无力拔出大鼻子而死。

张天师感慨万分，就把它点化成仙象山，供世人瞻仰。

这样的说法自然很难让人信服，但大自然亿万年的神奇力量真是鬼斧神工，象鼻山造型如此逼真，令人啧啧称奇。

（三）漓江

游桂林一定要游漓江，因为它是桂林山水风光的精华。漓江最美的景色在桂林到阳朔这一段 83 公里的水程。

漓江酷似一条青罗带，蜿蜒于万点奇峰之间，沿江风光旖旎，碧水萦回，削壁垂河，青山倒映，组成了一幅绚丽多彩的画卷。

下午，我们开始泛舟漓江，登上游船，环顾四周就仿佛置身于百里画廊，奇美的景色，真令人叫绝，真不愧为“舟行碧波上，人在画中游。”

难怪令古今中外无数骚人墨客赞叹而大发诗兴，唐代大诗人韩愈曾以“江作青罗带，山如碧玉簪”的诗句来歌颂漓江；现当代大诗人郭沫若也以“玉带蜿蜒画卷雄，漓江秀丽复深宏”的诗句来表达对漓江的赞美。

（四）冠岩

桂林美，美在山、水、洞，陈毅曾称赞此为“桂林三绝。”

第三天，我们游览了冠岩景区，孩子们好奇地问导游，为何叫“冠岩”。导游介绍说因其外貌像古时的紫金冠，故名“冠岩”。

最令孩子们兴奋的是，我们乘坐 30 多米高的观光电梯直入洞内，仿佛瞬间坠入瑶池一般，光彩夺目，让人眼花缭乱。

同学们都陶醉在景观奇异的洞穴中，不一会来到了洞内有轨电车旁。大家乘上小火车，穿过神秘变幻的地下峡谷，几分钟后便到了气势恢宏的棕榈树大厅，这里琳琅满目的石钟乳，令人感觉似乎走进了巨人国的热带雨林，真是伟大的奇观。

导游介绍，冠岩曲径通幽，洞口有四五重，水流其中，风景优美，冬暖夏凉，真乃人间圣地。

（五）灵渠

最后一天，我们游览了灵渠。灵渠位于桂林北部的兴安县境内，建成于秦朝，是现存世界上最完整的古代水利工程、最古老的运河之一，与四川都江堰、陕西郑国渠并称秦代三大水利工程。

灵渠两岸风景优美，水清如镜，渠中长满了水草，油油的在水底招摇，引得游人纷纷蹲下身子，掬一捧清水，洗把脸，洗洗手，清凉的渠水顿时让人神清气爽。

水渠两旁古树参天、文物古迹众多，无数文人墨客留下了不朽的诗文。

此次桂林之行，孩子们不仅与桂林山水有了一次亲密的接触，增长了知识，开阔了视野，还参与体验了一把“科举考试”，感受了古代学子求学之艰辛。

同学们每天喝完水后的矿泉水瓶都会自觉地带回营地回收，并且每天的衣服自己洗，行李装备自己背，环保意识增强了，自理能力也提高了不少。

四天下来，虽然孩子们的皮肤晒黑了，但感觉他们似乎长大了，师生的情谊也更深厚了，离别的时候，彼此还真有点不舍，许多孩子情不自禁流下了眼泪……

相信此次研学旅行，定会在孩子们童年生涯中，留下一段美好的回忆，也令我终生难忘。

（2013 年 7 月带学生参加夏令营游览记）

探秘西藏

在一个地方待久了，总有想逃离的感觉，旅行便是最好的方式。

2009 年暑假注定会成为我一生中难忘的回忆。几位同事相约游西藏，当时我的心情有点复杂，既期待，又有点担忧，那段时间我已经被慢性支气管炎折磨了近一个月。

听说西藏海拔高，空气稀薄，即便是一个小小的感冒，如果不及时治疗都有可能要人的命。在犹豫了几天后，终究好奇心战胜了恐惧，我还是带上了一大袋药物，怀着惴惴不安的心情上了飞机。

武汉没有直接到拉萨的飞机，还得先从天河机场飞成都双流机场，然后第二天转机到拉萨贡嘎机场。

7 月 19 日 8 点，我们登上了去拉萨的飞机。飞机急速驶过地平线，不断攀升，直上云端，我顿时感到一阵眩晕。十分钟后，飞行趋于平稳，我迫不及待地拉开舷窗的布帘。哇，我看到了神奇的云海，大团大团白色的云似乎就在我们的脚下，在黑色山脉的映衬下显得更白了……

两小时后，飞机徐徐下降，高山湖泊、村庄绿洲，还有浑黄的河流尽收眼底……

一切景致在茫茫的高原里显得如此宁静。

拉萨印象

拉萨是我们这次旅行的大本营，行程中安排的几个景点都在拉萨附近。

走出贡嘎机场，即便是在这一年中最热的七月中旬，我仍然能感到一阵凉意。

这里的天特别蓝，蓝天上飘着大朵大朵的白云，太阳直射大地，发出刺眼的白光。阳光下的树木却并没有耷拉脑袋，反而显得愈发苍翠。我们的旅游大巴在弯曲的公路上疾驶，穿越雅鲁藏布江大桥，经过近两个小时的颠簸，终于到达了目的地——日思夜想的拉萨。

拉萨市区面积不大，街道也较为整洁。马路两旁的房屋也不高，大多是三到五层，但每一栋房屋都极具民族特色，窗沿上都有绚丽多彩图案。街上行人如织，主要还是拉萨本地人，他们身着民族服饰，梳着小辫，手拿转经筒，脸上露出憨厚的笑容，看起来非常友善。

拉萨的汉人大多来自四川、甘肃等地，听说随着西藏这几年的发展，善于经商的温州人也成群结队来到拉萨淘金。

西藏是全世界海拔最高的地区，有着神秘的宗教文化和奇特的民族风俗，这一切不仅吸引了来自全国各地的旅游者，也勾起了西方人的向往，因此在拉萨金发碧眼的外国人随处可见，他们大多穿着厚厚的户外运动服，背着大大的登山包，当地人都称他们为“背包客”。

高原反应

到了入住酒店，导游再三叮嘱我们，“你们这些在低海拔生活惯了的南方人，初到西藏，一定要尽量少说话，多喝水，走路也宜轻缓，切不可鲁莽行事。”可此时大家还沉浸在初涉异域的喜悦中，根本就没有把他的话放在心上。

吃过午饭后，“狼还是来了”，我们团中好几个人出现了头晕、冒虚汗、脸色苍白的高原反应。我也感觉头隐隐作痛，总觉得呼吸困难。下午全团安排静养，这时我感觉头由隐隐作痛变成钻心的痛，似乎无数只小虫在里面噬咬。

第二天，大家头痛的症状都有所缓解，我们去了此行海拔最高的地方唐古拉山口。我特地脑补了一下资料，“唐古拉”藏语为“高原上的山”，由于终年风雪交加，号称“风雪仓库”。唐古拉是青海和西藏的分界线，海拔 5231 米，山口处建有纪念碑及标志碑，是沿青藏公路进入西藏的必经之地，也是长江的发源地。

旅游大巴顺着 109 国道顺利到达唐古拉山口，大家迫不及待地跳下车，欣赏眼前的景色。极目远眺可可西里无人区，成群的藏牦牛怡然自得地啃食着绿油油的牧草，偶尔也能看到几头土黄色的藏羚羊追逐、嬉戏、飞奔……

导游告诉我们“这一带是一片冻土，泥土层的水分长年结冰，山口天气极不稳定，即使夏天，公路也经常被大雪所封，冰雹、霜雪更是常见现象，空气中含氧量只有海平面的六成，建议大家的运动量不要太大。”

“这可能是我们这辈子站得最高的地方了！”随行的一个友人大声喊道。大家听他这么一喊就更兴奋了，三五成群四散开来，走走看看，好不惬意。

不知不觉两个小时过去了，导游催大家上车，无奈有几个“驴友”走得太远，怎么喊也听不见，我只好一路小跑，亲自去呼喊“驴友”。还没跑出几十步，就感觉上气接不了下气，只好放慢脚步，待大家上车后，我突然感觉鼻子中有一股热的液体溢出，用手一摸，居然是血……

有经验的导游立马走过来，告诉我不要紧张，这应该是“高原反应”引起的，接着又是按压，又是冰敷，血总算是止住了！

现在回想起来，应该就是没听导游的话，刚才一路小跑剧烈运动所致。看来，“高原反应”不是吹的哦！

探秘八廓街

下午返回拉萨，症状稍微有些缓解，于是我和朋友决定到拉萨最有名的八廓街（也叫八角街）去走走。

虽说时间已经到了晚上七点，可太阳似乎并不打算立刻退场，还在继续发挥余热，天空中出现了一抹美丽的火烧云。天气吐凉，人们吃罢晚饭，也都涌到热闹的八廓街。

八廓街位于古城拉萨的中心，是拉萨本地特色保留最完整的街道。它是拉萨的宗教、经济、文化、民族手工艺乃至西藏的风土人情的集结地，也是旅游者到拉萨必去的购物地点。它的历史和大昭寺一样悠久，街区之内，僻巷幽幽，曲途自通，宫厦套着百屋，傍着古寺，弥漫着浓郁的藏族文化气息。街道两旁商店林立，热闹非凡。

在八廓街意外碰见了一位自称是湖北老乡的年轻人，在我们购买了他小摊上几件商品后，大家就熟识了，他也自告奋勇当起我们的导游，介绍起八廓街的名字由来，“八廓街是六角环形街道，仿佛是一座巨大的时钟，辉煌壮丽的大昭寺就是钟轴。八廓街并非以街道形状定名，而是藏语‘八廓’的音译，意思是‘围绕大昭寺（建于七世纪中叶）的街道’。”

按西藏佛教徒的说法，以大昭寺为中心绕一周称为“转经”，以示对供奉在大昭寺内的释迦牟尼佛的朝拜。八廓街还是藏传佛教信徒转经的最主要的线路，每天都有三步一叩，磕着等身长头（一种藏传佛教的朝拜姿势）的人络绎不绝。

我们就亲眼见到了一个磕等身长头的藏族汉子，他年龄四十左右，黝黑的皮肤，中等身材，穿着沾满黑色油腻的藏服，一双布满老茧的大手磨得通红。每走一步他都会双脚并拢，双膝着地，接着是双手着地，继而全身贴到地面，然后再起来。

看到这一切我们很是惊讶，我们即使是徒步行走都感觉到气喘吁吁，而这位藏人行走每一步都要耗费多少体力啊！我真为他捏一把汗。

八廓街上店铺林立，店铺中各种藏族手工艺品琳琅满目，色泽鲜艳的江孜卡垫、独具特色的藏刀、古朴的木碗、各种质地的手镯、项链等令人爱不释手，同时还有酥油、宝石戒指、摇经筒、经书等极具特色的商品。

天色渐渐暗了下来，八廓街上点起了万家灯火，夜市更迷人，各种店铺依然向你开放，醉人的音乐伴着各种叫卖声，各种风味小吃的阵阵香味，使人流连忘返。

我们在返回酒店的路上又遇到了那个磕等身长头的藏族人，一股崇敬之情不禁油然而生。

（2009 年 7 月 22 日西藏游览记）

附录 1

我的童年，我的老师

作者：舒敏

人的一生无时无刻不充斥着回忆，回忆过去的人和事，回忆逝去的青春年少……

（一）

我出生在武汉市东西湖区，并在那里快乐地生活了七八年。那时没有“书山题海”，也没有“内卷”，当然也无需“双减”，那时的我们在学习之余，常常有很多闲暇，一放学小伙伴们就漫山遍野地跑。

春天，我们把柔软的柳枝摘下围成圈，然后戴在头上；坐在田埂上，把一朵朵小花编在一起，做成长长的花环……

夏天，我们会三五成群去池塘边钓虾，那真是一钓一个准啊，一会儿工夫，就能钓满一桶，运气好的话，还能钓起小鱼……

秋天，起风了，我们会把塑料袋的四角用绳子系起来，下面吊上一块小石头，然后往天上一扔，再看它们徐徐降落，美其名曰“降落伞”……

冬天，我们打雪仗、堆雪人、滚雪球，把家里水桶里结的冰小心翼翼地捞出来吃，边吃边喊冷……

（二）

时间一晃就到了 1999 年底，因为老家土地被征用的缘故，我们举家搬迁，离开故土，来到了江夏区流芳街大舒村，成了菜农，我也随之转学到了江夏区流芳街红旗小学。

四年级时我遇到了人生有着重大影响人——范建民老师，可以毫不夸张地说，他改变了我的人生。

那时的他，约莫二十一二岁，个子不高，长得很帅，年轻有为，才华横溢，琴棋书画样样皆通，于是迅速成为我们班乃至全校女生心中的偶像。

范老师是学校新上任的教导主任，刚从镇上中心小学调动过来。刚带我们班的时候，范老师对我们不熟悉，于是他让我们把自己的名字用卡片写出来，贴在课桌的左上角。

起初，范老师一直记不住我的名字。某天上课，他点我朗读课文，发现我的普通话特别标准，上课举手发言很积极，再加上性格开朗等因素，我很快成了他最喜欢的学生之一。

那阵子学校非常重视“推普”工作，而我们学校的孩子大部分都来自农村，习惯了讲“土话”，因此普通话普遍都不是很好。而我是班上公认普通话说得最好的，于是范老师任命我为班级“推普员”，专门监督提醒同学们讲普通话，不管是谁，就算是班长，没有讲普通话也可以批评，并给我配了四名助手，一时间我感觉自己成了班上最大的“官”。

也许是因为我这个人性格耿直的原因吧！当时，我“拿着鸡毛当令箭”，干劲十足，由于我的严格“执法”，一时间得罪了不少的同学，他们对我怨声载道。面对同学们怨恨的眼光，我打起了退堂鼓，鼓起勇气找到范老师想辞职，但不管我好说歹说，老师一直不批准，并语重心长地说：“我小时候是在农村长大的，从小学到初中一直讲方言，后来上了师范，学校要求每个人都必须讲普通话，这对别人来说很轻松，但对我来说太难了，经常闹笑话，现在我既然是你们的老师，就不能让你们重蹈覆辙。因此，你现在做的这项工作非常有意义，虽然会遇到一些阻力，但我会坚决支持你的，希望你一定要坚持！”

老师的一席话让我无法辩驳，后来有些阻力仍然存在，但我们班的推普工作是全校做得最棒的。不到半年，我就自动卸任了，因为大家用普通话交流已然成了习惯。现在想来，范老师的到来，真的是我们这些乡村孩子的福音。

同样因为我普通话标准的缘故，范老师给了我很多展示机会。

有一次，学校举行“诗歌朗诵”比赛，老师推荐我参加。第一次上台，我非常紧张，说话语速很快，我都不知道自己是什么时候下台的，总之，后来班上同学都笑我“快嘴舒敏”。

很显然比赛结果不太理想，从同学们嘲笑的话语中，我知道自己当时的表现很糟糕，但范老师没有批评我，而是把我叫到办公室，帮我分析此次失利的原因，并鼓励我不要气馁，再接再厉。

（三）

那时的我严重偏科，范老师在班上挑选了 8 名语文学习好的同学培优，我在其中；数学老师选 8 名成绩落后的同学补差，我也在其中。

现在回想，当时我的语文考试每次能取得理想的成绩，作文起到了关键作用。我的作文写得不错，经常被当作范文在班上念，也参加过几次学校和区里的作文比赛。但总是在关键时候掉链子，一到赛场上，原本如滔滔洪水泛滥的好词好句竟然全不记得了，作文要表达的中心意思也搞不清楚了，大脑一片空白……

有一次，家里养了几年的小狗死了，我伤心难过了好长一段时间。正好那时范老师要求我们坚持写周记，于是我把与小狗相处的快乐，以及小狗离去的伤心难过，全部写在了周记里。

范老师看了我的这篇周记，专门把我叫到办公室，告诉我这是一个很好的作文题材，并鼓励我好好修改。后来经范老师的手修改后，他又帮我向报社投稿。虽然最终没有发表，但也让我狠狠地骄傲了一阵子，我认为这是老师对我写作能力的一种肯定，增添了我写作的自信心，甚至到现在，我还偶尔写写小文章，投投稿……

（四）

范老师总能发现每一个同学的特长，总能找到每个孩子的闪光点。他经常说的一句话是，“每个同学都要成为班级的主人，作为班级的一份子，大家都要为班级做贡献。”

五年级下学期，六一儿童节要到了，学校要搞文艺汇演。那段时间，宣传委员组织排练舞蹈，班干部们大部分也有自己的事情要做，我接到的任务是办当期的黑板报。

放学后，我拉上两个闺蜜就开始动手了。绘画、选题我都全权负责，誊抄交由两个闺蜜负责，经过两个小时的不懈努力，终于搞定了。结果也没有让老师失望，这期黑板报得到了学校黑板报评比第一名，范老师很高兴，对我们竖起了大拇指。办报的过程虽然很辛苦，但得到了老师的赞许，我们心里像喝了蜜一样甜。

2003 年元旦，是我们在校的最后一个元旦了，班上决定搞一次大型“班级元旦文艺汇演”，每个小组都要排演出一个像样的节目，各组小组长为负责人，最后还会选取一个最优秀的节目参加学校文艺汇演。

我们小组由我来担任编导，选定的节目是表演课本剧。距离彩排只有一个星期的时间，从选角到剧本演员的台词，全是我一个人负责。那段时间，组员的催促、学习上的压力及时间的紧迫，都让我倍感压力……

很快一个星期过去了，等到彩排了，我们这个节目表演得一团糟，甚至没等节目表演完，我就气呼呼地跑下了台。班主任范老师见状笑着说：“你这个导演都跑了，让演员们怎么演啊……”

大概是范老师独具慧眼，看中了我们的创意，最后竟然把我们的节目推上了学校文艺汇演的舞台。范老师认真地对我们说：“在元旦之前，你们肯定可以呈现出一台完美的节目，相信自己，你们能行！”

最后，演出成功，虽然个别组员因为紧张，出现了台词说错的状况，但最终取得了全校第二名的好成绩。更重要的是，在之后的很长一段时间里，这个节目成为老师和同学们津津乐道的话题，这样的成绩给了我极大的创作鼓舞，感谢范老师在关键时刻给了我信心。

这件事也使我明白了，有的时候做事情不一定很顺利，但是只要我们坚持一下，再坚持一下，也许就会迎来转机……

当然，前提条件是，要有一个人无条件地相信你能行。

（五）

2003 年 6 月，临近小学毕业考试了，我们的压力越来越大，因为学校所有的老师与同学们，都对我们这届毕业班学生寄予厚望。近几年，我们学校在整个流芳街十四所小学毕业统考中，总分总是倒数几名，学校领导很是头疼。

范老师来我们学校后，从四年级下学期开始接手我们班，教语文并担任班主任。到了六年级，同样优秀的数学老师舒帮顺也加入了我们班，有人戏称我们班老师配备是“豪华阵容”。

作为这一届唯一的一个毕业班，我们班已然成了全校的期盼与骄傲，在全校师生的眼中，我们是最有可能改写历史的。

结果并没有让大家失望，在 2003 年小学毕业统考中，我们取得了流芳街第二名（仅次于当时的流芳中心小学），咱们红旗小学终于扬眉吐气了，无愧于学校的名字“红旗小学勇夺红旗”，拿到了“教学质量优胜单位”。

那一年，班主任范建民老师被评为江夏区优秀班主任，数学老师舒帮顺老师被评为流芳街优秀教师……

再后来，我升入了初中，离开了武汉……

时光飞逝，岁月匆匆，转眼童年就这么离我们远去了，怀念那纯真的笑脸，怀念那逝去的青春，也怀念生命中遇到的好老师，这也是我一生的幸运……

附录 2

师“范”的那些年

作者：郭钰

我是一个从小就有着教育情怀和文字梦想的人，当语文老师也是我从小就有的理想。

还记得小学时，每次放学回家，我都会早早写完作业，然后就想着等爸爸妈妈忙完回家吃饭的时候教我些什么。我会在一个硬纸板上写好汉字，挂在餐桌正对着的一扇窗子上，爸爸妈妈忙完生意回来都八九点了才吃晚饭，可也愿意陪着我念字、组词。

就这样，我一步步升学，学业路上越走越远，也离当老师的理想越来越近了。2018 年，我读完硕士研究生，从华中师范大学毕业。那年春天，我很荣幸地通过校招成为武汉市光谷第二小学（简称光谷二小）教师队伍中的一员。当年 4 月底，我进入光谷二小跟岗学习，也就在那时，我认识了我后来的师傅范建民老师。

初见：平易近人的谦谦君子

那是一个草长莺飞、阳光明媚的日子，我怀着既兴奋，期待又忐忑不安的心情和几名同年新进老师一起来到光谷二小课管中心跟岗报到。当时范建民老师是课程管理中心主任，负责学校课程安排相关工作，所以我们都要先去找他报到，再看看会安排到哪位前辈老师那里跟岗学习。

我本身有些“社恐”，而且脑海中，我认为有一定级别的人，形象大都总是威严少语、不苟言笑的，所以我对新环境、新人物有一种顾虑和胆怯。可在见到范老师以后，才发现我的这种想法真是多余。

一见到范老师，我心中的男语文教师就具象化了，干净清爽的寸头短发，白衬衣、黑灰色西裤，一双圆眼睛炯炯有神。他见到我们来了，微微笑着以示欢迎，我那忐忑不安的心也放松了不少。他先是让我们坐下，接着简单介绍了光谷二小的情况，随后让我们加入了学校工作群，表示欢迎我们加入这个大家庭，最后一一询问了我们的专业与应聘学科，并给我们分配了指导教师。

很幸运，我所学习的专业与应聘的学科正是范老师所在付诸实践的语文学科。很光荣，我受到范老师的垂青，并最终留下来跟随着他学习，而那段日子也让我对正式进入教育行业工作更加充满期待。

刚开始跟岗的头几天，我有些不适应，总觉得小学校园跟我想象的很不一样，四处闹哄哄的。现在回想，那时的我应该还停留在学生思维阶段，已经适应了自习室的安静氛围，所以总想着自己要去学些什么，而忘了自己是一位即将走上讲台的一线教师，我不光要自己学会许多知识，更应该学会怎么去教会学生。而这一点，在范老师鼓励我走上讲台，尝试着授课后，慢慢发生了转变。

跟岗至今已有四五年的光景，可当时的经历还历历在目。我觉得跟岗最有价值的事情就是跟着前辈老师听课，其次就是去不同的班代课，接触不同年级的学生。

当时范老师教六年级，最让我印象深刻的就是他讲《美丽的晋祠》。这篇课文我读小学时没有学过，他讲的时候我听得格外认真，范老师上课给人一种波澜不惊、游刃有余的感觉，整个课堂氛围轻松自然。他在上这篇课文时，有一幅画面一直定格在我脑海里，让我深受触动：范老师站在教室第一排学生的正中间，一手握着课本，一手捏着书角，眉头微微锁住，嘴巴抿着，双眼紧紧盯着课文中的某处描写，若有所思。他上课的时候，不像是一位高高在上向下传授知识的老师，更像是学生群体中一位特别的志同道合者，与同学们在一同沉思、求索。

听了一段时间的课，协助批阅了一些作业以后，我对光谷二小的作息、工作模式，还有六年级学生的语文课有了一定的了解。范建民老师鼓励我也上台试着讲一讲，他给了我三天时间备课，我选择了《“诺曼底号”遇难记》这篇课文。备完课后我信心满满，可没想到第一次试讲时我就冷了场，尴尬至极。

课后，范老师没说我上得不好，反而还跟孩子们说：“郭老师这节课准备很充分，但是同学们配合还不够，希望大家在第二课时的时候有更精彩的表现。”

回到办公室后，范老师给我评课。他首先肯定了我的优点——学历高，语文素养不错。

接着范老师笑眯眯地问我：“你是不是想借助图片让学生更直观地了解这篇课文里环境的危机四伏，可在实际教学中，这四张图片运用的效果，你觉得怎么样呢？”

顿时，我的脸红了。的确，我从网络上找的四幅图片并不具有代表性，很多都是自己的主观联想，反而让学生更加感到困惑，偏离了教学主要任务，所以才打乱了课堂节奏。

最后，范老师语重心长地对我说：“要上好课，首先得认真备课，而备课的要务就是一定要明确本节课的教学目标，细化教学任务，不要试图面面俱到，争取一课一得即可。”

几句话让我醍醐灌顶，并把其作为我日后进行教育教学工作的基本原则。

范老师真的是一位很有人情味、有教学味、有教育味的人啊！

共事：言传身教的良师益友

2018 年 8 月底，我正式投入光谷二小的教育工作中，开教师大会时，我惊讶地发现，跟岗时还是课管主任的范老师，已升职为学校的副校长，是当时的新领导班子中惟一的“老二小人”。而我新的工作安排是一年级（10）班语文老师兼任班主任。新进老师，就带一年级新生，初入职场，就当班主任，这对我真是一个不小的挑战。

还来不及和范校长寒暄，我得赶紧准备迎新工作了。我的班级所在教室在二楼的一个楼梯拐角处，为了迎接孩子们的到来，我和辅导员仔仔细细地把教室打扫了一遍，地面拖得干干净净，桌子摆得整整齐齐，黑板上我也布置好了欢迎词，并且还把新书都一套套摆在课桌上。

做好这些准备工作，已到了下班时间。我正准备收拾东西回家时，几个行政人员陪同范校长检查一年级各班教室布置迎新情况。领导们来到我们班，认真查看了班级布置准备情况，都对我表示了肯定。

正当一行人离开之际，范校长悄悄把我拉到一边，说了一句出乎我意料的话："我很看好你，年轻、素质高、有冲劲！我儿子就放在你们班上啰！不过你不要有什么压力，一视同仁就好。"

话虽如此，怎么会没有压力呢？然而事实证明，范建民校长确实是一位正直公正的人。

范校长的儿子是我的学生，我常常称呼他为"小范同学"。小范同学天真可爱、积极上进，可却有时又过于活泼调皮，在班级也出现过几次与同学发生矛盾纠纷的情况。我不可避免地要把范校长当成学生家长来沟通，而他也从来没有摆过官架子，面对孩子出现的一些行为偏差，从不推责，也从不为孩子辩护，常说的一句话就是："郭老师，孩子放到你的班上，就是你的学生，你对孩子严格要求是对的，我和孩子妈妈一定全力配合！"

记得有一次，范校长给我分享了一封信。那是一封他写给小范同学的信，信中饱含了一位父亲对儿子深沉的爱，也表达了自己因为工作繁忙，缺少对孩子监管的自责与亏欠，更多的还是对儿子坚定不移的支持和永不磨灭的期待。看了的确让人很感动，我想当时的范校长一定也是把我当成朋友了，所以才会这么信任我，而他对我的这种信任，更让我感受到了"真诚"这种美好品质的魅力之处。

作为新进教师，必然是要参与"青蓝工程"的，开学后不久，学校就公布了师徒结对名单，我的师傅正是范校长。在师徒结对的这三年里，他是听我课最多的行政老师了，而我也听了他不少课。并且在他的鼓励和引领下，入职后第二年，我还为新一年级老师们上了拼音示范课《b p m f》，得到一致好评。

2020年武汉新冠肺炎疫情形势最严峻的时期，我还在师傅范校长的鼓励下参与录制了武汉市东湖高新区网课《画杨桃》。其实疫情期间，我被封锁在老家，硬件设施跟不上，但是想到我的师傅，作为学校分管教学的副校长，尚且能克服种种困难，网课期间坚持授课，我作为后辈，又怎么好意思知难而退呢？

三年师徒时光一晃而过，但师徒之间情分永继，范校长带给我的正能量永远影响着我、鼓舞着我。

遥望：笔耕不辍的问津求真者

“天下没有不散的筵席”，在我参加工作的第四年，范建民校长就调任华师一光谷汤逊湖学校了。自那以后，我们工作上交际甚少，我也因怀孕产子不再执教之前的班级。但我们的师徒情谊并未从此中断，反而因为距离的拉长而变得更加绵长。

有一次，我无意中发现范校长开个人公众号了，名字叫“望岳的教育情思”。“会当凌绝顶，一览众山小”，范校长深耕教育事业二十余年，他一定是真心热爱这份职业吧！单看“望岳”二字，教育之路漫漫，上下求索时也抱着“终将登高望远、居高临下”的雄心壮志。再看“教育情思”，是记录了与学生相处的点点滴滴，是审视着教学设计的毫厘之差，是畅想着对幸福教师的孜孜不倦追求……

每次看到范校长分享的自己写的文章，总能引起我的共鸣。有一次，我竟然还看到范校长以我网课期间所录制的《画杨桃》教案为例，探讨了“小学低段课文中如何精准把握目标实现长文短教”的话题，看到文章里有我熟悉的内容，那种欣喜、感慨无以言表，被鼓舞的感觉油然而生。

范校长还经常在公众号里分享自己认识的人、看过的书、参加的活动，他真是一位善思善写的追梦者，将自己在工作中、生活中的所看、所思、所感都变成文字，在教育园地里辛勤耕耘，用心滋养着祖国的花朵，潜移默化地影响着身边的每一位教师，而我就有幸成为其中一员。

最近，听闻范校长要出书了，我高兴极了，毕竟他曾是我的师傅，有这样一位优秀的师傅，作为他的徒弟，我自然也会内心小小得意一下。更让我感到意外的是，一天范校长竟然给我打来电话，高兴地询问了一下我的近况：“听说你的孩子出生了，男孩还是女孩，几个月了？你现在带几年级？家住哪里，远不远，工作情况如何？”挂断电话，我的内心一阵感动，与师傅相处的点点滴滴，涌上心头。我也学着师傅写下来，作为对师傅永远的纪念吧！就此搁笔，特附上小诗一首，愿范校长春晖四方、桃李天下。

我在校园里上课，脑海里憧憬着光明的以后，

我在校园里上课，脑海里回忆着自在的从前。

育人路漫漫，雨沥沥，归途隐其中。

求知途迢迢，雾蒙蒙，来路藏四方。

您从雨雾中来，引得云开见月朗；

您从黎明中来，消散晦暗现曙光。

求问、思索、沉淀，

实践、沉思、畅想。

感谢您，提灯引路，聚星成光。

附录 3

让教育更有"范"

作者：石伟华

石伟华是我同事，也是好兄弟。论年龄他小我十余岁，论才情、诗情，他有过之无不及。他在中学教语文，却坚持写教育童话，已有《石伟华教育童话集》出版，年轻有为，才华横溢且虚怀若谷。应我之邀，伟华为我写一文相和，洋洋洒洒三千字，一蹴而就！妙哉！

范建民老师是我们学校的常务副校长，是我的领导和前辈，但在我心目中，他更是我的榜样和大哥。

他的专著要出版，嘱我写一点话。刚接到这个任务，内心有些感激，也有些忐忑。感激是因为我作为小辈，能得到领导的信任，实在是荣幸的事；忐忑是因为我作为后学，能得到前辈的嘱托，心里难免有一些压力。

接到范校长的电话，大概是在四月，一个春天的晚上，到今天已经是六月下旬了，夏意渐浓，时间过得可真快！一想到范校长交代的"任务"还没完成，心里就有一丝慌张。

虽然耽搁了两个月，但心里其实不曾一刻忘记这件事，只是不知道怎么写，又怕写不好，苦于无从下笔，才迟迟没有完工。

直到今天，突然一个词在我的脑海蹦出来，我才决定马上提笔来写。这个词就是"有范"，由这个词，又想到一句话——教育要有范。我们经常说教育要"有爱""有温度""有心""有方法"，但教育要"有范"却听得不多，可是细细一想，好的教育处处得"有范"。

这句话用在这篇写给范校长的文字里，也特别契合，不仅呼应了主人公的姓，也表达了我想要表达的意涵。“有范”这个词其实是北京方言，现在在网络上流传较广，说一个人有范，就是说一个人有风度、风范、风采，这个词是一个很抽象，也不好准确解释的词，更多是一种直观感受，跟气质、神采密切相关。

教育要有范，其实就是说我们的教育要有气质、神采。我们见过太多的教育，也接触过太多教育人，没有气质神采的教育和教育人比比皆是，但也有一些教育和教育人让人一眼难忘，说不清楚到底好在哪，但就是给人很有气质、很有神采的感觉。

教育是一个以心育心的工作，教育人没点气质、神采这种范儿，如何教育出自信、自立、向阳而生的学生呢？

我不由得想起一些与范校长交往的细节。

仰慕于他的才情

我们华师一光谷汤逊湖学校是一个大校，滨湖而建、因湖而兴。不知道是不是老师们每天沐浴着从大湖中央吹来的风，无形中受到熏陶感染的缘故，学校里有才情的老师很多。才情满怀、风采熠熠的汪新华校长自不必多言，在我们很多老师心中，范建民校长也是学校有才情老师的代表。

范校长写得一手好字，每个字都深得颜体精髓，遒劲端正、大气磅礴。他还擅长种养各种绿植，他所亲手种养的绿植，每一株都长得绿意盎然，每次走到他的办公室，看到这些洋洋洒洒的书法和泼泼洒洒的绿植，就感到赏心悦目。

范校长还能弹会唱。一次小学部举行期末德育表彰活动，范校长没有像其他领导一样发表一段长时间的讲话，而是抱着吉他上台，一边弹一边唱，唱的是校园民谣，美妙的音乐与现场的氛围融为一体，打动了在场所有老师和学生。我虽然不在现场，但有幸欣赏了当时的视频，那一刻，不得不由衷地仰慕。

范校长的才情还表现在一些更加细微处。每一次庄重的升旗仪式，他总是自信大方地唱出国歌，这让我这种只习惯在心里默默唱国歌的人，不由得自觉惭愧，也越发觉得这样的教育人，才是真正有范儿。

欣赏于他的好学

一位好老师最大的“范”可能就是爱学习，爱学习可以说就是一位好老师身上最宝贵的特质。

在一次去往外地学习的车上，我们都在说说笑笑，范校长除了偶尔插一两句话外，大多数时间都是默默地从包里拿出一本书安静地读起来，那一刻我真的受到震动。

在嘈杂的旅途中安安静静看书的经历，对于我来说，那是多少年前读书求学时才有的经历，现在有多长时间没认认真真啃一本书了，何况这还是在旅途上！现在自己出行，能省则省，生怕多带一点东西造成负担，倒是手机一定不能忘，除了必要的通信联络外，主要的还是想通过刷手机打发时间，现在的我可从来没有想过要带一本书在旅途上看。相比范校长的好学，我既震动又惭愧，默默告诫自己，谁说我们没时间看书，把细碎的时间抓住，看书学习时间足够了！

还有一次，范校长告诉我，我们学校是九年一贯制学校，他自己长期在教小学语文，但不能完全不懂中学的教学内容，要不然不好在九年一贯制学校立足。他说打算花些时间，争取把初中必背的诗文都温习一下，说完，就脱口而出：“庆历四年春，滕子京谪守巴陵郡。越明年，政通人和，百废具兴，乃重修岳阳楼……”当学生时，这些课文都完整背过，可如今当老师了，又有多少语文老师，包括我有重新背课文的意识和动力呢？

不得不为范校长的好学精神所打动！范校长背诵课文时那自信的神态，不正是一位优秀老师的最大范儿吗？

佩服于他的高效

我和范校长都是语文人，我们都爱写一点文字，记录一下心路历程。为了让自己的文字有个展示和保存的平台，五年前，我申请并注册了微信公众号。五年时间，我写写停停，到如今也好歹实现了 80 篇原创内容，虽然一点不算多甚至还特别少，但至少坚持了几年，自我安慰这也算是一种小成绩。

但与范校长相比我就相形见绌了，他的公众号今年 2 月份才注册，半年时间不到，原创文章就已经达到了 55 篇之多，几乎每周都有两三篇文章发布，关键这些文章还不是只言片语，而是正儿八经的长篇论文或教育叙事。真是不看别人还自以为感觉良好，一对照优秀的人就知道自己的效率有多低，不得不感慨加佩服！

范校长的高效，还体现在说话做事的方方面面。他的话不一定多，但一定有针对性，要说就说到点子上；他做事，绝不拖泥带水，总是能迅速拿出方案，再有条不紊地组织。

现在的教育很喧嚣，各种有形的无形的要求堆积在教育之上，让我们不得不“被高效”起来。但分析本质，高效的背后，又是一个老师的专注和投入，而专注和投入，是抵制和应对教育喧嚣的根本法宝。

前面细数了与范建民校长交往的一些细节，但说起来，与他相识相知的时间实际并不长。2021 年秋季学期，范校长从武汉市光谷第二小学调入我校，算起来，才不过两年。但他身上的许多优秀品质，也就是我这篇文字里所说的“教育范儿”，早已给我留下许多深刻影响，更给我带来许多有益的启迪和帮助。

范校长是武汉本地人，一毕业就扎根家乡教育（那时估计还没有光谷和光谷教育），他是跟随光谷和光谷教育一同快速成长起来的优秀老师和干部，他身上天然带着光谷的烙印和气质。

如果要给范校长身上的“教育范”找个参照，我想实际上就是光谷的“范”，是光谷教育的范，是发现光、追寻光、成为光的光谷教育精神的写照。

期待范校长的大作早日出版，届时一睹为快！

附录 4

一个小学语文教师的成长之路

1978 年：中国大地迎来教育的春天

1978 年 9 月 18 日，我出生在湖北省武汉市江夏区的一个偏远乡村——龙泉升华大范湾。祖上三代务农，我的父亲高中毕业后，在本地的乡村小学谋了个民办教师的工作，收入微薄，我的母亲务农，家里共有水田旱地合计八亩八分，家庭经济状况很不乐观。

1978 年是中国改革开放元年，十一届三中全会在北京胜利召开。这一年，发生了很多决定我国近半个世纪走向的重要事件。农村改革和分田单干、全国科学大会召开、中国领导人出访发达国家等。这些事件标志着中国改革开放的开始，对国家和人民的生活产生了深远的影响。

在这一重要的历史时刻，一些杰出的人物涌现出来，为中国教育事业的复苏和繁荣做出了卓越的贡献。其中，邓小平同志作为中国改革开放的总设计师，提出了“科教兴国”的战略思想，对教育事业的改革和发展给予了高度重视和关注。他强调要大力发展教育事业，提高全民族的科学文化素质，培养出更多优秀的人才，为国家的发展提供强有力的人才保障。在他的倡导下，政府加大了对教育的投入力度，实行了一系列教育改革措施，促进了教育事业的蓬勃发展。中国大地迎来了教育的春天。

1985 年：快乐的小学生活

转眼间，就到了 1985 年，我也该入学了。我的小学是在家乡的一所村小江夏区龙泉升华小学度过的。在我的记忆中，这是一所美丽的学校，两层的砖木结构、斑驳的黑板、破旧的桌椅，每个年级开设一个班级，三四十名学生来自周边的几个村湾。每当下课，我们就会冲出教室，来到操场上打弹珠、滚铁环、抽陀螺、斗鸡、摸瞎、老鹰抓小鸡……高大的香樟树下，简陋的石桌石凳旁，到处都留下了我们的欢声笑语。

春天，有时我们会在老师的带领下，来到离学校仅有一里远的茶场采茶。夏天，在我记忆中最深刻的事是中午不好好午睡的孩子，有时会被执勤老师罚到田里除草（学校旁边有一片老师们的自留田），成群的水蚂蟥游来游去，怪吓人的！

学校自留田旁边还有个小池塘，每年秋冬时节干塘，是我们最快乐的时候，老师们和高年级的同学会挽起袖子、卷起裤脚、下塘摸鱼，我们则成群结队围在塘埂，一饱眼福。

那时的我们几乎没有什么家庭作业，放学后就约着同村的孩子漫山遍野、田间地头奔跑，抑或在门前的小池塘、小水沟捞鱼摸虾，摘桑养蚕，好不快活！

1994年：人生道路上的第一次抉择

1991年6月，我从家乡的升华小学毕业，升入江夏区龙泉中学。这所学校位于龙泉山下龙泉街道玉屏路，始建于1969年，是一所有50多年办学历史的乡村中学。

我家离龙泉中学有十来里路，由于晚上还要上晚自习，因此不能每天回家。那时，我们班将近有一半的同学都在学校住读。我们每到周末就结伴骑自行车回家，换洗衣物，顺便带点米和菜，生活非常艰苦。

也许正是因为吃够了生活的苦，才懂得珍惜求学的机会。初中三年，我似乎开了窍，学业成绩逐年上升，到了初三基本上稳居年级前十名。

1994年，中考前夕，面临填报志愿的抉择，是上重点高中，还是考师范？那时考上师范农村户口就能马上转为非农业户口，且包分配工作，吃上商品粮，而读重点高中，寒窗苦读三年才有上大学的机会。当时，我们家兄弟姐妹三人，姐姐在一所中专读卫校，哥哥已经在江夏一中这所县城重点中学就读。我的父亲虽然已经通过民转公考试，成为一名公办教师。但像我们家这样的“半边户”（半工半农）家庭，是很难支撑三个孩子的学费和生活费的。

也许是从小受父亲的耳濡目染喜欢上教师这个职业，也许是出于早点跳出农门为家庭减轻一点负担的想法，1994 年 9 月我放弃了就读重点中学的机会，来到了武昌师范学校（后更名为武汉市第三师范学校），成为一名中师生。

那时的师范学制四年，专门培养又红又专、全面发展中小学教师。我依然清晰地记得学校“学高为师，身正为范”的校训。在巍巍青龙山的脚下，有记录我们成长的青春的校园，有亦师亦友的老师，有挥洒我们汗水的球场……

四年的师范生活，留给我们许多难忘的青春记忆。四年里，我们每天都在成长，也顺利完成由学生到老师的蜕变。

1998 年：初涉讲台

1998 年 8 月，我师范毕业，分配到江夏区茅店小学（现武汉市光谷第六小学的前身）担任五年级语文老师兼班主任。

那时的工作节奏不快，每天过得很充实，教师教得轻松，学生学得也很愉快。那时的我，对小学教师的工作充满了好奇，很愿意尝试各种学科的教学，也愿意尝试各种学习方法。除了教语文，我还兼任了很多学科，如思想品德、音乐、体育等。

我的入职初期，得到很多老师的帮助，我记得有陈德菊老师、罗桂琼老师。每当有困惑的时候，我都会拿着教材请教同行，问清相关内容该怎么上，做好了准备才进教室。一旦走上讲台，我就像浑身打了鸡血一般，激情四射，侃侃而谈。

那时，每个学期、每个老师都要上公开课。我至今还记得第一次上公开课《可爱的草堂》时的情景。我在课前做了充分的准备，查阅了作者及大量北大荒的资料，还特地制作了幻灯片，因此上课前我信心十足。开课伊始，我首先让学生一起读题目，然后问：“这个草堂在哪里，北大荒在哪里，作者描写的草堂是什么样的，谁愿意来介绍它？”一开课，我连续抛出 N 个问题，大部分学生由于没有通过充分的预习，面对我连珠炮式的问题陷入了沉默。一看没有人举手，我也急了，心想你们不讲，那我就来讲吧！幸亏我的功课做得很足。

就这样，一节课都是我讲下来的，一直到下课铃声响起，我还有点意犹未尽。

评课时，大家先肯定了我的个人素养，但也直言不讳地指出我的问题：无视学生的感受，照本宣科；没有整体感，将课文上得支离破碎。

当头的一盆冷水使我一下子明白了，原来自己在教学上还没有入门。

怎么办？不会就跟着师傅好好学呗。就这样，有着二十多年教龄的资深语文教师陈德菊成了我的第一个师傅。每当我遇到问题，百思不得其解的时候，都会找陈老师求教。她从不厌烦，哪怕再忙也会停下手中的工作，耐心解答。

为了更好提高教学水平，我还积极阅读教育理论书籍《给教师的建议》（苏霍姆林斯基）《大教育论》（夸美纽斯）《爱弥儿》（洛克）《多元智能》（加德纳）《陶行知文集》等，这些书成为我的精神食粮。同时，我还时常到学校阅览室借阅语文学科相关的杂志，及时做些笔记，写下自己的心得体会。

在师傅的精心指导及自己的努力下，我的教学水平提升得很快。当年，流芳街教育办公室领导下校教学视导，我被选中，再次主讲公开课，得到了教研员的肯定。

2006 年：专业发展迎来转机

我在茅店小学工作满一年，就被抽调到流芳中心小学（现武汉市光谷第三小学前身）任教。一年半后，当时流芳街道一所村小红旗小学，公开选聘一名教导主任，经教办组织“双推双考”，我顺利通过。就这样，我又做了五年教导主任。虽然我还在坚持教语文，当班主任，但专业发展几乎停滞，现在回想起来，着实非常可惜！

直到2006年，武汉市光谷第二小学（简称光谷二小）创办，面向区内外公开选聘教师。我拿着仅有的一张原武昌县电教馆盖章的“电化教学论文三等奖”获奖证书，抱着一试的心理参加了招聘报名。

当时应聘入围教师，全部要到华中师范大学附属小学（简称华师附小）本部参加现场面试。考核项目种类繁多，有粉笔字、案例分析、PPT制作、有生试教以及才艺展示。我至今还记得当时自己背着葫芦丝入场的滑稽场景。经过几轮考核，我顺利通过，成为光谷二小建校首批教师。

那时光谷二小与华师附小签订了十年合作办学协议。华师附小派出了卓越的管理团队，在他们的帮助下学校办学理念先进，教学管理扎实，教学教研风气浓厚，学校呈现一片欣欣向荣的景象，成为年轻老师成长的沃土。

2006年10月，学校举行“首届青年教师教学大比武”，老师们个个摩拳擦掌，跃跃欲试。我当时选的课题是《圆明园的毁灭》，比赛结束了，信心十足的我再一次失望——只拿到了校级二等奖。记得在评课环节，时任教导主任的王晓红老师说：“课堂教学来不得半点虚假，评课环节我们一定要本着‘优点说够，缺点说透’的原则，既要肯定授课者的优点，更要指出不足，尤其重要的是大家要给出好的建议，既要‘破’更要‘立’，从而达到‘上课一个人，提高一群人’的效果。”

在这样浓厚的教研氛围中，我的专业素养和驾驭课堂的能力得到极大的提高。

2011年：成长从模仿开始

“作文作文，作得头疼”，作文教学一直都是语文教学的痛点与难点，也一直困扰着我。

2010年前后，一次偶然的机会，我听了管建刚老师的作文指导课，随后又聆听了他的专题报告《我的作文教学革命》。管老师搭建了作文“操作系统”，周一到周五，学生每天写“每日简评”，周六周日选素材，写稿件并向“班级作文周报”投稿。为了激活学生的写作兴趣，他还构建了作文“动力系统”，搞分级评奖活动。管老师富有激情的演讲，让我心潮澎湃。

“心动不如行动”，于是，我开始专注作文教学研究。那时，我也模仿管建刚老师，在班上搞起了《班级作文专刊》，并起了个好听的名字“金色童年”。说干就干，我向学生发布了征稿通知，收稿初审，修改润色，并将学生作文输入电脑，编辑排版美化，就这样第一期《金色童年班级作文专刊》“出炉”了，班级成员人手一张，教室里一片欢腾。后来，我又发动成立了“班级文学社”，把文学社中优秀成员和热心家长吸纳成为班级作文专刊的特约编辑。一时间，学生写作热情被点燃，写作水平也有了大幅度提高。

写作文归根结底其实只有两个问题：写什么，怎么写？其中第一个问题我认为更重要，学生往往都是因为不知道该写什么而犯难，“巧妇难为无米之炊”。而怎么写？则是方法的问题。

而游戏作文就能破解这一难题，轻松愉悦的氛围能冲淡传统习作课堂沉闷的气氛，同时为学生提供了充足的习作素材。记得当时华师附小陶佳喜老师执教了一节游戏作文课《奇怪的气球》获得全国一等奖，他的课给了我很大的启发。

于是，2011 年的一次区教研员下校常规视导活动中，我也大胆尝试执教了一节游戏作文课《新击鼓传花》，受到了时任小学语文教研员刘萍老师的好评。

“机会一定会留给有准备的人”。2012 年初，武汉市举行首届“改革与创新”作文教学大赛，经过遴选，我脱颖而出，将代表东湖新技术开发区参加市级比赛，突如其来的机会，让我既激动又紧张。

“写作是运用语言文字进行表达和交流的重要方式，是认识世界、认识自我、进行创造性表述的过程。写作教学应贴近学生实际，让学生易于动笔，乐于表达。”我在 2011 版新课标中找到这几句话，顿时有了灵感，经过反复思考，我结合小学语文第三学段习作训练目标和鄂教版五年级单元习作中细节描写的训练点，设计了一节体验作文课《杯子里面是什么》。

我在课堂中渗透“兴趣领先，乐于表达”的理念，将品尝水的体验引入课堂，指导学生观察，调动学生兴趣，鼓励学生把自己观察到的内容以及心里的想法说出来。注重对学生的观察和表达的指导，引导学生在游戏中观察、体验、表达，从而激发学生的写作欲望。一节课 40 分钟内，将组织游戏、学生写作、指导讲评合为一体，融会贯通，围绕教学目标，紧抓重难点，以趣来激情，以评和导来落实训练方法，这节课最终在武汉市首届“改革与创新”习作大赛中获得一等奖。

后来，我将这节课的教学设计和反思认真进行了整理，参加了当年湖北省教研室组织的教学论文案例评比活动，再次获得了一等奖。2014 年，这篇案例在《新作文·小学作文创新教学》杂志发表，我也因此荣膺那一期的封面人物。

2012 年：铭记生命中的那些贵人

直到几个月后，我才知道当初自己参加武汉市第一届“改革与创新教学”作文教学比赛时，评委席上坐着华中师范大学课程论教授、研究生导师、小学语文界专家夏家发老师。

通过他人引荐，我结识了夏家发老师。一个冬日的午后，我和张顺老师一起拜访了夏老师。那时夏家发老师还住在华中师范大学一幢老式教职工公寓里，房子很大，但光线不太好，我只记得夏老师家中似乎到处都摆满了书。老师和师母都很平易近人，我们坐在藤椅上，喝着师母泡的清茶，在昏暗的灯光下谈语文、聊人生。

夏老师向我们讲述了自己的求学从教的经历，我至今还清晰地记得，他深情地回忆起自己在学习生涯中遇到的好老师，比如在应城一中求学时，姚幼安、胡玉秀、廖良峰、丁刚健四位老师就非常善于创新。“这四位老师分别教授英语、政治、地理、历史。这几门功课需要背诵的内容很多。为了减轻我们的记忆负荷，在备课的时候，四位老师想方设法，编了不少歌诀或者口诀，既增强了教学效能，还能为清苦的学习生活增加不少乐趣。”我们聊得更多的还是教师职业和语文学科教学两个话题。他指出教师的天职就是教书育人，小学教育要关注学生的兴趣、爱好，让学生真正地学会学习，享受学习的过程，而不是让学生全盘式被动接受，更不能为了追求分数，一味增加学生的课业负担。语文学习的本质是学言语，练能力，激活思维，增强学生的自我学习和理解能力，从而全面提高学生的语文学科素养。就这样，我们聊了整整一个下午，我也真正体会到“听君一席话，胜读十年书”这句话的深刻内涵。

当年，全国图书博览会在武汉举办，在夏老师的引荐下，我又先后结识了《小学语文教师》杨文华、《语文教学通讯》裴海安、《教学月刊》陈永华三位主编。从此，我开始关注这些语文学科专业杂志，并尝试写文章，向杂志投稿。经历无数次的石沉大海后，“功夫不负有心人”，2014 年 1 月，我撰写的文章《阅读教学中的个性化评价》终于在《教学月刊·小学语文版》刊登。

有了这次成功的经历，我笔耕不辍，后来又在各种报纸杂志上发表文章 30 余篇，这就是后话了。

2012 年 7 月初，我从夏家发老师那里得到信息，全国著名特级教师于永正老师暑期要在家乡徐州开办“于永正第四届教育思想高级研修班”。我马上向学校领导表达了自己的诉求，也在心里做好了准备，如果学校不愿意承担费用，我就自费过去。没想到学校领导非常开明，派了我和方黎老师参加培训。

就这样，2012 年 7 月 16 日，我见到了自己的偶像于永正老师。

于老师的头发全部花白了，腰杆也不再挺拔，但精神依然矍铄。五天的培训活动非常充实，大部分时间都是于老师亲自给我们做讲座，上示范课，即便是他的弟子上示范课、做报告的时候，他也是全程陪同，那认真的态度，着实令人佩服。

培训的最后一天下午举行结业仪式，主持人在活动前卖了一个关子，说是最后一个环节要“送惊喜”，于是我们都很期待。终于到了最后一个环节，主持人清了清嗓子，提高了音量说：“咱们这一期培训班的学员都非常优秀，大家从全国各地，四面八方追寻于永正老师，来到徐州，相聚是缘，为了答谢大家的厚爱，于老师打算从本期学员中再收几个徒弟，有意愿的老师可以报名。”

哇，这真是天大的喜讯！我毫不迟疑地举起了手。就这样，在徐州大学那个简陋的礼堂里，经过简单的拜师仪式，我和十几个学员同时成为于永正老师的弟子。

几个月后，获悉于永正老师到武汉来讲学，我和武汉的几个同仁纷纷赶来与敬爱的师傅见面。那天晚上，我们和于老师共进了晚餐，在席上，于老师愉快地和我们拉起家常，他亲切地询问了我们每一个人的情况，在哪所学校教书，是否成家等。虽然我们并没有聊得太多，但我能感到于老师那晚的兴致挺高，因为他的脸上一直挂着浅浅的笑意。

2013 年 12 月，全球华语地区小学语文十二年课改成果教学研讨会在深圳罗湖体育馆召开，我有幸到现场参加学习。在活动现场，我再次见到了于永正老师。

那天早上，我很早就赶到罗湖体育馆，会场的大门两旁，摆满了待售的图书，我见还有些时间，就在此处随意地翻阅。突然我的眼睛余光扫到一个熟悉的身影，那不是我的师傅于永正老师吗？师傅和师母正在展台前签名售书，一个签字，一个收款，配合默契。我迎了上去，喊了声“师傅”。还没有等我自己介绍，于老师就一下认出了我，边握住我的手边说：“你是小范老师吧！湖北武汉的，上次在徐州和武汉已经见过两次了！”我顿时激动得说不出话来。

于老师再次询问了我的专业发展情况，我只记得他当时对我说了很多勉励的话。于老师对我说：“我们虽为师徒，但天各一方，确实不太方便面对面交流，今后你在语文教学上有什么困惑可以给我写信，也可以打电话，发 QQ 消息。”临别了，我挑了两本书，一本是《教海漫记》（赠订版），一本是《小学语文教学实录》（于永正执教，靳家彦评析），我要付钱，于老师说什么也不肯收。师母也在一旁打趣：“哪有师傅收徒弟的书钱的呢！”见师母这么说，我只好作罢！

末了，于老师还在那本《教海漫记》的扉页，用工工整整的字体写下“大德无形，为弟子范建民书——于永正 於深圳”这一行字。

没想到，2013 年 12 月 6 日与师傅一别，竟成了永别。

我知道于老师很忙，年纪又大，身体也不太好，因此一直都没好意思打扰师傅。直到看到《小学语文教师》第七八期合刊上刊登的于老师的文章《病中吟》才知道于老师病了，病得还不轻。我们几个武汉的弟子都很挂念他，本想结伴去医院看望，但考虑到于老师现在最需要的是静养，心情起伏对病人康复确实不利。

2017 年 12 月 8 日，突然传来噩耗，师傅于永正老师于今晨与世长辞。看到这个消息，我如同五雷轰顶，同时非常懊悔自己在于老师病重期间没有去探望他老人家，只能成为永久的遗憾了。

2016 年：课题引领专业成长

苏霍姆林斯基说过："如果你想让教师的劳动能够给教师带来乐趣，使天天上课不至于变成一种单调乏味的义务，那你就应当引导每一位教师走上从事研究这条幸福的道路上来。"我对这句话的体会很深。

2013 年前后，我才开始正式接触课题研究。当时学校的教科研工作由时任教师发展中心主任的汪雁老师分管，她一个人忙不过来，见我工作热情挺高，就吸纳我为教科研干事。那时，学校承接了一个时任湖北省教育厅黄俭副厅长亲自主持的省级课题——"健康课堂"子课题。汪雁老师手把手教，她从课题名称的确定、问题提出、研究目标及内容的确立，以及文献资料的搜集、课题成果的呈现方式等方面对我做了深入的指导。

就这样，我走上了教科研之路。2014 年，我开始担任学校教师发展中心主任，分管教师研训、教育科研工作，开始接手学校国家级"十二五"科学规划课题"小学生学科能力研究"，并担任该课题负责人。该课题得到了华中师范大学教育学院教授、教育部基础教育课程改革专家组核心成员郭元祥老师及其团队的悉心指导。在他的引荐下，我校加入了郭元祥"基础教育改革"区域试点合作校联盟，使我有机会先后赴江苏临港、广东佛山以及广东惠州等地的多所学校学习交流。后来，我又先后参与了湖北省"十三五"教育科学规划课题《群读类学——构建小学阅读课程新体系》和《中华传统经典教育的现代化研究》两个子课题，均顺利通过结题。

在做课题的过程中，我树立了“问题即课题，教学即研究，成长即成果”的科研意识，并逐渐有了自己的思考。

2016 年前后，我开始关注读写结合。从大量的听课中我发现，随着新课改的深入，很多教师在课堂上有意识地安排了“小练笔”，以期实现“以读促写，以写促读”的课堂实效，但很多教师课堂上的读写结合不过是“虚晃一枪”，显示一下教师设计的理念而已。存在的主要问题有：一是训练点不够准确，不符合年段特点；二是缺乏完整的训练体系，课堂随意性大。那么，在现行教材中挖掘读写结合点，进行扎实读写训练，是十分有必要的。

于是，我开始尝试从现行教材中寻找读写结合点，尝试开展一些读写结合的策略，以期形成一定的训练体系。2016 年 9 月，我基于前期研究成果，成功申报武汉市第三批个人课题《基于鄂教版教材的小学高段读写结合策略研究》。

实现读写结合，关键在于深度挖掘教材，找准读写训练点，抓住学生的兴奋点，捕捉学生的真切感受，拓展写的空间，让学生乐于动笔。何谓兴奋点？即文本中的描写动情处、词句优美处、生动有趣处、思维创新处。这些兴奋点可以成为读写训练点。简而言之，即：情动笔动——品美写美——妙趣横生——别出“新”裁。我主张以“读写结合”为突破口，以学 生的课外阅读为主径，以课外实践为载体，拓展“读写结合”的形式，丰富“读写结合”的内容，创造性地开展语文实践活动，增加学生的情感体验，拓宽学生的习作思路。

“独行快，众行远”，在我的带领下，我校高段语文备课组将当年的小专题研究确定为“深度挖掘教材，找准训练点，在广泛的生活中进行有效的读写结合训练”这一主题。在探索与实践中，我们总结出一些贯穿于“课前——课中——课后——课外”的有效的读写结合八条教学策略，即读中批注、句式仿写、续写故事、改写课文、写读后感、锤炼标题、读写周练、假期读写。

2017 年 9 月，武汉市教科院组织第四届小学创新作文教学竞赛，我校代润梅老师代表我区参加市级比赛。我们“磨课”团队将思路定为“聚焦生活热点，抓住细节描写”本人先后参与指导听课、评课10余次。代老师一路“过关斩将”，10月26日，在市级决赛中表现出色，喜获一等奖，并走上了全国“名师之路”的大舞台，我也因此获得市级辅导奖。

开展课题研究两年来，我执教的班级学生积累了大量的读写结合习作作品。班级优秀作文结集5本，两年来辅导学生在“楚才杯”作文竞赛中共有9人获奖，其中一等奖2人、二等奖3人、三等奖4人；指导学生在全国“国际植物日”征文活动中获得特等奖一人、一等奖2人；指导王心怡、顾宇菲两位同学参加2017年第十三届武汉市青少年环境大赛（征文竞赛）均获得二等奖。同时辅导学生各级各类报纸杂志上发表作文20余篇。

2023年：写作应该成为教师的一种生活方式

我总觉得，一名优秀教师，要学会表达自己，而写作则是表达自己的最佳方式。对教师而言，写作并非纯粹的创作，而是一种教育生活方式。只有真切体会到写作价值的教师，才会对写作充满感激。

受到同事石伟华以及好友付步雄的鼓舞，我也于2023年2月10日正式开通了个人公众号。为了鼓励自己坚持写下去，我还给自己定了个苛刻的目标，每周三次更新，连续坚持20周。

既然开始写了，就要不断学习，努力写好。于是我关注了大量的教育公众号，如“中国教育三十人论坛”“新校长传媒”“课改行”“光明社教育家”“中国教师报”“小学语文教师杂志”等，也有一些跨界的热门公众号如“洞见”“男孩派”等；关注更多的还是一些全国知名小学语文特级教师的公众号如“镇西茶馆”“王崧舟”“朱煜讲课”“柳袁照”“祖庆说”等。

其中对我影响最大的公众号是“祖庆说”。其实认识祖庆老师很早，应该是八年前吧。2015年6月，我们区专门开了一个市级学科带头人后备班，培训地点选在杭州市下城区教育发展研究院，祖庆老师当时任副院长。那是我第一次面对面听祖庆老师讲自己的成长励志故事，也第一次了解到祖庆老师开发的电影课程。

正如祖庆老师所说“相近的灵魂总会走到一起。”2023 年 4 月下旬的某一天，我从“祖庆说”公众号推文中了解到，张祖庆和赖建平一起做了个“谷里线上写作训练营”，短短一段时间，竟吸引了来自全国各地的一千多名教师参与。那时的我正进入写作困顿期，时常感觉黔驴技穷，甚至有放弃的打算。“独学而无友，则孤陋而寡闻”，抱着一试的心理，我也报名参加了“谷里写作训练营”。讲课的除了祖庆老师、建平老师（大家都喜欢称他为“赖班”），还有干国祥和丁素芬两位大咖。原计划每一讲直播时间是 40 分钟，但是没想到导师们常常加时不加价，尤其是祖庆老师，一场直播超过 1.5 小时成为常态。祖庆老师的第一课“人为什么要写作”给我留下了深刻的印象，他从名人谈写作的目的聊起。

蒋方舟“为了虚荣而写作，为了成名而写作”；史铁生“为了不自杀而写作”；卡夫卡“为了消磨时光，对抗荒诞而写作”……

有人问登山爱好者，你为什么要登山？他回答，因为山在！有人问朝圣者，你为什么要朝圣？他回答，因为佛在！

祖庆老师的话言犹在耳：“有人问我，你为什么要写作？我回答，因为我在。我有嘴，我有心，我有笔！我存在，我思考，我要表达，所以我要写作！”

祖庆老师毫不客气地指出“不管你喜不喜欢，不管你愿不愿意，每个人都无法真正回避写作，尤其是教育工作者。”既然无法避免，那就写起来吧！先写起来再说，后面再争取慢慢写好。第一讲就让我醍醐灌顶，迷茫中的我，顿时有了方向，后续的课程越来越精彩。

“战胜写作恐惧的三大法宝”“教育写作如何选取切入点”“写好属于你的事故和故事”“让系列文章成为你的品牌”……

每一场直播，祖庆老师都做了精心的准备，一百多张 PPT，每一张都非常精美。说实话，我真的一次又一次，被以祖庆老师为首导师团队的敬业精神所打动。为了督促线上学员写起来，写作训练营自发组建了“写作周更群”和“写作日更群”，加入这两个群的学员必须按照规则定期发文，违反规则，自动退群。为了鞭策鼓励学员，四位导师和助教坚持每天点评学员文章，规定每人每天点评量不少于三篇，“赖班”和祖庆老师带头执行规则。几乎每个学员一发出文章，就有老师点评。尤其是祖庆老师的点评尤为细致，大到选材、拟题，小到一个词语，甚至一个标点，都提出了修改意见。祖庆老师说得最多的就是写短句，写短句；分段，分段……

我也非常幸运，短短一个月内公众号文章先后三次得到祖庆老师的点评。

5 月 18 日，获悉通州一学生校内伤人，联想到学校也有个别孩子存在暴力倾向，我写了一篇文章《学生逆反心理与校园暴力事件的思考与对策》。祖庆老师的点评给了我很大的鼓励。

“范老师这篇文章思考得比较深刻，从现象到原因到对策，呃，很有逻辑性，是一篇比较成熟的文章，建议去投稿或者参加比赛。请授权祖庆说发布（开白名单）谢谢！”

5 月 25 日，我写了一篇《守正创新，从优秀到卓越——省市骨干教师后备班培训心得》，祖庆老师的评价非常中肯。

“范老师写了一篇很不错的培训心得。围绕总标题展开，很有逻辑性。这类培训总结，因为其文体的限制，难免有‘官样文章’的烙印。如果要创新表达，我可能会从培训过程中最难忘的几个细节或几张照片切入，写出一点新意来。供您参考！”

6 月 12 日，小学毕业考试前夕，为激励六年级语文老师积极备考，我写了一篇文章《一个小学语文毕业班老师的建议》。公众号文章发出仅 8 分钟，祖庆老师就发来点评。

“范老师是一位特别优秀的老师，能够把孩子的语文成绩带得这么棒，而且教学负担也不重，这是非常难得的，您总结的这几点也非常实用。转祖庆说！”

看到祖庆老师的点评，我受宠若惊，尤其是能上“祖庆说”更是让我兴奋不已。（现在回过头来看消息，其实第一篇祖庆老师点评的文章就能上“祖庆说”了，只是当时我不理解什么叫“开白名单”）随后，祖庆老师又在线指导我怎么修改文章，如何开白名单，以便两个公众号互转文章。

终于，6月13日，我的公众号文章《一个小学毕业班语文老师的教学建议》在“祖庆说”上转载，阅读量一天之内超过6000。对我而言，文章能上“祖庆说”比在杂志上发表还令人高兴。

2023年6月，“谷里线上写作营”已经结业，我的第一阶段公众号教育写作目标（每周三更，持续20周）也已经实现。

下一步我打算好好沉下心来读几本书，至于写作，一旦开始了就没有打算停下来，不断激励自己不定期更新吧！

我的成长故事讲到这里就该告一个段落了，但“学无止境，教无止境，研无止境”，我作为一位小学语文人对教育、对语文的探索还在继续，我将全身心投入我的工作中去，存幸福从教之心，立振兴教育之志，扬教育改革之帆，育天下英才。

相信当桃李芬芳之时，我们的青春就展现在孩子们灿烂的脸上，我们的希望已铸就成孩子们人生的辉煌，我将一如既往满怀信心地走下去，一路欢笑，一路歌。

后记

“岁月不居，时节如流”，不知不觉中自己从事教育工作已经二十余年。长期以来，我都在教学一线“站在讲台上”，教语文当班主任，近年来又增加一些行政管理的事务。日常工作很忙，偷闲读一点书，思考一些问题，写下几行文字，实在是一孔之见，难免肤浅和狭隘。

我一直笃定地认为，万事万物皆有规律可循，教育亦是如此。尽管当下的教育很喧嚣，各种新思潮、新名词、新概念、新观点层出不穷，大有“乱花渐欲迷人眼”之势，但教育的规律始终没有变，教育的大势始终没有变。教育是培养人的活动，着眼于人的全面发展，培养人，发展人，而教师的天职是教书育人。

那么让我们继续向上追溯，人到底为什么而活？这是对人生的终极思考。相信每个人的观点不尽相同。我认为，人生最重要的是不辜负自己来这尘世走一遭，让自己过得开心和幸福是最重要的事。而作为教育工作者，我们又多了一份责任感和使命感，悦己达人，成就学生，为孩子的美好人生奠基，是每一位教育人孜孜不倦的价值追求。

孟子曰，“得天下英才而教育之，三乐也。”作为一名教育人，最大的幸福还是来自我们的教育对象。许多年后，当我们满头白发，垂垂老矣，但在某一个遥远的地方，还有人记起你的名字，还在讲述你的故事，想想就是一件特别幸福的事。此书取名“循”幸福之“源”，就有“遵循教育规律，探寻幸福源泉”之意。

承蒙各方面的关心，让这近百篇文章汇编成册。这本合集收录了二十余年来，自己作为一名教育人，一名语文人，对教育，对语文的些许思考，也全景式回眸了自己所读过的书，走过的路，遇见的人。

该书在付梓过程中得到很多恩师、朋友和同事的帮助。特别是得到了华中师范大学夏家发教授、全国知名语文特级教师张祖庆和湖北省特级教师夏循藻老师的大力支持与鼓励。夏家发教授在百忙中抽出宝贵时间作序，张祖庆老师为本书写推荐词，夏循藻老师多次与我面对面探讨，大到文章的分辑、内容的取舍，小到言语表达、措辞标点等方面都给予了非常专业的指导。同时也感谢华师一附中光谷汤逊湖学校的同事们，汪新华校长、江卫华书记、石伟华副校长为书名以及目录编排提出了中肯意见。也要感谢学校的几位年轻教师，刘彦岑、高雅、蔡佩风、田晓蕾、胡林霞为该书做了大量校对工作。

还要感谢我的家人，是你们的支持和鼓励，让我在艰难的时刻没有选择放弃；是你们的包容和理解，使我在迷茫和困惑中找到了前行的力量。感谢你们一直以来的陪伴和奉献，让这本书得以完稿。无论我身在何处，你们都是我心中最温暖的港湾。

当然，还有很多人给了我很多无私的帮助，由于篇幅限制没有提及，在此一并致谢！

——2024 年 1 月 20 凌晨拙笔于寒舍